임원경제지
권112-113

예규지

倪圭志
2

林園經濟志

임원경제지
권112-113

예
규
지

倪圭志
2

가정경제 백과사전
권4 · 재산 증식(하)
권5 · 전국 거리표

풍석 서유구 지음   추담 서우보 교정
임원경제연구소 이동인, 정명현, 김현진 외 옮김

풍석문화재단

임원경제지 예규지2 ⓒ 임원경제연구소

이 책의 출판전송권은 **임원경제연구소**와의 계약에 따라 **재단법인 풍석문화재단**에 있습니다.
저작권법에 의해 보호를 받는 저작물이므로 무단 전재와 복제를 금합니다.

이 책은 ㈜DYB교육 송오현 대표 외 수많은 개인의 기부 및 문화체육관광부의 지원으로
완역 출판되었습니다.

임원경제지 예규지2

지은이   풍석 서유구
교 정   추담 서우보
옮기고 쓴 이   임원경제연구소 [이동인, 정명현, 민철기, 정정기,
                                    김현진, 김수연, 강민우, 김광명, 최시남]
                원문 및 번역 전체 정리 : 정명현
                자료정리 : 고윤주
펴낸 곳   풍석문화재단
                펴낸 이 : 신정수
                진행 : 진병춘, 박정진 진행지원 : 박소해
                전화 : 02)6959-9921 E-mail : pungseok@naver.com
편집디자인   아트퍼블리케이션 디자인 고흐
펴낸 날   초판 1쇄 2019년 5월 20일
ISBN   979-11-89801-04-5
CIP   CIP2019017271

이 도서의 국립중앙도서관 출판예정도서목록(CIP)은 서지정보유통지원시스템 홈페이지
(http://seoji.nl.go.kr)와 국가자료종합목록시스템(http://www.nl.go.kr/kolisnet)에서 이용하실 수
있습니다. (CIP제어번호 : CIP2019017271)

* 표지그림 : 태평성시도(太平城市圖), 국립중앙박물관 소장
* 사진 사용을 허락해주신 서울대 규장각한국학연구원, 고려대학교 중앙도서관 여러분께 감사드립니다.

차례

일러두기

예규지 권제4 倪圭志 卷第四 임원십육지 112 林園十六志 百十二

재산 증식 (하) 貨殖

1. 전국의 시장 八域場市

영암 靈巖 | 영광 靈光 | 진도 珍島 | 낙안 樂安 | 순창 淳昌 | 금산 錦山 | 진산 珍山 |
김제 金堤 | 창평 昌平 | 용담 龍潭 | 임피 臨陂 | 만경 萬頃 | 금구 金溝 | 광양 光陽 |
함열 咸悅 | 부안 扶安 | 강진 康津 | 옥과 玉果 | 옥구 沃溝 | 남평 南平 | 흥덕 興德 |
정읍 井邑 | 고창 高敞 | 무장 茂長 | 무안 務安 | 구례 求禮 | 곡성 谷城 | 운봉 雲峰 |
임실 任實 | 장수 長水 | 진안 鎭安 | 동복 同福 | 화순 和順 | 흥양 興陽 | 해남 海南 |
용안 龍安 | 함평 咸平 | 태인 泰仁 | 고산 高山

4) 경상도 嶺南   156
대구 大邱 | 경주 慶州 | 안동 安東 | 창원 昌原 | 상주 尙州 | 진주 晉州 | 성주 星州 |
울산 蔚山 | 김해 金海 | 영해 寧海 | 밀양 密陽 | 청송 靑松 | 동래 東萊 | 선산 善山 |
인동 仁同 | 칠곡 漆谷 | 순흥 順興 | 하동 河東 | 거제 巨濟 | 거창 居昌 | 청도 淸道 |
초계 草溪 | 함양 咸陽 | 영천 永川 | 예천 醴泉 | 영천 榮川 | 흥해 興海 | 풍기 豊基 |
양산 梁山 | 함안 咸安 | 곤양 昆陽 | 합천 陜川 | 김산 金山 | 영덕 盈德 | 고성 固城 |
의성 義城 | 경산 慶山 | 남해 南海 | 개령 開寧 | 의령 宜寧 | 하양 河陽 | 용궁 龍宮 |
봉화 奉化 | 청하 淸河 | 언양 彦陽 | 진해 鎭海 | 진보 眞寶 | 함창 咸昌 | 지례 知禮 |
고령 高靈 | 현풍 玄風 | 산청 山淸 | 단성 丹城 | 군위 軍威 | 의흥 義興 | 신녕 新寧 |
예안 禮安 | 영일 迎日 | 장기 長鬐 | 영산 靈山 | 창녕 昌寧 | 사천 泗川 | 기장 機張 |
삼가 三嘉 | 비안 比安 | 칠원 漆原 | 자인 慈仁 | 문경 聞慶 | 안의 安義 | 영양 英陽 |
웅천 熊川

5) 강원도 關東   238
원주 原州 | 강릉 江陵 | 회양 淮陽 | 양양 襄陽 | 춘천 春川 | 철원 鐵原 | 삼척 三陟 |
영월 寧越 | 이천 伊川 | 평해 平海 | 통천 通川 | 정선 旌善 | 고성 高城 | 간성 杆城 |
평창 平昌 | 금성 金城 | 울진 蔚珍 | 흡곡 歙谷 | 평강 平康 | 김화 金化 | 낭천 狼川 |
홍천 洪川 | 양구 楊口 | 인제 麟蹄 | 횡성 橫城 | 안협 安峽

6) 황해도 海西   256
해주 海州 | 황주 黃州 | 연안 延安 | 평산 平山 | 서흥 瑞興 | 풍천 豊川 | 곡산 谷山 |
옹진 甕津 | 장연 長淵 | 봉산 鳳山 | 안악 安岳 | 재령 載寧 | 수안 遂安 | 배천 白川 |
신천 信川 | 금천 金川 | 신계 新溪 | 문화 文化 | 장련 長連 | 송화 松禾 | 강령 康翎 |
은율 殷栗 | 토산 兎山

7) 평안도 關西

평양 平壤 | 안주 安州 | 정주 定州 | 영변 寧邊 | 성천 成川 | 창성 昌城 | 삭주 朔州 |

구성 龜城 | 숙천 肅川 | 강계 江界 | 삼화 三和 | 중화 中和 | 철산 鐵山 | 용천 龍川 |

선천 宣川 | 자산 慈山 | 초산 楚山 | 함종 咸從 | 운산 雲山 | 희천 熙川 | 박천 博川 |

덕천 德川 | 개천 价川 | 순천 順川 | 상원 祥原 | 벽동 碧潼 | 위원 渭原 | 영원 寧遠 |

가산 嘉山 | 곽산 郭山 | 순안 順安 | 용강 龍岡 | 증산 甑山 | 강서 江西 | 영유 永柔 |

삼등 三登 | 태천 泰川 | 양덕 陽德 | 맹산 孟山 | 강동 江東 | 은산 殷山 | 의주 義州

8) 함경도 關北

함흥 咸興 | 길주 吉州 | 북청 北青 | 영흥 永興 | 안변 安邊 | 정평 定平 | 덕원 德源 |

경성 鏡城 | 명천 明川 | 단천 端川 | 고원 高原 | 문천 文川 | 홍원 洪原 | 이원 利原

예규지 권제5 倪圭志 卷第五 임원십육지 113 林園十六志 百十三

전국 거리표 八域程里表

일러두기

-이 책은 풍석 서유구의 《임원경제지》를 표점, 교감, 번역, 주석, 도해한 것이다.

-저본은 정사(正寫) 상태, 내용의 완성도, 전질의 구성 등을 고려하여 고려대학교 도서관 소장본으로 했다.

-현재 남아 있는 이본 가운데 서울대학교 규장각한국학연구원, 일본 오사카 나카노시마부립도서관본을
 교감하고, 교감 사항은 각주로 처리했으며, 각각 규장각본, 오사카본으로 약칭했다.

-교감은 대교(對校)와 타교(他校)를 중심으로 하고, 교감 사항은 각주로 밝혔다.

-번역주석의 번호는 일반 숫자(9)로, 교감주석의 번호는 네모 숫자(⑨)로 구별했다.

-원문에 네모 칸이 쳐진 注, 農政全書 등과 서유구의 의견을 나타내는 案, 又案 등은 원문의 표기와 유사하게
 네모를 둘렀다.

-원문의 주석은 【 】로 표기했다.

-서명과 편명은 번역문에만 각각 《 》 및 〈 〉로 표시했다.

-표점 부호는 마침표(.), 쉼표(,), 물음표(?), 느낌표(!), 쌍점(:), 쌍반점(;), 인용부호(" ",' '), 가운데점(·),
 모점(,), 괄호(()), 서명 부호(《 》)를 사용했고 인명, 지명 등 고유명사에는 밑줄을 그었다.

-字, 號, 諡號 등으로 표기된 인명은 성명으로 바꿔서 옮겼다.

-지도자료는 서울대 규장각한국학연구원의 〈고지도〉 원문자료에서 《대동여지도(大東輿地圖)》,
 《비변사인방안지도(備邊司印方眼地圖)》,《해동지도(海東地圖)》,《광여도(廣輿圖)》,《1872년 지방지도》,
 《여지도(輿地圖)》 등의 원본자료를 가공하여 인용했다.

-예규지 권5의 각주는 부득이하게 번역문에 첨부했으며, 그 수치를 아라비아 숫자로 입력했음을 미리 밝혀둔다.

4

예규지 권제4
倪圭志 卷第四

임원십육지 112
林園十六志 百十二

재산 증식(하) 貨殖

관전장(館前場)은 성 안 종로(鐘路)에서 매달 1·6이 든 날에 선다. 쌀·콩·맥류·조[稷粟]·참깨·들깨·피마자·면포·모시·주단·민어[鮸魚]·조기·잉어·뱅어·문어·밴댕이·쏘가리·농어·붕어·메기[鮎魚]·말린 전복·다시마·소금·대추·밤·배·감·호두·잣·개암[榛子]·치자·유기(鍮器)·철물·옹기·사기·사슴가죽·노루가죽·수달가죽·지물·붓·먹·황밀(黃蜜)·백랍(白蠟)·삿자리[蘆]·대자리[簞]·자리·돼지·닭·소가풍부하다.

재산 증식(하)

貨殖(下)

1. 전국의 시장

八域場市

1) 경기도

양주(楊州)

[금화경독기]][1] 가라비장(加羅非場)[2]은 양주 서쪽 10리 광석면(廣石面)에서 매달 3·8이 든 날에 선다.[3] 미곡·면포·삼베·생선·소금·대추·밤·철물·목기·옹기·지물·자리·소가 풍부하다.

신천장(新川場)[4]은 양주 북쪽 20리 진답면(陳畓面)[5]에서 매달 1·6이 든 날에 선다.

동두천장(東豆川場)[6]은 양주 북쪽 40리 이담면(伊淡面)[7]에서 매달 5·10이 든 날에 선다.

京畿

楊州

[金華耕讀記] 加羅非場, 在州西十里廣石面, 每月三、八日設. 饒米穀、綿布、麻布、魚鹽、棗栗、鐵物、木器、甕器、紙物、茵席、牛犢.

新川場, 在州北二十里陳畓面, 每月一、六日設.

東豆川場, 在州北四十里伊淡面, 每月五、十日設.

---

1 출처 확인 안 됨. 이하 《금화경독기》는 모두 이와 같음.
2 가라비장(加羅非場) : 경기도 양주시 광적면에서 열렸던 5일장. 현재도 광적면 가납리에서 '가래비시장'이라는 이름으로 매달 4·9가 든 날에 선다.
3 매달······선다 : 매달 3·8·13·18·23·28일에 장이 선다는 뜻이다. 5일장은 인근 지역에 따라 서로 겹치지 않게 날짜를 잡고, 거리도 다음 장으로 이동하기에 편리한 정도로 배치하여, 상인들이 여러 장을 돌며 장사할 수 있도록 배려하였다. 1·6, 2·7, 4·9, 5·10이 든 날도 이와 같다.
4 신천장(新川場) : 경기도 양주시 은현면에서 열렸던 5일장. 신천장(莘川場)으로도 불렀다.
5 진답면(陳畓面) : 조선 시대 경기도 양주목에 설치되었던 행정 구역. 묵은면(黙隱面)으로 바뀌었다가 현내면(縣內面)과 합쳐져서 현재에는 양주시 은현면(隱縣面)이 되었다.
6 동두천장(東豆川場) : 경기도 동두천시 동두천동에서 열렸던 5일장.
7 이담면(伊淡面) : 조선 시대 경기도 양주목에 설치되었던 행정 구역. 현재는 동두천시로 승격되어 걸산동·광암동·동두천동·상봉암동·생연동·송내동·안흥동·지행동·하봉암동에 걸쳐 있다.

마석우장(麻石隅場)[8]은 양주 동쪽 80리 하도면(下 道面)[9]에서 매달 2·7이 든 날에 선다.

麻石隅場, 在州東八十里下道面, 每月二、七日設.

양주의 장시(《광여도(廣輿圖)》)

---

8 마석우장(麻石隅場) : 경기도 남양주시 화도읍에서 열렸던 5일장. 현재도 화도읍 마석우리에서 매달 3·8이 든 날에 선다.

9 하도면(下道面) : 조선 시대 경기도 양주목에 설치되었던 행정 구역. 하도면은 이웃한 상도면(上道面)과 합쳐져 현재는 화도읍(和道邑)이 되었다.

여주(驪州)

[금화경독기] 주내장(州內場)10은 관문 앞에서 매달 2·7이 든 날에 선다. 쌀·콩·맥류·면포·삼베·주단(紬緞)11·다시마·생선·소금·대추·밤·배·감·솥·목물(木物)12·피물·지물·사기·담배·꿩·닭이 풍부하다.

억억장(億億場)13은 여주 서쪽 20리 길천면(吉川面)14에서 매달 1·6이 든 날에 선다.

곡수장(曲水場)15은 여주 북쪽 30리 대송면(大松面)16에서 매달 4·9가 든 날에 선다.

신은천장(神恩川場)17은 여주 북쪽 50리 개군산면(介軍山面)18에서 매달 5·10이 든 날에 선다.

궁리장(宮里場)19은 여주 서쪽 30리 금사면(金沙面)에서 매달 3·8이 든 날에 선다.

驪州

[又] 州內場, 在官門前, 每月二、七日設. 饒米荳、麰麥、綿布、麻布、紬緞、海帶、魚鹽、棗栗、梨枾、釜鼎、木物、皮物、紙物、沙器、煙草、雉鷄.

億億場, 在州西二十里吉川面, 每月一、六日設.

曲水場, 在州北三十里大松面, 每月四、九日設.

神恩川場, 在州北五十里介軍山面, 每月五、十日設.

宮里場, 在州西三十里金沙面, 每月三、八日設.

---

10 주내장(州內場): 경기도 여주시 창동의 여주목 관아 앞에서 열렸던 5일장. 현재는 '제일시장'이라는 이름으로 여주시 하동에 상설시장이 있고, 5일장은 '여주장'이라는 이름으로 창동과 하동에 걸쳐서 매달 5·10이 든 날에 선다.

11 주단(紬緞): 명주와 비단의 통칭.

12 목물(木物): 가마·수레·농기구·기타 도구류 등 나무로 만든 물건의 총칭.

13 억억장(億億場): 경기도 여주시 흥천면 귀백리 복하천(福河川)의 억억교(億億橋) 인근에서 열렸던 5일장.

14 길천면(吉川面): 조선 시대 경기도 여주목에 설치되었던 행정 구역. 흥곡면(興曲面)과 합쳐져서 현재에는 여주시 흥천면(興川面)이 되었다.

15 곡수장(曲水場): 경기도 여주시 대신면 곡수리 곡수천변에서 열렸던 5일장.

16 대송면(大松面): 조선 시대 경기도 여주목에 설치되었던 행정 구역. 등신면(等神面)과 합쳐져서 현재에는 여주시 대신면(大神面)이 되었다.

17 신은천장(神恩川場): 경기도 양평군 개군면 석장리 신은천[지금의 흑천(黑川)]변에서 열렸던 5일장. 신은교장시(神恩橋場市)라고도 했다.

18 개군산면(介軍山面): 조선 시대 경기도 여주목에 설치되었던 행정 구역. 현재에는 여주시 개군면(介軍面)으로 바뀌었다.

19 궁리장(宮里場): 경기도 여주시 금사면 궁리에서 열렸던 5일장. 금사면은 개군면과 남한강을 사이에 두고 있다.

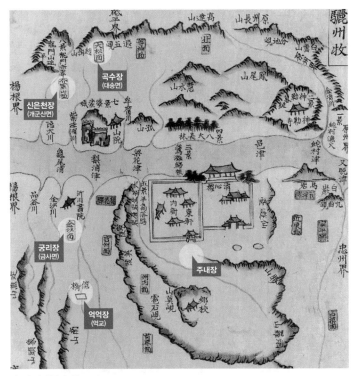

여주의 장시(《광여도》)

파주(坡州)

[금화경독기] 봉일천장(奉日川場)[20]은 파주 남쪽 30리 조리동면(條里洞面)에서 매달 2·7이 든 날에 선다. 미

坡州

[又] 奉日川場, 在州南三十里條里洞面, 每月二、七日

---

20 봉일천장(奉日川場) : 경기도 파주시 조리읍 봉일천리에서 열렸던 5일장. 공릉장(恭陵場)이라고도 불렸다. 현재는 '봉일천종합시장'이라는 이름으로 상설시장이 있고, 5일장은 매달 2·7이 든 날에 선다. 《만기요람(萬機要覽)》에 의하면 "경기 광주(廣州)의 사평장(沙坪場)·송파장(松坡場)·안성 읍내장(安城邑內場)·교하 공릉장(交河恭陵場), 공충도(公忠道)의 은진 강경장(恩津江景場)·직산 덕평장(稷山德坪場), 전라도의 전주 읍내장(全州邑內場)·남원 읍내장(南原邑內場), 강원도의 평창 대화장(平昌大化場), 황해도의 토산 비천장(兎山飛川場), 황주 읍내장(黃州邑內場), 봉산 은파장(鳳山銀波場), 경상도의 창원 마산포장(昌原馬山浦場), 평안도의 박천 진두장(博川津頭場), 함경도의 덕원 원산장(德源元山場)이 가장 큰 장들이다.(京畿之廣州沙坪場·松坡場·安城邑內場·交河恭陵場· 公忠道之恩津江景場·稷山德坪場·全羅道之全州邑內場·南原邑內場·江原道之平昌大化場·黃海道之兎山飛川場·黃州邑內場·鳳山銀波場·慶尙道之昌原馬山浦場·平安道之博川津頭場·咸鏡道之德源元山場. 此其最大者也.)"라 했다.(《萬機要覽》〈財用編〉5 "各廛" '附鄕市')

곡·면포·삼베·주단·생선·소금·목기·옹기·사기·유기(柳器)[21]·자리·소가 풍부하다.

設. 饒米穀、綿布、麻布、紬緞、魚鹽、木器、甕器、沙器、柳器、茵席、牛犢.

문산포장(汶山浦場)[22]은 파주 북쪽 10리 칠정면(七井面)[23]에서 매달 5·10이 든 날에 선다.

汶山浦場, 在州北十里七井面, 每月五、十日設.

눌노장(訥老場)[24]은 파주 북쪽 30리 파평면(坡平面)

訥老場, 在州北三十里坡平

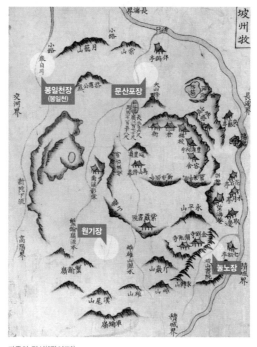

파주의 장시(《광여도》)

---

21 유기(柳器): 키버들의 가지를 엮어서 상자같이 만들어 주로 옷을 넣어 두는 데 쓰던 가구.

22 문산포장(汶山浦場): 경기도 파주시 문산읍 문산2리 일대의 문산포에서 열렸던 5일장. 문산포는 고랑포(高浪浦)와 더불어 임진강의 대표적인 물류집산지로 장시가 성했다. 현재는 '문산자유시장'이라는 이름으로 상설시장이 있고, 5일장은 '문산장'이라는 이름으로 매달 4·9가 든 날에 선다.

23 칠정면(七井面): 조선 시대 경기도 파주목에 설치되었던 행정 구역. 임진면(臨津面)으로 바뀌었다가 면소재지가 있는 문산리의 이름을 따서 현재는 문산읍(汶山邑)이 되었다.

24 눌노장(訥老場): 경기도 파주시 파평면 눌노리에서 열렸던 5일장. 임진강의 지류인 눌노천변에 있었으며, 눌노리장(訥老里場)이라고도 했다.

에서 매달 4·9가 든 날에 선다.

원기장(院基場)25은 파주 동쪽 10리 천현면(泉峴面)26에서 매달 1·6이 든 날에 선다.

광주(廣州)

[금화경독기] 성내장(城內場)27은 관문 밖에서 매달 2·7이 든 날에 선다. 미곡·면포·삼베·배·밤·엿·생선·소금·꿩·닭·사기·담배·소가 풍부하다.

송파장(松坡場)28은 광주 서쪽 20리에서 매달 5·10이 든 날에 선다.

사평장(沙平場)29은 광주 서쪽 30리에서 매달 2·7이 든 날에 선다.

경안장(慶安場)30은 광주 동쪽 30리에서 매달 3·8이 든 날에 선다.

곤지애장(昆池厓場)31은 광주 동쪽 50리에서 매달 4·9가 든 날에 선다.

面, 每月四、九日設.

院基場, 在州東十里泉峴面, 每月一、六日設.

廣州

[又] 城內場, 在官門外, 每月二、七日設. 饒米穀、綿布、麻布、梨栗、飴糖、魚鹽、雉鷄、沙器、煙草、牛犢.

松坡場, 在州西二十里, 每月五、十日設.

沙平場, 在州西三十里, 每月二、七日設.

慶安場, 在州東三十里, 每月三、八日設.

昆池厓場, 在州東五十里, 每月四、九日設.

---

25 원기장(院基場): 경기도 파주시 법원읍 법원리에서 열렸던 5일장. 현재도 '법원장'이라는 이름으로 3·8이 든 날에 선다.

26 천현면(泉峴面): 조선 시대 경기도 파주목에 설치되었던 행정 구역. 천현면 법의리(法義里)와 원원리(遠院里)의 이름을 따서 현재는 파주시 법원읍(法院邑)이 되었다.

27 성내장(城內場): 경기도 광주시 남한산성면 산성리에서 열렸던 5일장.

28 송파장(松坡場): 서울시 송파구 석촌동 석촌호수 서호 남쪽 언덕에서 열렸던 5일장. 송파나루라는 교통의 요지와 연계되어 번성한 장시.

29 사평장(沙平場): 서울시 강남구 신사동 한남대교 남단 부근에서 열렸던 5일장. 한강나루라는 교통의 요지와 연계되어 번성한 장시.

30 경안장(慶安場): 경기도 광주시 경안동에서 열렸던 5일장. 현재는 '경안전통시장'이라는 이름으로 상설시장이 있고, 5일장은 매달 3·8이 든 날에 선다.

31 곤지애장(昆池厓場): 경기도 광주시 곤지암읍 곤지암동 곤지암천과 노곡천 사이에서 열렸던 5일장. 곤지암장(昆池岩場)이라고도 한다.

광주의 장시(《광여도》)

우천장(牛川場)[32]은 광주 북쪽 30리에서 매달 4·9　　牛川場, 在州北三十里, 每
가 든 날에 선다.　　　　　　　　　　　　　　　月四、九日設.

　낙생장(洛生場)[33]은 광주 남쪽 □0리에서 매달 □·　洛生場, 在州南□十里, 每
□이 든 날에 선다.　　　　　　　　　　　　　月□、□日設.

---

32 우천장(牛川場) : 경기도 광주시 남종면 우천리 소내섬에서 열렸던 5일장.
33 낙생장(洛生場) : 경기도 성남시 분당구 판교동 일대에서 열렸던 5일장. 매달 3·8이 든 날에 섰으며, 장세
　(場稅)를 홍익한(洪翼漢)·윤집(尹集)·오달제(吳達濟) 삼학사(三學士)를 기리기 위해서 남한산성 내에 세
　운 현절사(顯節祠)에서 징수했다.

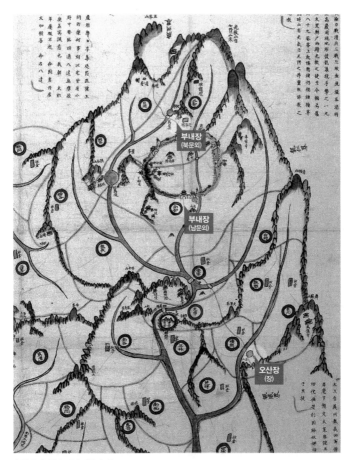

수원의 장시(《1872년 지방지도》)

수원(水原)

[금화경독기] 부내장은 2곳이 있다. 하나는 북문 밖
에 있는 장으로 매달 2·7이 든 날에 선다.[34] 다른 하
나는 남문 밖에 있는 장으로 매달 4·9가 든 날에 선
다.[35] 모두 미곡·면포·채소·과일·생선·소금·다시

水原

[又] 府內場有二處. 一在北
門外者, 每月二、七日設；一
在南門外者, 每月四、九日
設. 并饒米穀、綿布、蔬果、

---

34 하나는……선다 : 수원 화성(華城) 북쪽 영화동 장안문(長安門) 밖에서 열렸던 북문외장(北門外場).
35 다른……선다 : 수원 화성 남쪽 팔달로3가 팔달문(八達門) 밖에서 열렸던 남문외장(南門外場).

마·담배·소가 풍부하다.

오산장(烏山場)[36]은 수원부 남쪽 30리에서 매달 1·6이 든 날에 선다.

강화(江華)

[금화경독기] 남문외장(南門外場)[37]은 매달 2·7이 든 날에 선다. 미곡·생선·소금이 풍부하다.

魚鹽、海帶、煙草、牛犢.

烏山場, 在府南三十里, 每月一、六日設.

江華

[又] 南門外場, 每月二、七日設. 饒米穀、魚鹽.

강화·교동의 장시(《광여도》)

---

36 오산장(烏山場) : 경기도 오산시 오산동에서 열렸던 5일장. 현재는 '오산오색시장(烏山五色市場)'이라는 이름으로 상설시장이 있고, 5일장은 매달 3·8이 든 날에 선다.
37 남문외장(南門外場) : 인천광역시 강화군 강화읍 남산리 강화산성 남문 밖에서 열렸던 5일장. 현재는 '강화풍물시장'이라는 이름으로 강화읍 갑곳리에 상설시장이 있고, 5일장은 매달 2·7이 든 날에 선다.

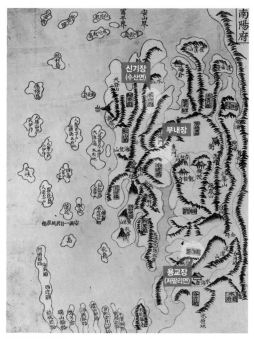
남양의 장시(《광여도》)

교동(喬桐)

[금화경독기] 부내장(府內場)[38]은 남문 밖에서 매달 5·10이 든 날에 선다. 미곡·면포·고운자리가 풍부하다.

喬桐

[又] 府內場, 在南門外, 每月五、十日設. 饒米穀、綿布、細席.

남양(南陽)

[금화경독기] 부내장(府內場)[39]은 관문 앞에서 매달 2·7이 든 날에 선다. 쌀·콩·맥류·면포·생선·소금·대추·밤·감·담배가 풍부하다.

南陽

[又] 府內場, 在官門前, 每月二、七日設. 饒米荳、麰麥、綿布、魚鹽、棗栗、柿子、煙草.

---

38 부내장(府內場) : 인천광역시 강화군 교동면 교동리 읍성 남문 밖에서 열렸던 5일장.
39 부내장(府內場) : 경기도 화성시 남양읍 남양리 남양도호부 앞에서 열렸던 5일장. 현재도 '남양장'이라는 이름으로 매달 1·6이 든 날에 선다.

용교장(春橋場)⁴⁰은 남양부 동쪽 10리 저팔면(楮八面)⁴¹에서 매달 1·6이 든 날에 선다.

신기장(新基場)⁴²은 남양부 서쪽 20리 수산면(水山面)⁴³에서 매달 4·9가 든 날에 선다.

春橋場, 在府東十里<u>楮八面</u>, 每月一、六日設.

新基場, 在府西二十里<u>水山面</u>, 每月四、九日設.

인천(仁川)

[금화경독기] 소암장(疏巖場)⁴⁴은 인천부 북쪽 7리 주안면(朱安面)에서 매달 4·9가 든 날에 선다. 미곡·면포·삼베·생선·소금·철물·목물·자리·담배·소가 풍부하다.

사천장(蛇川場)⁴⁵은 인천부 동쪽 25리 신고개면(新古介面)에서 매달 1·6이 든 날에 선다.

仁川

[又] <u>疏巖場</u>, 在府北七里<u>朱安面</u>, 每月四、九日設. 饒米穀、綿布、麻布、魚鹽、鐵物、木物、茵席、煙草、牛犢.

<u>蛇川場</u>, 在府東二十五里<u>新古介面</u>, 每月一、六日設.

부평(富平)

[금화경독기] 발라장(鉢羅場)⁴⁶은 부평부 북쪽 10리 황어면(黃魚面)에서 매달 3·8이 든 날에 선다. 미곡·면포·삼베·생선·소금·철물·목물·과일·자리·담배·소가 풍부하다.

富平

[又] <u>鉢羅場</u>, 在府北十里<u>黃魚面</u>, 每月三、八日設. 饒米穀、綿布、麻布、魚鹽、鐵物、木物、果物、茵席、煙草、牛犢.

---

40 용교장(春橋場) : 경기도 화성시 팔탄면 하저리에서 열렸던 5일장.

41 저팔면(楮八面) : 조선 시대 경기도 남양부에 설치되었던 행정 구역. 현재 화성시 비봉면 자안리·청요리와 봉담읍 상기리 및 팔탄면 하저리로 나눠졌다. 저팔리면(楮八里面)이라고도 한다.

42 신기장(新基場) : 경기도 화성시 송산면 사강리에서 열렸던 5일장. 현재는 '사강시장'이라는 이름으로 상설 시장이 있고, 5일장은 매달 2·7이 든 날에 선다.

43 수산면(水山面) : 조선 시대 경기도 남양부에 설치되었던 행정 구역. 현재 화성시 송산면(松山面)으로 통합 되었다.

44 소암장(疏巖場) : 인천광역시 미추홀구 주안동에서 열렸던 5일장. 석암장(石巖場)이라고도 했다. 현재는 '석 바위시장'이라는 이름으로 상설시장이 있다.

45 사천장(蛇川場) : 경기도 시흥시 신천동 뱀내장터로 일대에서 열렸던 5일장. 뱀내장이라고도 했다.

46 발라장(鉢羅場) : 인천광역시 계양구 장기동에서 열렸던 5일장. 황어장(黃魚場)이라고도 했다.

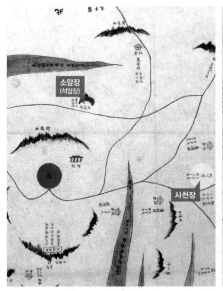

인천의 장시(《1872년 지방지도》)

부평의 장시(《여지도(輿地圖)》)

죽산(竹山)

[금화경독기] 부내장(府內場)[47]은 관문리(官門里)에서 매달 4·9가 든 날에 선다. 쌀·콩·맥류·면포·면화·과일·소가 풍부하다.

　이실장(二實場)[48]은 죽산부 서쪽 30리 서남면(西南面)에서 매달 3·8이 든 날에 선다.

　배감장(排甘場)[49]은 북쪽 30리 근삼면(近三面)에서 매달 1·6이 든 날에 선다.

竹山

[又] 府內場, 在官門里, 每月四、九日設. 饒米荳、麰麥、綿布、綿花、果物、牛犢.

二實場, 在府西三十里西南面, 每月三、八日設.

排甘場, 在北三十里近三面, 每月一、六日設.

47　부내장(府內場) : 경기도 안성시 죽산면 죽산리에서 열렸던 5일장. 현재도 '죽산장'이라는 이름으로 매달 5·10이 든 날에 선다.

48　이실장(二實場) : 경기도 안성시 보개면 북가현리에서 열렸던 5일장. 이보장(二甫場)이라고도 했다.

49　배감장(排甘場) : 경기도 용인시 처인구 백암면 백암리에서 열렸던 5일장. 현재도 '백암장'이라는 이름으로 매달 1·6이 든 날에 선다.

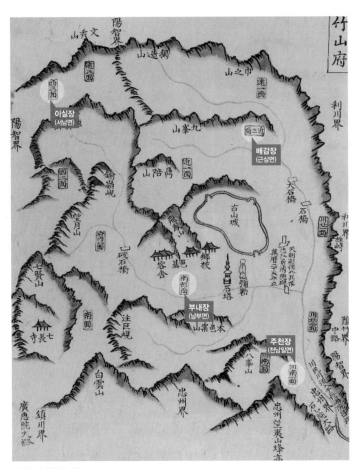

죽산의 장시((광여도))

주천장(注川場)[50]은 죽산부 동쪽 20리 남일면(南一　注川場, 在府東二十里南一
面)에서 매달 3·8이 든 날에 선다.　　　　　　　面, 每月三、八日設.

---

50 주천장(注川場) : 경기도 안성시 일죽면 주천리에서 열렸던 5일장. 주래장이라고도 했다. 현재도 '일죽장'이
　　라는 이름으로 일죽면 송천리에서 매달 3·8이 든 날에 선다.

통진(通津)

[금화경독기] 원통리장(圓通里場)[51]은 통진부 동쪽 10리 질전면(迭田面)에서 매달 4·9가 든 날에 선다. 미곡·면포·삼베·생선·소금·철물·유기(柳器)·사기·자리·소가 풍부하다.

오라리장(吾羅里場)[52]은 통진부 동쪽 20리 양능면(陽陵面)에서 매달 2·7이 든 날에 선다.

通津

[又] 圓通里場, 在府東十里迭田面, 每月四、九日設. 饒米穀、綿布、麻布、魚鹽、鐵物、柳器、沙器、茵席、牛犢.

吾羅里場, 在府東二十里陽陵面, 每月二、七日設.

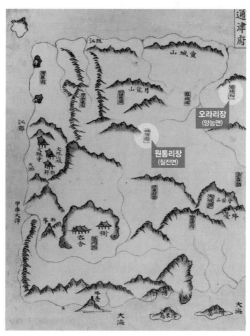

통진의 장시(《광여도》)

---

51 원통리장(圓通里場) : 경기도 김포시 통진읍 귀전리에서 열렸던 5일장. 현재는 '통진시장'이라는 이름으로 상설시장이 있고, 5일장은 매달 3·8이 든 날에 선다.
52 오라리장(吾羅里場) : 경기도 김포시 양촌읍 양곡리에서 열렸던 5일장. 현재도 '양곡장'이라는 이름으로 매달 1·6이 든 날에 선다.

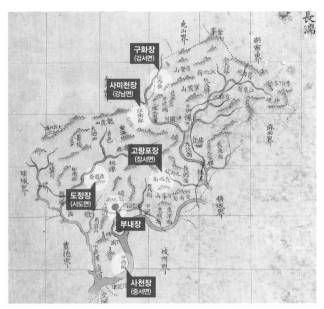

장단의 장시(《조선지도(朝鮮地圖)》)

장단(長湍)

[금화경독기] 부내장(府內場)[53]은 동하리(東下里)에서
매달 3·8이 든 날에 선다. 미곡·면포·명주·옹기·
소가 풍부하다.

　사천장(沙川場)[54]은 장단부 서쪽 20리 중서면(中西
面)에서 매달 1·6이 든 날에 선다.

　사미천장(沙味川場)[55]은 장단부 동쪽 40리 강남면
(江南面)에서 매달 4·9가 든 날에 선다.

　구화장(駒化場)[56]은 장단부 북쪽 60리 강서면(江西
面)에서 매달 1·6이 든 날에 선다.

長湍

[又] 府內場, 在東下里, 每
月三、八日設. 饒米穀、綿
布、明紬、甕器、牛犢.

沙川場, 在府西二十里中西
面, 每月一、六日設.

沙味川場, 在府東四十里
江南面, 每月四、九日設.

駒化場, 在府北六十里江
西面, 每月一、六日設.

---

53 부내장(府內場) : 경기도 파주시 군내면 읍내리에서 열렸던 5일장.
54 사천장(沙川場) : 경기도 파주시 장단면에서 열렸던 5일장.
55 사미천장(沙味川場) : 황해북도 장풍군에서 열렸던 5일장.
56 구화장(駒化場) : 황해북도 장풍군 구화리에서 열렸던 5일장. 구화장(仇火場)이라고도 했다.

고랑포장(高浪浦場)[57]은 장단부 동쪽 30리 장서면(長西面)에서 매달 2·7이 든 날에 선다.

도정장(道井場)[58]은 장단부 북쪽 30리 서도면(西道面)에서 매달 2·7이 든 날에 선다.

高浪浦場, 在府東三十里<u>長西面</u>, 每月二、七日設.

道井場, 在府北三十里<u>西道面</u>, 每月二、七日設.

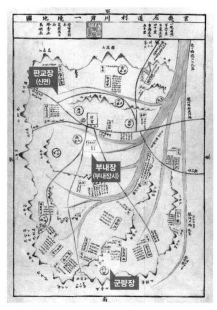

이천의 장시(《1872년 지방지도》)

이천(利川)

[금화경독기] 부내장(府內場)[59]은 매달 2·7이 든 날에 선다. 미곡·면포·삼베·생선·소금·과일·목기·옹기·소가 풍부하다.

군량장(郡梁場)[60]은 이천부 남쪽 20리 월면(月面)에

利川

[又] <u>府內場</u>, 每月二七設. 饒米穀、綿布、麻布、魚鹽、果物、木器、甕器、牛犢.

<u>郡梁場</u>, 在府南二十里<u>月</u>

---

57 고랑포장(高浪浦場): 경기도 연천군 장남면 고랑포리에서 열렸던 5일장.
58 도정장(道井場): 황해북도 장풍군에서 열렸던 5일장.
59 부내장(府內場): 경기도 이천시 관고동에서 열렸던 5일장. 현재는 '관고시장'이라는 이름으로 상설시장이 있고, 5일장은 '이천장'이라는 이름으로 매달 2·7이 든 날에 선다.
60 군량장(郡梁場): 경기도 이천시 대월면 군량리에서 열렸던 5일장.

서 매달 5·10이 든 날에 선다.

판교장(板橋場)[61]은 이천부 북쪽 10리 신면(新面)에 서 매달 3·8이 든 날에 선다.

面, 每月五、十日設.

板橋場, 在府北十里新面, 每月三、八日設.

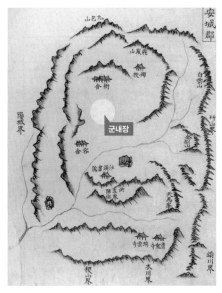

안성의 장시(《광여도》)

안성(安城)

[금화경독기] 군내장(郡內場)[62]은 안성군 남쪽 1리쯤 에서 매달 2·7이 든 날에 선다. 쌀·콩·맥류·참깨· 들깨·면포·삼베·생선·소금·대추·밤·배·감·유기 (鍮器)·철물·사기·유기(柳器)·목물·삿갓·도롱이·피 혁·생마·자리·숫돌·다듬잇돌·나무절구·목반·소 가 풍부하다.

安城

[又] 郡內場, 在郡南一里 許, 每月二、七日設. 饒米 荳、麰麥、脂麻、水蘇、綿 布、麻布、魚鹽、棗栗、梨 柹、鍮器、鐵物、沙器、柳 器、木物、笠子、簑笠、皮

---

61 판교장(板橋場) : 경기도 이천시 신둔면에서 열렸던 5일장.
62 군내장(郡內場) : 경기도 안성시 서인동에서 열렸던 5일장. 현재도 '안성장'이라는 이름으로 매달 2·7이 든 날에 선다.

鞋、生麻、茵席、磨石、砧
石、木臼、木盤、牛犢.

안산(安山)

[금화경독기] 상직곶리장(上職串里場)[63]은 안산군 서쪽 10리 초산면(草山面)에서 매달 2·7이 든 날에 선다. 미곡·면포·생선·소금·감·옹기·자리가 풍부하다.

석곡산대장(石谷山垈場)[64]은 안산군 서쪽 20리 대월면(大月面)에서 매달 3·8이 든 날에 선다.

安山

[又] 上職串里場, 在郡西十里草山面, 每月二、七日設. 饒米穀、綿布、魚鹽、杮子、甕器、茵席.
石谷山垈場, 在郡西二十里大月面, 每月三、八日設.

안산의 장시((광여도))

---

63 상직곶리장(上職串里場) : 경기도 시흥시 하상동에서 열렸던 5일장.
64 석곡산대장(石谷山垈場) : 경기도 안산시 단원구 선부동에서 열렸던 5일장.

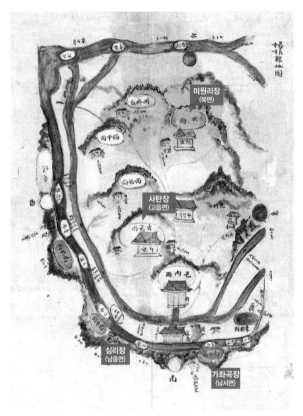

양근의 장시(《1872년 지방지도》)

양근(楊根)

[금화경독기] 사탄장(沙灘場)[65]은 양근군 서쪽 10리 고읍면(古邑面)에서 매달 3·8이 든 날에 선다. 미곡·면포·삼베·어물·대추·감·담배·자리가 풍부하다.

가좌곡장(佳佐谷場)[66]은 양근군 남쪽 15리에서 매달 2·7이 든 날에 선다.

楊根

[又] 沙灘場, 在郡西十里 古邑面, 每月三、八日設. 饒米穀、綿布、麻布、魚物、 棗柹、煙草、茵席.

佳佐谷場, 在郡南十五里, 每月二、七日設.

---

65 사탄장(沙灘場) : 경기도 양평군 옥천면 아신리에서 열렸던 5일장.
66 가좌곡장(佳佐谷場) : 경기도 양평군 강상면에서 열렸던 5일장.

심리장(心里場)[67]은 양근군 남쪽 20리 남중면(南中面)에서 매달 5·10이 든 날에 선다.

미원리장(迷原里場)[68]은 양근군 북쪽 60리에서 매달 2·7이 든 날에 선다.

心里場, 在郡南二十里南中面, 每月五、十日設.

迷原里場, 在郡北六十里, 每月二、七日設.

김포의 장시(《광여도》)

김포(金浦)

[금화경독기] 신장(新場)[69]은 김포군 동쪽 5리 고현내면(古縣內面)에서 매달 1·6이 든 날에 선다. 미곡·면포·면화·생선·소금·대추·밤·감·배·솥·옹기·자리가 풍부하다.

金浦

[又] 新場, 在郡東五里古縣內面, 每月一、六日設. 饒米穀、綿布、綿花、魚鹽、棗栗、柹梨、釜鼎、甕器、茵席.

---

67 심리장(心里場): 경기도 양평군 강하면 운심리에서 열렸던 5일장.
68 미원리장(迷原里場): 경기도 가평군 설악면 신천리에서 열렸던 5일장.
69 신장(新場): 경기도 김포시 풍무동에서 열렸던 5일장.

고양(高陽)

[금화경독기] 신원장(新院場)[70]은 고양군 남쪽 10리 원당면(院堂面)에서 매달 3·8이 든 날에 선다. 쌀·콩·맥류·면포·삼베·생선·소금·대추·밤·배·감·담배·도롱이·대자리가 풍부하다.

휴암장(鵂巖場)[71]은 고양군 서쪽 10리 사리대면(沙里大面)에서 매달 1·6이 든 날에 선다.

사포장(巳浦場)[72]은 고양군 서쪽 30리 사포면(巳浦面)에서 매달 3·8이 든 날에 선다.

덕은리장(德隱里場)[73]은 고양군 서쪽 40리 하도면(下道面)에서 매달 3·8이 든 날에 선다.

덕수천장(德水川場)[74]은 고양군 남쪽 15리 덕수면(德水面)에서 매달 4·9가 든 날에 선다.

이패리장(二牌里場)[75]은 고양군 서쪽 20리 구지도면(求知道面)에서 매달 4·9가 든 날에 선다.

행주장(杏州場)[76]은 고양군 서쪽 35리 행주면(杏州面)에서 매달 1·6이 든 날에 선다.

염포장(鹽浦場)[77]은 고양군 서쪽 20리 염포면(鹽浦面)에서 매달 1·6이 든 날에 선다.

高陽

[又] 新院場, 在郡南十里院堂面, 每月三、八日設. 饒米荳、麰麥、綿布、麻布、魚鹽、棗栗、梨柹、煙草、簑笠、簟席.

鵂巖場, 在郡西十里沙里大面, 每月一、六日設.

巳浦場, 在郡西三十里巳浦面, 每月三、八日設.

德隱里場, 在郡西四十里下道面, 每月三、八日設.

德水川場, 在郡南十五里德水面, 每月四、九日設.

二牌里場, 在郡西二十里求知道面, 每月四、九日設.

杏州場, 在郡西三十五里杏州面, 每月一、六日設.

鹽浦場, 在郡西二十里鹽浦面, 每月一、六日設.

---

70 신원장(新院場) : 경기도 고양시 덕양구 신원동에서 열렸던 5일장.
71 휴암장(鵂巖場) : 경기도 고양시 일산동구 사리현동에서 열렸던 5일장.
72 사포장(巳浦場) : 경기도 고양시 일산서구 대화동에서 열렸던 5일장. 현재는 '일산시장'이라는 이름으로 일산서구 일산동에 상설시장이 있고, 5일장은 매달 3·8이 든 날에 선다.
73 덕은리장(德隱里場) : 경기도 고양시 덕양구 덕은동에서 열렸던 5일장.
74 덕수천장(德水川場) : 경기도 고양시 덕양구 삼송동에서 열렸던 5일장.
75 이패리장(二牌里場) : 경기도 고양시 덕양구 주교동에서 열렸던 5일장.
76 행주장(杏州場) : 경기도 고양시 덕양구 행주동에서 열렸던 5일장.
77 염포장(鹽浦場) : 경기도 고양시 덕양구 강매동 염포나루에서 열렸던 5일장. 《대동여지도》·《해동지도》에는 "해포(醢浦)"로 되어 있다.

하패리장(下牌里場)[78]은 고양군 서쪽 20리 하패면 (下牌面)에서 매달 1·6이 든 날에 선다.

下牌里場, 在郡西二十里下牌面, 每月一、六日設.

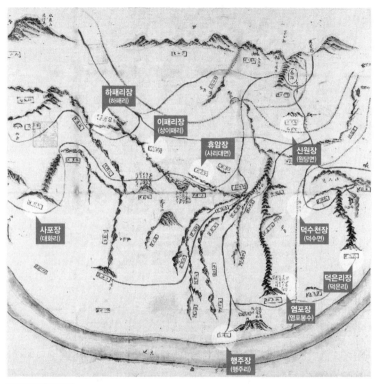

고양의 장시(《광여도》)

가평(加平)

[금화경독기] 군내장(郡內場)[79]은 매달 5·10이 든 날에 선다. 미곡·어물이 풍부하다.

加平

[又] 郡內場, 每月五、十日設. 饒米穀、魚物.

---

78 하패리장(下牌里場) : 경기도 고양시 일산동구 설문동에서 열렸던 5일장.
79 군내장(郡內場) : 경기도 가평군 가평읍 읍내리에서 열렸던 5일장. 현재도 '가평장'이라는 이름으로 매달 5·10이 든 날에 선다.

신복장(新福場)[80]은 가평군 서쪽 60리 하면(下面)에
서 매달 3·8이 든 날에 선다.

新福場, 在郡西六十里下
面, 每月三、八日設.

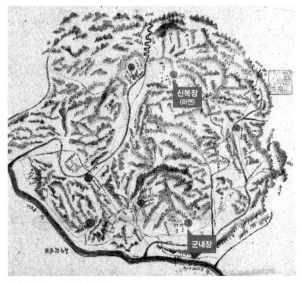

가평의 장시(《1872년 지방지도》)

삭녕(朔寧)

[금화경독기] 수욱장(水郁場)[81]은 삭녕군 남쪽 20리
남면(南面)에서 매달 5·10이 든 날에 선다. 미곡·면
포·생선·소금·과일·철물·옹기·생마·꿩·닭·소가
풍부하다.

석교장(石橋場)[82]은 삭녕군 북쪽 30리 마장면(馬場
面)에서 매달 3·8이 든 날에 선다.

朔寧

[又] 水郁場, 在郡南二十
里南面, 每月五、十日設.
饒米穀、綿布、魚鹽、果物、
鐵物、甕器、生麻、雉鷄、
牛犢.

石橋場, 在郡北三十里馬
場面, 每月三、八日設.

---

80 신복장(新福場) : 경기도 가평군 조종면 신하리에서 열렸던 5일장.
81 수욱장(水郁場) : 경기도 연천군 왕징면에서 열렸던 5일장.
82 석교장(石橋場) : 강원도 철원군 마장면에서 열렸던 5일장.

마전(麻田)

[금화경독기] 유림진장(楡林陣場)[83]은 마전군 동쪽 10리 북면(北面)에서 매달 3·8이 든 날에 선다. 미곡·면포·면화·솥·목기·자리가 풍부하다.

麻田

[又] 楡林陣場, 在郡東十里北面, 每月三、八日設. 饒米穀、綿布、綿花[1]、釜鼎、木器、茵席.

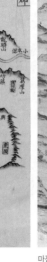

삭녕의 장시(《광여도》)

마전의 장시(《광여도》)

교하(交河)

[금화경독기] 신화리장(新花里場)[84]은 교하군 동쪽 7리 아동면(衙洞面)에서 매달 4·9가 든 날에 선다. 미곡·면포·어물·과일·자리·담배가 풍부하다.

交河

[又] 新花里場, 在郡東七里衙洞面, 每月四、九日設. 饒米穀、綿布、魚物、果物、

---

83 유림진장(楡林陣場): 경기도 연천군 왕징면에서 열렸던 5일장. 유림진(楡林陣)은 유림진(楡林津) 또는 유연진(楡淵津)으로도 불렸다.
84 신화리장(新花里場): 경기도 파주시 금촌동에서 열렸던 5일장. 현재는 '금촌통일시장'이라는 이름으로 상설시장이 있고, 5일장은 '금촌장'이라는 이름으로 매달 1·6이 든 날에 선다.
[1] 花: 저본에는 "木". 오사카본에 근거하여 수정.

삽교장(鍤橋場)[85]은 교하군 서쪽 15리 석곶면(石串面)에서 매달 1·6이 든 날에 선다.

茵席、煙草.

鍤橋場, 在郡西十五里石串面, 每月一、六日設.

茵席、煙草.

鍤橋場, 在郡西十五里石串面, 每月一、六日設.

교하의 장시《광여도》

용인(龍仁)

[금화경독기] 현내장(縣內場)[86]은 관문 앞에서 매달 2·7이 든 날에 선다. 미곡·면포·삼베·생선·소금·대추·밤·배·감·유기(鍮器)·옹기·사기·유기(柳器)·담배·소가 풍부하다.

龍仁

[又] 縣內場, 在官門前, 每月二、七日設. 饒米穀、綿布、麻布、魚鹽、棗栗、梨柹、鍮器、甕器、沙器、柳器、煙草、牛犢.

---

85 삽교장(鍤橋場) : 경기 파주시 동패동에서 열렸던 5일장.
86 현내장(縣內場) : 경기도 용인시 기흥구 마북동에서 열렸던 5일장.

김량장(金良場)[87]은 용인현 동쪽 30리 수여면(水餘面)에서 매달 5·10이 든 날에 선다.

도촌장(道村場)[88]은 용인현 남쪽 50리 도촌면(道村面)에서 매달 1·6이 든 날에 선다.

金良場, 在縣東三十里水餘面, 每月五、十日設.

道村場, 在縣南五十里道村面, 每月一、六日設.

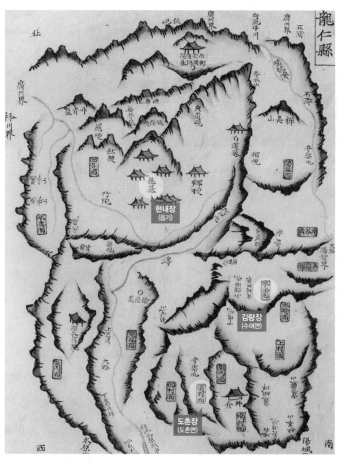

용인의 장시(《광여도》)

87 김량장(金良場) : 경기도 용인시 처인구 김량장동에서 열렸던 5일장. 현재는 '용인중앙시장'이라는 이름으로 상설시장이 있고, 5일장은 '용인장'이라는 이름으로 매달 5·10이 든 날에 선다.
88 도촌장(道村場) : 경기도 용인시 처인구 남사면 원암리에서 열렸던 5일장.

진위의 장시(《1872년 지방지도》)　　　　영평의 장시(《광여도》)

진위(振威)

[금화경독기] 신장(新場)[89]은 진위현 서쪽 10리 일탄면(一炭面)에서 매달 1·6이 든 날에 선다. 미곡·면포·생닭·자리·담배가 풍부하다.

영평(永平)

[금화경독기] 현내장(縣內場)[90]은 매달 3·8이 든 날에 선다. 미곡·면포·삼베·생선·소금·소가 풍부하다.

물은담장(物隱淡場)[91]은 영평현 동쪽 30리 일동면(一東面)에서 매달 3·8이 든 날에 선다.

振威

[又] 新場, 在縣西十里一炭面, 每月一、六日設. 饒米穀、綿布、生鷄、茵席、煙草.

永平

[又] 縣內場, 每月三、八日設. 饒米穀、綿布、麻布、魚鹽、牛犢.

物隱淡場, 在縣東三十里一東面, 每月三、八日設.

89　신장(新場):경기도 평택시 신장동에서 열렸던 5일장. 현재는 '송북시장'이라는 이름으로 평택시 지산동에 상설시장이 있고, 5일장은 '송북장'이라는 이름으로 매달 4·9가 든 날에 선다.

90　현내장(縣內場):경기도 포천시 영중면 영평리에서 열렸던 5일장.

91　물은담장(物隱淡場):경기도 포천시 일동면 화대리에서 열렸던 5일장.

지평(砥平)

[금화경독기] 전곡장(田谷場)⁹²은 지평현 서쪽 10리 상서면(上西面)에서 매달 2·7이 든 날에 선다. 쌀·콩·맥류·참깨·들깨·면포·삼베·생선·소금·철기·목기·유기(柳器)·옹기·담배·소가 풍부하다.

곡수장(曲水場)⁹³은 지평현 남쪽 20리 남면(南面)에서 매달 4·9가 든 날에 선다.

砥平

[又] 田谷場, 在縣西十里上西面, 每月二、七日設. 饒米荳、麰麥、脂麻、水蘇、綿布、麻布、魚鹽、鐵器、木器、柳器、甕器、煙草、牛犢.

曲水場, 在縣南二十里南面, 每月四、九日設.

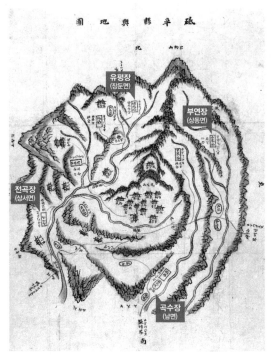

지평의 장시(《1872년 지방지도》)

---

92 전곡장(田谷場) : 경기도 양평군 용문면 다문리에서 열렸던 5일장.
93 곡수장(曲水場) : 경기도 양평군 지평면 곡수리에서 열렸던 5일장.

유평장(游坪場)⁹⁴은 현 북쪽 30리 장둔면(壯屯面)에서 매달 1·6이 든 날에 선다.

부연장(釜淵場)⁹⁵은 지평현 동쪽 40리 상동면(上東面)에서 매달 3·8이 든 날에 선다.

游坪場, 在縣北三十里壯屯面, 每月一、六日設.

釜淵場, 在縣東四十里上東面, 每月三、八日設.

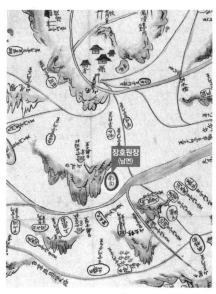

음죽의 장시(《1872년 지방지도》)

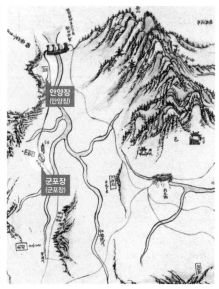

과천의 장시(《1872년 지방지도》)

음죽(陰竹)

[금화경독기] 장호원장(長湖院場)⁹⁶은 음죽현 남쪽 10리 남면(南面)에서 매달 4·9가 든 날에 선다. 미곡·면포·생선·소금·대추·밤·배·감·솥·유기(鍮器)·담배·소가 풍부하다.

陰竹

[又] 長湖院場, 在縣南十里南面, 每月四、九日設. 饒米穀、綿布、魚鹽、棗栗、梨枾、釜鼎、鍮器、煙草、牛犢.

---

94 유평장(游坪場): 경기도 양평군 청운면 비룡리에서 열렸던 5일장.
95 부연장(釜淵場): 경기도 양평군 양동면 쌍학리에서 열렸던 5일장.
96 장호원장(長湖院場): 경기도 이천시 장호원읍 오남리에서 열렸던 5일장. 현재도 매달 4·9가 든 날에 선다.

과천(果川)

[금화경독기] 군포장(軍浦場)97은 과천현 남쪽 20리 하서면(下西面)에서 매달 1·6이 든 날에 선다. 미곡·면포·삼베·생선·소금·과일·철물·담배·소가 풍부하다.

안양장(安陽場)98은 과천현 서쪽 25리 하서면(下西面)에서 매달 3·8이 든 날에 선다.

양성 (陽城)

[금화경독기] 현내장(縣內場)99은 매달 4·9가 든 날에 선다. 미곡·면포·삼베·생선·소금·대추·밤·

果川

[又] 軍浦場, 在縣南二十里下西面, 每月一、六日設. 饒米穀、綿布、麻布、魚鹽、果物、鐵物、煙草、牛犢.

安陽場, 在縣西二十五里下西面, 每月三、八日設.

陽城

[又] 縣內場, 每月四、九日設. 饒米穀、綿布、麻布、

양성의 장시(《광여도》)

---

97 군포장(軍浦場):경기도 안양시 동안구 호계동에서 열렸던 5일장.
98 안양장(安陽場):경기도 안양시 만안구 안양동에서 열렸던 5일장.
99 현내장(縣內場):경기도 안성시 양성면 동항리에서 열렸던 5일장.

배·감·송이버섯·철물·목물·옹기·담배가 풍부하다.

소사장(素沙場)[100]은 양성현 남쪽 30리 구룡면(九龍面)에서 매달 5·10이 든 날에 선다.

魚鹽、棗栗、梨梂、松茸、鐵物、木物、甕器、煙草.

素沙場，在縣南三十里九龍面，每月五、十日設.

포천(抱川)

[금화경독기] 송우장(松隅場)[101]은 포천현 남쪽 20리 소흘면(所屹面)에서 매달 4·9가 든 날에 선다. 미곡·면포·면화·삼베·과일·솥·목기·담배·소가 풍부하다.

抱川

[又] 松隅場，在縣南二十里所屹面，每月四、九日設. 饒米穀、綿布、綿花、麻布、果物、釜鼎、木器、煙草、牛犢.

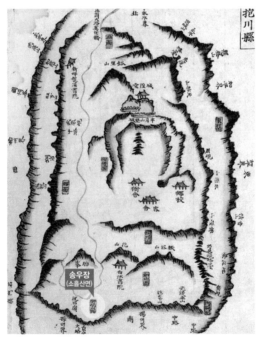

포천의 장시(《광여도》)

---

100 소사장(素沙場) : 경기도 평택시 소사동에서 열렸던 5일장.
101 송우장(松隅場) : 경기도 포천시 소흘읍 송우리에서 열렸던 5일장. 현재도 매달 4·9가 든 날에 선다.

적성(積城)

[금화경독기] 두일장(斗日場)[102]은 적성현 북쪽 20리 북면(北面)에서 매달 5·10이 든 날에 선다. 미곡·면포·삼베·어물·대추·밤·담배·소가 풍부하다.

오목천장(梧木川場)[103]은 적성현 동쪽 20리 동면(東面)에서 매달 2·7이 든 날에 선다.

積城

[又] 斗日場, 在縣北二十里北面, 每月五、十日設. 饒米穀、綿布、麻布、魚物、棗栗、煙草、牛犢.

梧木川場, 在縣東二十里東面, 每月二、七日設.

적성의 장시(《1872년 지방지도》)

---

102 두일장(斗日場) : 경기도 연천군 백학면 두일리에서 열렸던 5일장.
103 오목천장(梧木川場) : 경기도 연천군 전곡읍 늘목리에서 열렸던 5일장.

입암장(笠巖場)104은 적성현 남쪽 30리 남면(南面)에 서 매달 2·7이 든 날에 선다.

笠巖場, 在縣南三十里南 面, 每月二、七日設.`

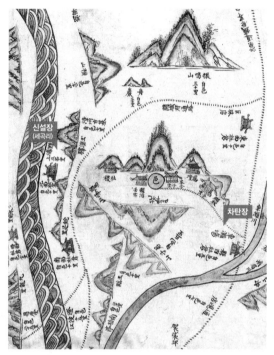

연천의 장시(《1872년 지방지도》)

연천(漣川)

[금화경독기] 차탄장(車灘場)105은 연천현 남쪽 5리 현 내면(縣內面)에서 매달 1·6이 든 날에 선다. 미곡·면 포·면화·생선·소금·산사·송이버섯·유기(鍮器)·철 물·유기(柳器)·옹기·꿩·닭·소가 풍부하다.

漣川

[又] 車灘場, 在縣南五里 縣內面, 每月一、六日設. 饒米穀、綿布、綿花、魚鹽、 山査、松茸、鍮器、鐵物、柳

---

104 입암장(笠巖場) : 경기도 양주시 남면 입암리에서 열렸던 5일장.
105 차탄장(車灘場) : 경기도 연천군 연천읍 차탄리에서 열렸던 5일장. 현재도 매달 2·7이 든 날에 선다.

신설장(新設場)106은 연천현 서쪽 7리 세곡면(細谷面)107에서 매달 2·7이 든 날에 선다.

器、甕器、雉鷄、牛犢.

新設場, 在縣西七里細谷面, 每月二、七日設.

양지(陽智)

[금화경독기] 개천장(介川場)108은 양지현 동쪽 10리에서 매달 4·9가 든 날에 선다. 미곡·면포·삼베·어물·대추·밤·담배가 풍부하다.

陽智

[又] 介川場, 在縣東十里, 每月四、九日設. 饒米穀、綿布、麻布、魚物、棗栗、煙草.

양지의 장시(《광여도》)

---

106 신설장(新設場) : 확인 안 됨.
107 세곡면(細谷面) : 연천에는 세곡면이 없으며, 황해도 평산(平山)에서 세곡면 또는 세곡방(細谷坊)이 확인되나 연천현 서쪽 7리와는 너무 큰 차이가 있어 고려할 대상이 못 된다. 다만 연천현 서쪽 10리 지점에 세곶리[三串里]가 있어 이곳으로 추정한다.
108 개천장(介川場) : 경기도 용인시 처인구 양지면 제일리에서 열렸던 5일장.

2) 충청도

공주(公州)

[금화경독기] 읍내장(邑內場)¹은 1·6이 든 날에 선다. 쌀·콩·교직(交織)²·반주(斑紬)³·면포가 풍부하다.

부강장(芙江場)⁴은 공주 동쪽 60리 명천면(鳴淺面)에서 1·6이 든 날에 선다.

감성장(甘城場)⁵은 공주 동쪽 40리 양야리면(陽也里面)에서 4·9가 든 날에 선다.

유성장(儒城場)⁶은 공주 동쪽 50리 현내면(縣內面)에서 5·10이 든 날에 선다.

대전장(大田場)⁷은 공주 동쪽 70리 산내면(山內面)에서 2·7이 든 날에 선다.

대교장(大橋場)⁸은 공주 동쪽 20리 장척동면(長尺洞面)에서 3·8이 든 날에 선다.

모노원장(毛老院場)⁹은 공주 북쪽 20리 요당면(要堂面)에서 2·7이 든 날에 선다.

동천장(銅川場)¹⁰은 공주 서쪽 20리 우정면(牛井面)

湖西

公州

[金華耕讀記] 邑內場, 一、六日設. 饒米荳、交織、斑紬、綿布.

芙江場, 在州東六十里鳴淺面, 一、六日設.

甘城場, 在州東四十里陽也里面, 四、九日設.

儒城場, 在州東五十里縣內面, 五、十日設.

大田場, 在州東七十里山內面, 二、七日設.

大橋場, 在州東二十里長尺洞面, 三、八日設.

毛老院場, 在州北二十里要堂面, 二、七日設.

銅川場, 在州西二十里牛井

1　읍내장(邑內場) : 충청남도 공주시 반죽동에서 열렸던 5일장. 현재는 '산성시장'이라는 이름으로 반죽동 용담길에 상설시장이 있고, 5일장은 매달 1·6이 든 날에 선다.

2　교직(交織) : 2종류 이상의 실을 섞어 짠 천. 모시와 삼베를 섞어 짠 직물은 저마교직포(紵麻交織布) 또는 저사겸직포(紵絲兼織布)라 한다.

3　반주(斑紬) : 날실은 명주실로, 씨실은 명주실과 무명실을 두 올씩 섞어 짠 천.

4　부강장(芙江場) : 세종특별자치시 부강면에서 열렸던 5일장.

5　감성장(甘城場) : 세종특별자치시 금남면에서 열렸던 5일장.

6　유성장(儒城場) : 대전광역시 유성구 장대동에서 열렸던 5일장. 현재는 '유성시장'이라는 이름으로 유성구 장대동에 상설시장이 있고, 5일장은 매달 4·9가 든 날에 선다.

7　대전장(大田場) : 대전광역시 동구 산내동에서 열렸던 5일장.

8　대교장(大橋場) : 대전광역시 동구 장척동에서 열렸던 5일장.

9　모노원장(毛老院場) : 세종특별자치시 장군면에서 열렸던 5일장.

10　동천장(銅川場) : 충청남도 공주시 우성면 동천리에서 열렸던 5일장.

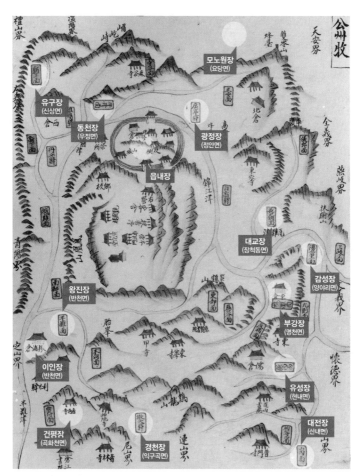

공주의 장시(《광여도》)

에서 4·9가 든 날에 선다.

왕진장(旺津場)[11]은 공주 남쪽 50리 반천면(半淺面)
에서 4·9가 든 날에 선다.

건평장(乾坪場)[12]은 공주 남쪽 60리 곡화천면(曲火
川面)에서 1·6이 든 날에 선다.

面, 四、九日設.

旺津場, 在州南五十里半淺
面, 四、九日設.

乾坪場, 在州南六十里曲
火川面, 一、六日設.

---

11 왕진장(旺津場) : 충청남도 공주시 탄천면에서 열렸던 5일장.
12 건평장(乾坪場) : 충청남도 공주시 탄천면 건평리에서 열렸던 5일장.

이인장(利仁場)[13]은 공주 남쪽 20리 반천면(半淺面)에서 5·10이 든 날에 선다.

유구장(維鳩場)[14]은 공주 서쪽 50리 신상면(新上面)에서 3·8이 든 날에 선다.

광정장(廣程場)[15]은 공주 북쪽 40리 정안면(正安面)에서 5·10이 든 날에 선다.

경천장(敬天場)[16]은 공주 남쪽 40리 익구곡면(益口谷面)에서 2·7이 든 날에 선다. 쌀·콩·맥류·기장·조·생선·소금·면화·면포·파·마늘·지물·담배·부들자리가 풍부하다.

충주(忠州)

[금화경독기] 성내장(城內場)[17]은 2·7이 든 날에 선다.

서문외장(西門外場)[18]은 4·9가 든 날에 선다. 활석(滑石)[19]·호두·대추·곶감·문어·말린 전복·해삼·면화가 풍부하다.

신당장(新塘場)[20]은 충주 동쪽 30리 사을미면(沙乙未面)에서 3·8이 든 날에 선다.

利仁場, 在州南二十里半淺面, 五、十日設.

維鳩場, 在州西五十里新上面, 三、八日設.

廣程場, 在州北四十里正安面, 五、十日設.

敬天場, 在州南四十里益口谷面, 二、七日設. 饒米荳、麰麥、黍粟、魚鹽、綿花、綿布、蔥蒜、紙物、煙草、蒲席.

忠州

[又] 城內場, 二、七日設.
西門外場, 四、九日設. 饒滑石、胡桃、大棗、乾柹、文魚、乾鰒、海蔘、綿花.
新塘場, 在州東三十里沙乙未面, 三、八日設.

---

13 이인장(利仁場) : 충청남도 공주시 이인면에서 열렸던 5일장.
14 유구장(維鳩場) : 충청남도 공주시 유구읍에서 열렸던 5일장. 현재는 '유구시장'이라는 이름으로 유구읍 석남리에 상설시장이 있고, 5일장은 매달 3·8이 든 날에 선다.
15 광정장(廣程場) : 충청남도 공주시 정안면 광정리에서 열렸던 5일장.
16 경천장(敬天場) : 충청남도 공주시 계룡면 경천리에서 열렸던 5일장.
17 성내장(城內場) : 충청북도 충주시 성내동에서 열렸던 5일장. 현재는 '관아골시장'이라는 이름으로 성내동에 상설시장이 있다.
18 서문외장(西門外場) : 충청북도 충주시 성서동에서 열렸던 5일장. 현재는 '성서상가'라는 이름으로 성서동에 상설시장이 있다.
19 활석(滑石) : 마그네슘 성분의 규산염 광물. 백색 또는 회색이나 녹색의 연질(軟質)로 이루어져 있으며, 도료·도자기·제지·보온재 등을 만드는 재료로 사용한다.
20 신당장(新塘場) : 충청북도 충주시 살미면 신당리에서 열렸던 5일장.

충주의 장시(《광여도》)

한천장(漢川場)[21]은 충주 남쪽 50리 소파면(蘇坡面)에서 4·9가 든 날에 선다.

대조원장(大棗院場)[22]은 충주 서쪽 30리 이안면(利安面)에서 5·10이 든 날에 선다.

용안장(龍安場)[23]은 충주 서쪽 50리 신석면(薪石面)에서 3·8이 든 날에 선다.

漢川場, 在州南五十里蘇坡面, 四、九日設.

大棗院場, 在州西三十里利安面, 五、十日設.

龍安場, 在州西五十里薪石面, 三、八日設.

---

21 한천장(漢川場): 충청북도 음성군 소이면 한천리에서 열렸던 5일장. 한내장이라고도 불렸으며, 1982년 폐지되었다.
22 대조원장(大棗院場): 충청북도 충주시 대소원면에서 열렸던 5일장.
23 용안장(龍安場): 충청북도 충주시 신니면 용원리(구칭 용안리)에서 열렸던 5일장.

무극장(無極場)24은 충주 서쪽 80리 금목동면(金目洞面)에서 5·10이 든 날에 선다.

내창장(內倉場)25은 충주 북쪽 30리 암정면(巖政面)에서 3·8이 든 날에 선다. 쌀·콩·맥류·기장·조·생선·소금·소·면포·삼베·명주·짚자리[草席]·더덕·고사리·고비·도라지가 풍부하다.

청주(淸州)

[금화경독기] 읍내장26은 2·7이 든 날에 선다. 미곡·잣·유기(鍮器)가 풍부하다.

청천장(靑川場)27은 청주 동쪽 60리 청천면(靑川面)에서 1·6이 든 날에 선다.

송면장(松面場)28은 청주 동쪽 100리 송면(松面)에서 2·7이 든 날에 선다.

미원장(米院場)29은 청주 동쪽 40리 산내일면(山內一面)에서 4·9가 든 날에 선다.

쌍교장(雙橋場)30은 청주 북쪽 30리 산외일면(山外

無極場, 在州西八十里金目洞面, 五、十日設.

內倉場, 在州北三十里巖政面, 三、八日設. 饒米荳、麰麥、黍粟、魚鹽、牛犢、綿布、麻布、明紬、草席、沙蔘、蕨薇、桔梗.

淸州

[又] 邑內場, 二、七日設. 饒米穀、海松子、鍮器.

靑川場, 在州東六十里靑川面, 一、六日設.

松面場, 在州東一百里松面, 二、七日設.

米院場, 在州東四十里山內一面, 四、九日設.

雙橋場, 在州北三十里山外

---

24 무극장(無極場) : 충청북도 음성군 금왕읍 무극리에서 열렸던 5일장. 현재는 '무극시장'이라는 이름으로 금왕읍 무극로 308번길에 상설시장이 있고, 5일장은 매달 5·10이 든 날에 선다.

25 내창장(內倉場) : 충청북도 충주시 엄정면에서 열렸던 5일장. 현재는 '엄정내창시장'이라는 이름으로 엄정면 미내리에 상설시장이 있고, 5일장은 매달 3·8이 든 날에 선다.

26 읍내장 : 충청북도 청주시 상당구 성안동에서 열렸던 5일장. 현재는 '중앙시장'이라는 이름으로 상당구 북문로2가에 상설시장이 있다.

27 청천장(靑川場) : 충청북도 괴산군 청천면 청천리에서 열렸던 5일장. 현재는 '청천전통시장'이라는 이름으로 청천면 청천3길에 상설시장이 있고, 5일장은 매달 1·6이 든 날에 선다.
현재는 매달 5·10이 든 날에 선다.

28 송면장(松面場) : 충청북도 괴산군 청천면 송면리에서 열렸던 5일장.

29 미원장(米院場) : 충청북도 청원군 미원면에서 열렸던 5일장. 현재는 미원면 미원시내2길에서 매달 4·9가 든 날에 선다. 토박이들은 '쌀안장'이라 부르기도 한다.

30 쌍교장(雙橋場) : 충청북도 청주시 청원군 내수읍에서 열렸던 5일장. 현재는 '내수시장'이라는 이름으로 청원구 내수읍 마산리에 상설시장이 있고, 5일장은 매달 5·10이 든 날에 선다.

청주의 장시(《광여도》)

一面)에서 5·10이 든 날에 선다.

오근장(梧根場)[31]은 청주 북쪽 30리 북강내일면(北江內一面)에서 3·8이 든 날에 선다.

조치원장(鳥致院場)[32]은 청주 서쪽 40리 서강외일면(西江外一面)에서 4·9가 든 날에 선다. 쌀·콩·맥류·담배·송판(松板)이 풍부하다.

一面, 五、十日設.

梧根場, 在州北三十里北江內一面, 三、八日設.

鳥致院場, 在州西四十里西江外一面, 四、九日設. 饒米荳、麰麥、煙草、松板.

31　오근장(梧根場): 충청북도 청주시 청원구 내수읍에서 열렸던 5일장

32　조치원장(鳥致院場): 세종특별자치시 조치원읍에서 열렸던 5일장. 현재는 '세종전통시장'이라는 이름으로 조치원읍 원리에 상설시장이 있고, 5일장은 매달 4·9가 든 날에 선다.

홍주(洪州)

[금화경독기] 읍내장[33]은 1·6이 든 날에 선다. 쌀·콩·맥류·기장·조·소·전복이 풍부하다.

대교장(大橋場)[34]은 홍주 동쪽 15리 평리면(坪里面)에서 3·8이 든 날에 선다.

백야장(白野場)[35]은 홍주 서쪽 40리 고남면(高南面)에서 2·7이 든 날에 선다.

洪州

[又] 邑內場, 一、六日設. 饒米豆、麰麥、黍粟、牛犢、生鰒.

大橋場, 在州東十五里坪里面, 三、八日設.

白野場, 在州西四十里高南面, 二、七日設.

홍주의 장시(《광여도》)

---

33 읍내장:충청남도 홍성군 홍성읍에서 열렸던 5일장. 현재는 '홍성정기시장'이라는 이름으로 홍성읍 홍성천 길에 상설시장이 있고, 5일장은 매달 1·6이 든 날에 선다.

34 대교장(大橋場):충청남도 홍성군 금마면에서 열렸던 5일장.

35 백야장(白野場):충청남도 태안군 고남면에서 열렸던 5일장.

감장(甘場)[36]은 홍주 남쪽 40리 화성면(化城面)에서 1·6이 든 날에 선다.

거산장(巨山場)[37]은 홍주 북쪽 80리 신남면(新南面)에서 2·7이 든 날에 선다.

예전장(芮田場)[38]은 홍주 북쪽 80리 현내면(縣內面)에서 4·9가 든 날에 선다. 쌀·콩·준치·황석어·부들자리·담배가 풍부하다.

전의(全義)

[금화경독기] 읍내장[39]은 2·7이 든 날에 선다. 지황

甘場, 在州南四十里化城面, 一、六日設.

巨山場, 在州北八十里新南面, 二、七日設.

芮田場, 在州北八十里縣內面, 四、九日設. 饒米荳、鰣魚、黃石魚、蒲席、煙草.

全義

[又] 邑內場, 二、七日設.

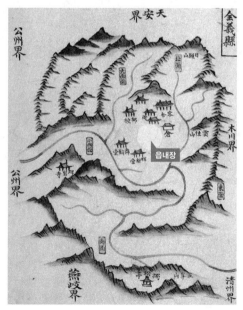

전의의 장시(《여지도》)

---

36 감장(甘場) : 충청남도 청양군 화성면에서 열렸던 5일장.
37 거산장(巨山場) : 충청남도 당진시 우강면에서 열렸던 5일장.
38 예전장(芮田場) : 충청남도 당진시 우두동에서 열렸던 5일장.
39 읍내장 : 세종특별자치시 전의면 읍내리에서 열렸던 5일장.

(地黃)[40]·천궁(川芎)[41]·택사(澤瀉)[42]·향유(香薷)[43]·목향 (木香)[44]·향부자(香附子)[45]·유기(柳器)가 풍부하다.

饒地黃、川芎、澤瀉、香薷、木香、香附子、柳器.

목천(木川)

[금화경독기] 병천장(并川場)[46]은 목천읍 동쪽 20리 갈전면(葛田面)에서 1·6이 든 날에 선다. 쌀·콩·소금·목기·토기가 풍부하다.

木川

[又] 并川場, 在邑東二十里 葛田面, 一、六日設. 饒米 荳、鹽、木器、土器.

목천의 장시(《동여도(東輿圖)》)

---

40 지황(地黃): 삼과의 여러해살이풀. 청혈(淸血)·지혈(止血) 등의 약효가 있다. 가공 방법에 따라 생지황(生地黃)·건지황(乾地黃)·숙지황(熟地黃) 등으로 분류한다.

41 천궁(川芎): 산형과의 여러해살이풀. 우리말로는 궁궁이라고 한다. 혈액순환·청혈(淸血) 등의 약효가 있다.

42 택사(澤瀉): 택사과의 여러해살이풀. 이뇨(利尿)·해열(解熱) 등의 약효가 있다.

43 향유(香薷): 꿀풀과의 여러해살이풀. 발한(發汗)·해열(解熱)·이뇨(利尿) 등의 약효가 있다. 노야기·산소자·향여(香茹) 등의 이칭이 있다.

44 목향(木香): 국화과의 여러해살이풀. 행기(行氣)·지통(止痛)·화위(和胃)·이뇨 등의 약효가 있다. 청목향(靑木香)·오향(五香)·밀향(蜜香) 등의 이칭이 있다.

45 향부자(香附子): 사초과의 여러해살이풀. 해울(解鬱)·조경(調經)·행기·지통 등의 약효가 있다. 고강두(苦羌頭)·뇌공두(雷公頭)·사결(莎結) 등의 이칭이 있다.

46 병천장(并川場): 충청남도 천안시 동남구 병천면에서 열렸던 5일장. 현재는 '병천시장'이라는 이름으로 동남구 병천면 병천2로에 상설시장이 있고, 5일장은 매달 1·6이 든 날에 선다. 아우내장이라고도 한다.

직산(稷山)

[금화경독기] 읍내장47은 5·10이 든 날에 선다.

하장(下場)48은 직산읍 동쪽 15리 이동면(二東面)에서 4·9가 든 날에 선다.

성환장(成歡場)49은 직산읍 서쪽 10리 삼서면(三西面)에서 1·6이 든 날에 선다.

안중장(安仲場)50은 직산읍 서쪽 90리 안중면(安仲面)에서 1·6이 든 날에 선다. 미곡·목물·민어·황석어·담배가 풍부하다.

稷山

[又] 邑內場, 五①、十日設.

下場, 在邑東十五里二東面, 四、九日設.

成歡場, 在邑西十里三西面, 一、六日設.

安仲場, 在邑西九十里安仲面, 一、六日設. 饒米穀、木物、鮸魚、黃石魚、煙草.

직산의 장시(《광여도》)

---

47 읍내장: 충청남도 천안시 서북구 직산읍에서 열렸던 5일장.

48 하장(下場): 충청남도 천안시 서북구 입장면에서 열렸던 5일장. 현재는 '입장시장'이라는 이름으로 입장면 입장시장3길에 상설시장이 있고, 5일장은 매달 4·9가 든 날에 선다.

49 성환장(成歡場): 충청남도 천안시 서북구 성환읍에서 열렸던 5일장. 현재는 '성환시장'이라는 이름으로 서북구 성환읍 성환시장길에 상설시장이 있고, 5일장은 매달 1·6이 든 날에 선다.

50 안중장(安仲場): 경기도 평택시 안중읍에서 열렸던 5일장.

① 五: 저본에는 "五日". 일반적인 용례에 근거하여 삭제.

아산(牙山)

[금화경독기] 읍내장[51]은 4·9가 든 날에 선다. 황석어·준치·숭어·약쑥이 풍부하다.

밀두장(蜜頭場)[52]은 아산읍 서쪽 15리 서면(西面)에서 5·10이 든 날에 선다.

둔포장(屯浦場)[53]은 아산읍 북쪽 30리 삼북면(三北面)에서 2·7이 든 날에 선다.

곡교장(曲橋場)[54]은 아산읍 남쪽 15리 남면(南面)에서 3·8이 든 날에 선다. 무·소금·곤쟁이젓[甘冬

牙山

[又] 邑內場, 四、九日設. 饒黃石魚、鰣魚、鯔魚、藥艾. 蜜頭場, 在邑西十五里西面, 五、十日設.

屯浦場, 在邑北三十里三北面, 二、七日設.

曲橋場, 在邑南十五里南面, 三、八日設. 饒蘿薑、

아산의 장시(《광여도》)

---

51 읍내장 : 충청남도 아산시 읍내동에서 열렸던 5일장.
52 밀두장(蜜頭場) : 충청남도 아산시 인주면 밀두리에서 열렸던 5일장.
53 둔포장(屯浦場) : 충청남도 아산시 둔포면에서 열렸던 5일장. 현재는 '둔포시장'이라는 이름으로 둔포면 둔포면로에 상설시장이 있고, 5일장은 매달 2·7이 든 날에 선다.
54 곡교장(曲橋場) : 충청남도 아산시 염치읍 곡교리에서 열렸던 5일장.

醢]55 · 중화어(中和魚)56가 풍부하다.

鹽. 甘冬醢[2]、中和魚.

정산(定山)

[금화경독기] 치성리장(致成里場)57은 정산읍 동쪽 30리 잉화달면(仍火達面)에서 5·10이 든 날에 선다.

미당리장(彌堂里場)58은 정산읍 남쪽 10리 청소면(靑所面)에서 3·8이 든 날에 선다. 쌀·콩·담배가 풍부하다.

定山

[又] 致成里場, 在邑東三十里仍火達面, 五、十日設.

彌堂里場, 在邑南十里靑所面, 三、八日設. 饒米荳、煙草.

정산의 장시(《광여도》)

---

55 곤쟁이젓[甘冬醢] : 아주 작은 새우로 담근 새우젓. 주로 2~3월 서해의 깊은 바다에서 잡히는 작은 새우로 담근다.

56 중화어(中和魚) : 미상.

57 치성리장(致成里場) : 충청남도 청양군 정산면 서정리에서 열렸던 5일장. 현재는 '정산시장'이라는 이름으로 정산면 정현길에 상설시장이 있고, 5일장은 매달 5·10이 든 날에 선다.

58 미당리장(彌堂里場) : 충청남도 청양군 장평면 미당리에서 열렸던 5일장.

[2] 醢 : 저본에는 "鹽". 오사카본에 근거하여 수정.

청양의 장시(《광여도》)

대흥의 장시(《광여도》)

청양(青陽)

[금화경독기] 장대리장(長垈里場)[59]은 청양읍 남쪽 2리에서 4·9가 든 날에 선다.

두암리장(斗巖里場)[60]은 청양읍 북쪽 30리 북하면(北下面)에서 1·6이 든 날에 선다. 쌀·콩·담배가 풍부하다.

대흥(大興)

[금화경독기] 읍내장[61]은 2·7이 든 날에 선다.

신양장(新陽場)[62]은 대흥읍 동쪽 20리 원동면(遠東

青陽

[又] 長垈里場, 在邑南二里, 四、九日設.

斗巖里場, 在邑北三十里北下面, 一、六日設. 饒米荳、煙草.

大興

[又] 邑內場, 二、七日設.

新陽場, 在邑東二十里遠東

---

59 장대리장(長垈里場): 충청남도 청양군 청양읍 읍내리에서 열렸던 5일장. 현재는 '청양시장'이라는 이름으로 청양읍 칠산로에 상설시장이 있고, 5일장은 매달 2·7이 든 날에 선다.
60 두암리장(斗巖里場): 충청남도 청양군 운곡면에서 열렸던 5일장.
61 읍내장: 충청남도 예산군 대흥면에서 열렸던 5일장.
62 신양장(新陽場): 충청남도 예산군 신양면에서 열렸던 5일장.

面)에서 4·9가 든 날에 선다.

　광시장(光時場)63은 대흥읍 남쪽 20리 남면(南面)에서 5·10이 든 날에 선다. 면화·생삼·소가 풍부하다.

서산(瑞山)

[금화경독기] 성내장(城內場)64은 2·7이 든 날에 서

面, 四、九日設.

光時場, 在邑南二十里南面, 五、十日設. 饒綿花、生麻、牛犢.

瑞山

[又] 城內場, 二、七日設;

서산의 장시《광여도》

---

63 광시장(光時場):충청남도 예산군 광시면에서 열렸던 5일장. 현재는 '광시시장'이라는 이름으로 광시면 광시 소길에 상설시장이 있고, 5일장은 매달 3·8이 든 날에 선다.

64 성내장(城內場):충청남도 서산시 읍내동 읍성 안에서 열렸던 5일장.

고, 성외장(城外場)[65]은 4·9가 든 날에 선다. 담배·굴·젓갈·감·밤이 풍부하다.

평촌장(坪村場)[66]은 서산읍 북쪽 20리 성연면(聖淵面)에서 3·8이 든 날에 선다.

취포장(翠浦場)[67]은 서산읍 남쪽 20리 마산면(馬山面)에서 1·6이 든 날에 선다.

방길리장(方吉里場)[68]은 서산읍 서쪽 20리 문현면(文峴面)에서 1·6이 든 날에 선다. 소금·도미·숭어·굴·낙지·갑오징어·밴댕이·농어·청어·대하·자하젓·김·청태(靑苔)[69]가 풍부하다.

城外場, 四、九日設. 饒煙草、石花、醢、杮栗.

坪村場, 在邑北二十里聖淵面, 三、八日設.

翠浦場, 在邑南二十里馬山面, 一、六日設.

方吉里場, 在邑西二十里文峴面, 一、六日設. 饒鹽、禿尾魚、鯔魚、石花、絡蹄、烏賊魚、蘇魚、鱸魚、靑魚、大蝦、紫蝦醢、海衣、靑苔.

부여(扶餘)

[금화경독기] 읍내장[70]은 3·8이 든 날에 선다.

은산장(恩山場)[71]은 부여읍 서쪽 10리 방생동면(方生洞面)에서 1·6이 든 날에 선다. 면포·모시·담배·소·뱅어·웅어·은어가 풍부하다.

扶餘

[又] 邑內場, 三、八日設.

恩山場, 在邑西十里方生洞面, 一、六日設. 饒綿布、苧布、煙草、牛犢、白魚、鱃魚、銀口魚.

---

65 성외장(城外場): 충청남도 서산시 읍내동 읍성 밖에서 열렸던 5일장. 현재는 '동부시장'이라는 이름으로 서산시 시장3길에 상설시장이 있고, 5일장은 매달 2·7이 든 날에 선다.
66 평촌장(坪村場): 충청남도 서산시 성연면 평리에서 열렸던 5일장.
67 취포장(翠浦場): 충청남도 서산시 부석면 취평리 취포마을에서 열렸던 5일장.
68 방길리장(方吉里場): 충청남도 서산시 팔봉면 양길리에서 열렸던 5일장.
69 청태(靑苔): 바다에 사는 녹조류의 일종. 해캄이라고도 한다.
70 읍내장: 충청남도 부여군 부여읍에서 열렸던 5일장. 현재는 '부여시장'이라는 이름으로 부여읍 성왕로에 상설시장이 있고, 5일장은 매달 5·10이 든 날에 선다.
71 은산장(恩山場): 충청남도 부여군 은산면에서 열렸던 5일장. 현재는 '은산시장'이라는 이름으로 은산면 충의로에 상설시장이 있고, 5일장은 매달 1·6이 든 날에 선다.

부여의 장시(《광여도》)

홍산의 장시(《광여도》)

홍산(鴻山)

[금화경독기] 읍내장[72]은 2·7이 든 날에 선다.

신기장(新基場)[73]은 홍산읍 북쪽 30리 외산내면(外山內面)에서 1·6이 든 날에 선다. 모시·홍시·게·담배가 풍부하다.

임천(林川)

[금화경독기] 읍내장[74]은 5·10이 든 날에 선다. 모시·담배·넙치·민어·청어·조기가 풍부하다.

鴻山

[又] 邑內場, 二、七日設.

新基場, 在邑北三十里外山
內面, 一、六日設. 饒苧布、
紅柹、蟹、煙草.

林川

[又] 邑內場, 五、十日設.
饒苧布、煙草、廣魚、鮸魚、
靑魚、石魚.

---

72 읍내장: 충청남도 부여군 홍산면 남촌리에서 열렸던 5일장. 현재도 계속 열린다. 현재는 '홍산시장'이라는
이름으로 홍산면 홍산시장로에 상설시장이 있고, 5일장은 매달 2·7이 든 날에 선다.

73 신기장(新基場): 충청남도 부여군 외산면에서 열렸던 5일장. 현재는 '외산시장'이라는 이름으로 외산면 외
산로에 상설시장이 있고, 5일장은 매달 4·9가 든 날에 선다.

74 읍내장: 충청남도 부여군 임천면 군산리에서 열렸던 5일장. 현재는 '임천시장'이라는 이름으로 임천면 성흥
로에 상설시장이 있고, 5일장은 매달 4·9가 든 날에 선다.

임천의 평시(《광여도》)　　　　　　　　　　비인의 장시(《광여도》)

비인(庇仁)

[금화경독기] 읍내장[75]은 3·8이 든 날에 선다.

　종천장(鍾川場)[76]은 비인읍 남쪽 10리 일방면(一方面)에서 1·6이 든 날에 선다.

　판교장(板橋場)[77]은 비인읍 동쪽 20리 동면(東面)에서 5·10이 든 날에 선다. 쌀·소금·모시·김·도미·민어·조기·꼴뚜기·소합(小蛤)이 풍부하다.

庇仁

[又] 邑內場, 三、八日設.

鍾川場, 在邑南十里一方面, 一、六日設.

板橋場, 在邑東二十里東面, 五、十日設. 饒米、鹽、苧布、海衣、禿尾魚、鮸魚、石魚、骨獨魚、小蛤.

---

75 읍내장 : 충청남도 서천군 비인면 성내리에서 열렸던 5일장. 현재는 '비인시장'이라는 이름으로 비인면 비인로에 상설시장이 있고, 5일장은 매달 4·9가 든 날에 선다.

76 종천장(鍾川場) : 충청남도 서천군 종천면 종천리에서 열렸던 5일장.

77 판교장(板橋場) : 충청남도 서천군 판교면 현암리에서 열렸던 5일장. 현재는 '판교시장'이라는 이름으로 판교면 종판로에 상설시장이 있고, 5일장은 매달 5·10이 든 날에 선다.

남포(藍浦)

[금화경독기] 대천장(大川場)[78]은 남포읍 남쪽 20리 웅천면(熊川面)에서 4·9가 든 날에 선다.

간치장(艮峙場)[79]은 남포읍 남쪽 40리 습의면(習衣面)에서 1·6이 든 날에 선다. 벼룻돌·청어·은어·도미·김·조기·굴·상어·소금·모시·소가 풍부하다.

藍浦

[又] 大川場, 在邑南二十里熊川面, 四、九日設.

艮峙場, 在邑南四十里習衣面, 一、六日設. 饒硯石、青魚、銀口魚、禿尾魚、海衣、石魚、石花、鯊魚、鹽、苧布、牛犢.

남포의 장시(《광여도》)

---

78 대천장(大川場): 충청남도 보령시 웅천읍 대천리에서 열렸던 5일장.
79 간치장(艮峙場): 충청남도 보령시 주산면에서 열렸던 5일장.

결성(結城)

[금화경독기] 성내장(城內場)80은 2·7이 든 날에 서
고, 성외장(城外場)81은 5·10이 든 날에 선다.

광천장(廣川場)82은 결성읍 동쪽 20리 광천면(廣川
面)에서 4·9가 든 날에 선다.

대리장(垈里場)83은 결성읍 동쪽 20리 대리면(垈里
面)에서 4·9가 든 날에 선다.

結城

[又] 城內場, 二、七日設;
城外場, 五、十日設.

廣川場, 在邑東二十里廣川
面, 四、九日設.

垈里場, 在邑東二十里垈里
面, 四、九日設.

결성의 장시(《광여도》)

80　성내장(城內場) : 충청남도 홍성군 결성면 읍내리 읍성 안에서 열렸던 5일장.
81　성외장(城外場) : 충청남도 홍성군 결성면 읍내리 읍성 밖에서 열렸던 5일장. 현재는 '홍성정기시장'이라는
　　이름으로 홍성읍 홍성천길에 상설시장이 있고, 5일장은 매달 1·6이 든 날에 선다.
82　광천장(廣川場) : 충청남도 홍성군 광천읍에서 열렸던 5일장. 현재는 '광천정기시장'이라는 이름으로 광천읍
　　광천로에 상설시장이 있고, 5일장은 매달 4·9가 든 날에 선다.
83　대리장(垈里場) : 충청남도 홍성군 구항면 청광리에서 열렸던 5일장.

덕우리장(德隅里場)[84]은 결성읍 북쪽 10리 용천면(龍川面)에서 3·8이 든 날에 선다. 민어·조기·청어·굴·소금·생칡이 풍부하다.

德隅里場, 在邑北十里龍川面, 三、八日設. 饒鮸魚、石魚、靑魚、石花、鹽、生葛.

노성(魯城)

[금화경독기] 읍내장[85]은 관문 밖에서 4·9가 든 날에 선다. 쌀·콩·생게·홍시가 풍부하다.

魯城

[又] 邑內場, 在官門外, 四、九日設. 饒米荳、生蟹、紅柿.

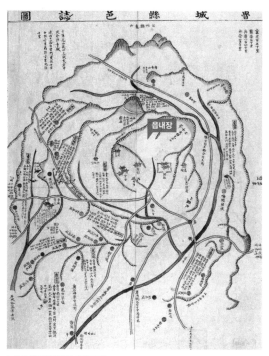

노성의 장시(《1872년 지방지도》)

---

84 덕우리장(德隅里場): 충청남도 홍성군 결성면 용호리에서 열렸던 5일장.
85 읍내장: 충청남도 논산시 노성면에서 열렸던 5일장.

은진(恩津)

[금화경독기] 읍내장[86]은 1·6이 든 날에 선다.

　저교장(楮橋場)[87]은 은진읍 남쪽 10리 구자곡면(九子谷面)에서 2·7이 든 날에 선다.

　논산장(論山場)[88]은 은진읍 북쪽 10리 화지산면(花枝山面)에서 3·8이 든 날에 선다.

　강경장(江鏡場)[89]은 은진읍 서쪽 20리 김포면(金浦

恩津

[又] 邑內場, 一、六日設.

楮橋場, 在邑南十里九子谷面, 二、七日設.

論山場, 在邑北十里花枝山面, 三、八日設.

江鏡場, 在邑西二十里金

은진의 장시(《광여도》)

86　읍내장 : 충청남도 논산시 은진면에서 열렸던 5일장.
87　저교장(楮橋場) : 충청남도 논산시 연무읍에서 열렸던 5일장. 현재는 '연무안심시장'이라는 이름으로 연무읍 연무로에 상설시장이 있고, 5일장은 매달 5·10이 든 날에 선다.
88　논산장(論山場) : 충청남도 논산시 화지동에서 열렸던 5일장.
89　강경장(江鏡場) : 충청남도 논산시 강경읍에서 열렸던 5일장. 현재는 '강경대흥시장'이라는 이름으로 강경읍 대흥로에 상설시장이 있고, 5일장은 매달 4·9가 든 날에 선다.

面)에서 4·9가 든 날에 선다. 쌀·콩·면포·삼베·유 기(鍮器)·토기·철물·북어·미역·민어·조기·청어·숭 어·준치·도미·소·담배가 풍부하다.

浦面, 四、九日設. 饒米荳、綿布、麻布、鍮器、土器、鐵物、北魚、海菜、鮑魚、石魚、青魚、鯔魚、鱗魚、禿尾魚、牛犢、煙草.

연산(連山)

[금화경독기] 읍내장[90]은 3·8이 든 날에 선다.

　두마리장(豆磨里場)[91]은 연산읍 북쪽 20리 두마면 (豆磨面)에서 1·6이 든 날에 선다.

連山

[又] 邑內場, 三、八日設.

豆磨里場, 在邑北二十里

豆磨面, 一、六日設.

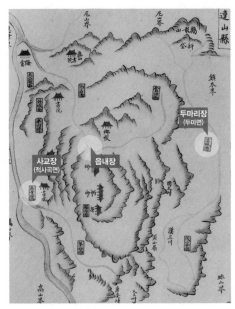

연산의 장시(《광여도》)

90　읍내장 : 충청남도 논산시 연산면에서 열렸던 5일장. 현재는 '연산시장'이라는 이름으로 연산면 연산4길에 상설시장이 있고, 5일장은 매달 5·10이 든 날에 선다.
91　두마리장(豆磨里場) : 충청남도 계룡시 두마면 두계리에서 열렸던 5일장.

사교장(沙橋場)[92]은 연산읍 서쪽 20리 적사곡면(赤寺谷面)에서 5·10이 든 날에 선다. 미곡·면화·면포·담배·소가 풍부하다.

沙橋場, 在邑西二十里赤寺谷面, 五、十日設. 饒米穀、綿花、綿布、煙草、牛犢.

진잠(鎭岑)

[금화경독기] 개수원장(介水院場)[93]은 읍 동쪽 10리 동면(東面)에서 3·8이 든 날에 선다. 닥나무·담배가 풍부하다.

鎭岑

[又] 介水院場, 在邑東十里東面, 三、八日設. 饒楮、煙草.

진잠의 장시(《광여도》)

---

92 사교장(沙橋場) : 충청남도 논산시 부창동에서 열렸던 5일장.
93 개수원장(介水院場) : 대전광역시 유성구 진잠동에서 열렸던 5일장.

청산(靑山)

[금화경독기] 읍내장[94]은 1·6이 든 날에 선다.

서평리장(西坪里場)[95]은 청산읍 남쪽 5리 남면(南面)에서 3·8이 든 날에 선다. 면화·대추·담배·야견사(野繭絲)[96]·배가 풍부하다.

青山

[又] 邑內場, 一、六日設.

西坪里場, 在邑南五里南面, 三、八日設. 饒綿花、大棗、煙草、野繭絲、梨子.

청산의 장시(《조선지도》)

보은(報恩)

[금화경독기] 읍내장[97]은 관문 밖 1리쯤에서 5·10이 든 날에 선다.

報恩

[又] 邑內場, 在官門外一里許, 五、十日設.

---

94 읍내장:충청북도 옥천군 청산면에서 열렸던 5일장. 현재는 '옥천재래시장'이라는 이름으로 청산면 지전리에 상설시장이 있고, 5일장은 매달 2·7이 든 날에 선다.

95 서평리장(西坪里場):충청북도 옥천군 청성면 서평리에서 열렸던 5일장.

96 야견사(野繭絲):산누에의 고치로 짠 실. 연한 갈색 빛깔이며 품질이 좋은 명주를 만들 때 쓴다.

97 읍내장:충청북도 보은군 보은읍에서 열렸던 5일장. 현재는 '보은전통시장'이라는 이름으로 보은읍 삼산리에 상설시장이 있고, 5일장은 매달 1·5가 든 날에 선다.

원암리장(元巖里場)[98]은 보은읍 남쪽 30리 삼승면(三升面)에서 2·7이 든 날에 선다.

신기장(新基場)[99]은 보은읍 남쪽 40리 마로면(馬老面)에서 4·9가 든 날에 선다.

관기장(官基場)[100]은 보은읍 동쪽 30리 왕래면(旺來面)에서 1·6이 든 날에 선다. 미곡·대추·면화·송이버섯·석이버섯·소가 풍부하다.

元巖里場, 在邑南三十里三升面, 二、七日設.

新基場, 在邑南四十里馬老面, 四、九日設.

官基場, 在邑東三十里旺來面, 一、六日設. 饒米穀、大棗、綿花、松茸、石茸、牛犢.

보은의 장시(《광여도》)

---

98 원암리장(元巖里場):충청북도 보은군 삼승면 원남리에서 열렸던 5일장. 현재는 '원남시장'이라는 이름으로 삼승면 원남리에 상설시장이 있고, 5일장은 매달 1·6이 든 날에 선다.

99 신기장(新基場):충청북도 보은군 마로면에서 열렸던 5일장.

100 관기장(官基場):충청북도 보은군 마로면 관기리에서 열렸던 5일장. 현재는 '관기시장'이라는 이름으로 마로면 관기리에 상설시장이 있고, 5일장은 매달 4·9가 든 날에 선다.

회인(懷仁)

[금화경독기] 읍내장[101]은 2·7이 든 날에 선다.

두산장(斗山場)[102]은 회인읍 북쪽 20리 북면(北面)에서 3·8이 든 날에 선다.

풍암장(楓巖場)[103]은 회인읍 남쪽 30리 강외면(江外面)에서 4·9가 든 날에 선다. 기장·조·메밀·대추·담배가 풍부하다.

懷仁

[又] 邑內場, 二、七日設.

斗山場, 在邑北二十里北面, 三、八日設.

楓巖場, 在邑南三十里江外面, 四、九日設. 饒黍粟、蕎麥、大棗、煙草.

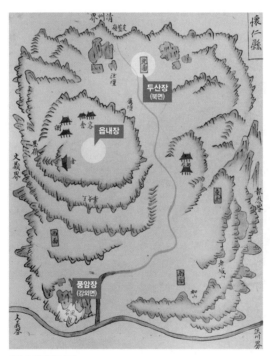

회인의 장시(《광여도》)

---

101 읍내장 : 충청북도 보은군 회인면에서 열렸던 5일장. 현재는 '회인시장'이라는 이름으로 회인면 중앙리에 상설시장이 있고, 5일장은 매달 4·9가 든 날에 선다.
102 두산장(斗山場) : 충청북도 청주시 상당구 가덕면에서 열렸던 5일장.
103 풍암장(楓巖場) : 충청북도 보은군 회남면에서 열렸던 5일장.

문의(文義)

[금화경독기] 읍내장[104]은 1·6이 든 날에 선다. 면화·담배가 풍부하다.

清安(청안)

[금화경독기] 읍내장[105]은 4·9가 든 날에 선다.

반탄장(潘灘場)[106]은 청안읍 서쪽 15리 근서면(近西面)에서 1·6이 든 날에 선다. 면화·담배·철물·명주가 풍부하다.

文義

[又] 邑內場, 一、六日設. 饒綿花、煙草.

清安

[又] 邑內場, 四、九日設. 潘灘場, 在邑西十五里近西面, 一、六日設. 饒綿花、煙草、鐵物、明紬.

문의의 장시(《광여도》)

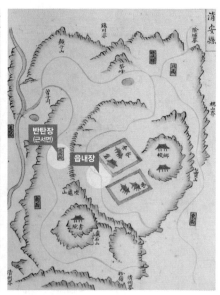

청안의 장시(《광여도》)

---

104 읍내장 : 충청북도 청주시 상당구 문의면에서 열렸던 5일장.
105 읍내장 : 충청북도 괴산군 청안면에서 열렸던 5일장.
106 반탄장(潘灘場) : 충청북도 증평군 증평읍 연탄리에서 열렸던 5일장.

음성(陰城)

[금화경독기] 읍내장[107]은 관문 밖 몇 마장[108]쯤에서 2·7이 든 날에 선다. 미곡이 풍부하다.

천안(天安)

[금화경독기] 읍내장[109]은 3·8이 든 날에 선다.

풍서장(豐西場)[110]은 천안읍 남쪽 20리 대동면(大同面)에서 4·9가 든 날에 선다. 호두·연근이 풍부하다.

陰城

[又] 邑內場, 在官門外數帳許, 二、七日設. 饒米穀.

天安

[又] 邑內場, 三、八日設. 豐西場, 在邑南二十里大同面, 四、九日設. 饒胡桃、蓮根.

음성의 장시(《광여도》)

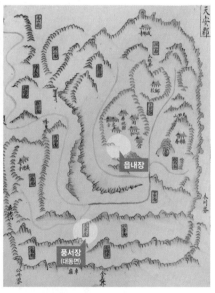

천안의 장시(《광여도》)

---

107 읍내장 : 충청북도 음성군 음성읍에서 열렸던 5일장. 현재는 '음성시장'이라는 이름으로 음성읍 읍내리에 상설시장이 있고, 5일장은 매달 2·7이 든 날에 선다.
108 마장 : 5리나 10리 정도의 거리.
109 읍내장 : 충청남도 천안시 동남구 중앙동에서 열렸던 5일장.
110 풍서장(豐西場) : 충청남도 천안시 동남구 풍세면 풍서리에서 열렸던 5일장.

예산(禮山)

[금화경독기] 읍내장[111]은 5·10이 든 날에 선다.

신례원장(新禮院場)[112]은 예산읍 북쪽 10리 금평면
(今坪面)에서 3·8이 든 날에 선다.

입석리장(立石里場)[113]은 예산읍 서쪽 20리 입암면
(立巖面)에서 2·7이 든 날에 선다. 쌀·콩·면화·담
배·소가 풍부하다.

禮山

[又] 邑內場, 五、十日設.

新禮院場, 在邑北十里今坪
面, 三、八日設.

立石里場, 在邑西二十里立
巖面, 二、七日設. 饒米荳、
綿花、煙草、牛犢.

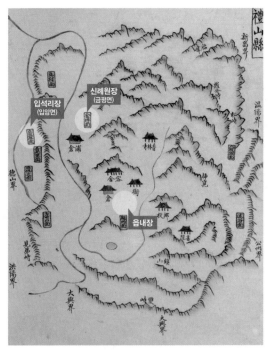

예산의 장시(《광여도》)

---

111 읍내장 : 충청남도 예산군 예산읍에서 열렸던 5일장. 현재는 '예산시장'이라는 이름으로 예산읍 형제고개로
   에 상설시장이 있고, 5일장은 매달 5·10이 든 날에 선다.
112 신례원장(新禮院場) : 충청남도 예산군 예산읍 신례원리에서 열렸던 5일장.
113 입석리장(立石里場) : 충청남도 예산군 신암면에서 열렸던 5일장.

보령(保寧)

[금화경독기] 읍내장[114]은 1·6이 든 날에 선다.

대천장(大川場)[115]은 보령읍 남쪽 20리 목충면(木忠面)에서 3·8이 든 날에 선다.

옹암장(甕巖場)[116]은 보령읍 북쪽 20리 청소면(靑所面)에서 2·7이 든 날에 선다.

수영장(水營場)[117]은 보령읍 서쪽 20리 금신면(金神面)에서 2·7이 든 날에 선다. 생선·소금·전복이 풍부하다.

保寧

[又] 邑內場, 一、六日設.

大川場, 在邑南二十里木忠面, 三、八日設.

甕巖場, 在邑北二十里靑所面, 二、七日設.

水營場, 在邑西二十里金神面, 二、七日設. 饒魚鹽、生鰒.

보령의 장시(《광여도》)

---

114 읍내장 : 충청남도 보령시 주포면 보령리에서 열렸던 5일장. 현재는 '보령중앙시장'이라는 이름으로 보령시 중앙시장2길에 상설시장이 있고, 5일장은 매달 3·8이 든 날에 선다.

115 대천장(大川場) : 충청남도 보령시 대천동에서 열렸던 5일장. 현재는 '한내시장'이라는 이름으로 보령시 상설 시장길8에 상설시장이 있고, 5일장은 매달 3·8이 든 날에 선다.

116 옹암장(甕巖場) : 충청남도 홍성군 광천면 옹암리에서 열렸던 5일장.

117 수영장(水營場) : 충청남도 보령시 오천면 소성리에서 열렸던 5일장. 현재는 '오천시장'이라는 이름으로 오천 면 소성리에 상설시장이 있고, 5일장은 매달 1·6이 든 날에 선다.

회덕(懷德)

[금화경독기] 읍내장[118]은 1·6이 든 날에 선다.

신탄장(新灘場)[119]은 회덕읍 북쪽 10리 근북면(近北面)에서 3·8이 든 날에 선다.

양천장(楊川場)[120]은 회덕읍 동쪽 20리 동면(東面)에서 5·10이 든 날에 선다.

지명장(知命場)[121]은 회덕읍 북쪽 30리 일도면(一道面)에서 4·9가 든 날에 선다. 홍시·무·면화가 풍부하다.

懷德

[又] 邑內場, 一、六日設.

新灘場, 在邑北十里近北面, 三、八日設.

楊川場, 在邑東二十里東面, 五、十日設.

知命場, 在邑北三十里一道面, 四、九日設. 饒紅枾、蘿葍、綿花.

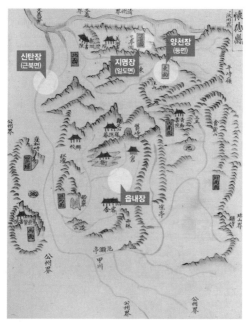

회덕의 장시(《광여도》)

---

118 읍내장: 대전광역시 대덕구 읍내동에서 열렸던 5일장.

119 신탄장(新灘場): 대전광역시 대덕구 신탄진동에서 열렸던 5일장.

120 양천장(楊川場): 대전광역시 유성구 용계동 양천마을에서 열렸던 5일장.

121 지명장(知命場): 대전광역시 대덕구 장동에서 열렸던 5일장.

옥천(沃川)

[금화경독기] 읍내장[122]은 2·7이 든 날에 선다.

이원장(伊原場)[123]은 옥천읍 남쪽 25리 이내면(伊內面)에서 1·6이 든 날에 선다.

양산장(陽山場)[124]은 옥천읍 남쪽 60리 양내면(陽內面)에서 3·8이 든 날에 선다.

주암장(舟巖場)[125]은 옥천읍 동쪽 20리 안남면(安南面)에서 5·10이 든 날에 선다. 미곡·면포·삼베·왕골자리가 풍부하다.

沃川

[又] 邑內場, 二、七日設.

伊原場, 在邑南二十五里伊內面, 一、六日設.

陽山場, 在邑南六十里陽內面, 三、八日設.

舟巖場, 在邑東二十里安南面, 五、十日設. 饒米穀、綿布、麻布、莞席.

옥천의 장시(《광여도》)

---

122 읍내장: 충청북도 옥천군 옥천읍에서 열렸던 5일장. 현재는 '옥천재래시장'이라는 이름으로 옥천읍 금곡리에 상설시장이 있고, 5일장은 매달 5·10이 든 날에 선다.

123 이원장(伊原場): 충청북도 옥천군 이원면에서 열렸던 5일장. 현재는 '이원시장'이라는 이름으로 이원면 강청리에 상설시장이 있고, 5일장은 매달 2·7이 든 날에 선다.

124 양산장(陽山場): 충청북도 영동군 양산면에서 열렸던 5일장.

125 주암장(舟巖場): 충청북도 옥천군 안남면 연주리에서 열렸던 5일장.

면천(沔川)

[금화경독기] 읍내장[126]은 2·7 및 5·10이 든 날에 선다.

　범근천장(泛斤川場)[127]은 면천읍 동쪽 20리 범천면(泛川面)에서 1·6이 든 날에 선다.

　기지장(機池場)[128]은 면천읍 북쪽 20리 승선면(升仙面)에서 1·6 및 3·8이 든 날에 선다. 붕어·소금·약쑥이 풍부하다.

沔川

[又] 邑內場, 二、七日、五、十日設.

泛斤川場, 在邑東二十里泛川面, 一、六日設.

機池場, 在邑北二十里升仙面, 一、六日、三、八日設. 饒鯽魚、鹽、藥艾.

면천의 장시(《광여도》)

---

126 읍내장 : 충청남도 당진시 면천면 성상리에서 열렸던 장시.
127 범근천장(泛斤川場) : 충청남도 당진시 범천면에서 열렸던 5일장.
128 기지장(機池場) : 충청남도 당진시 송악읍 기지시리에서 열렸던 장시.

당진(唐津)

[금화경독기] 읍내장[129]은 2·7 및 4·9가 든 날에 선다.

삼거리장(三巨里場)[130]은 당진읍 서쪽 10리 하대면(下大面)에서 5·10이 든 날에 선다. 생선·소금·약쑥이 풍부하다.

唐津

[又] 邑內場, 二、七日、四、九日設.

三巨里場, 在邑西十里下大面, 五、十日設. 饒魚鹽、藥艾.

당진의 장시(《광여도》)

---

129 읍내장 : 충청남도 당진시 당진읍 읍내리에서 열렸던 장시. 현재는 '당진시장'이라는 이름으로 당진시 시장길에 상설시장이 있고, 5일장은 매달 5·10이 든 날에 선다.

130 삼거리장(三巨里場) : 충청남도 당진시 고대면 장항리에서 열렸던 5일장.

온양(溫陽)

[금화경독기] 읍내장[131]은 1·6이 든 날에 선다. 숭어·조기·도미가 풍부하다.

태안(泰安)

[금화경독기] 읍내장[132]은 3·8이 든 날에 선다. 굴·소합·낙지·김·소금이 풍부하다.

溫陽

[又] 邑內場, 一、六日設. 饒鯔魚、石魚、禿尾魚.

泰安

[又] 邑內場, 三、八日設. 饒石花、小蛤、絡蹄、海衣、鹽.

온양의 장시(《광여도》)

태안의 장시(《광여도》)

---

131 읍내장：충청남도 아산시 온천동에서 열렸던 5일장. 현재는 '온양온천시장'이라는 이름으로 아산시 시장길에 상설시장이 있고, 5일장은 매달 4·9가 든 날에 선다.

132 읍내장：충청남도 태안군 태안읍에서 열렸던 5일장. 현재는 '태안시장'이라는 이름으로 태안읍 동문리에 상설시장이 있고, 5일장은 매달 3·8이 든 날에 선다.

한산(韓山)

[금화경독기] 읍내장133은 1·6이 든 날에 선다.

신장(新場)134은 한산읍 북쪽 10리 하북면(下北面)에서 3·8이 든 날에 선다.

장등장(長登場)135은 한산읍 서쪽 20리 서하면(西下面)에서 4·9가 든 날에 선다. 모시·섞박지[交沈菜]136·준치·민어·뱅어·웅어·소곡주가 풍부하다.

韓山

[又] 邑內場, 一、六日設.

新場, 在邑北十里下北面, 三、八日設.

長登場, 在邑西二十里西下面, 四、九日設. 饒苧布、交沈菜、鰣魚、鮸魚、白魚、鱠魚、小麴酒.

한산의 장시(《광여도》)

---

133 읍내장：충청남도 서천군 한산면에서 열렸던 5일장. 현재는 '한산시장'이라는 이름으로 한산면 지현리에 상설시장이 있고, 5일장은 매달 1·6이 든 날에 선다.

134 신장(新場)：충청남도 서천군 마산면 신장리에서 열렸던 5일장.

135 장등장(長登場)：충청남도 서천군 기산면에서 열렸던 5일장.

136 섞박지[交沈菜]：배추나 무, 오이 등의 채소를 절여 넓적하게 썬 다음, 고명을 얹고 젓국을 쳐서 한데 버무려 담근 뒤 조기젓 국물을 부어서 숙성시킨 김치.

연기(燕岐)

[금화경독기] 읍내장[137]은 2·7이 든 날에 선다. 창출 (蒼朮)[138]이 풍부하다.

燕岐

[又] 邑內場, 二、七日設. 饒蒼朮.

연기의 장시((광여도))

영동(永同)

[금화경독기] 읍내면장(邑內面場)[139]은 영동읍 동쪽 20 리에서 2·7이 든 날에 선다.

용산장(龍山場)[140]은 영동읍 북쪽 30리 북면(北面)

永同

[又] 邑內面場, 在邑東二十 里, 二、七日設.

龍山場, 在邑北三十里北

---

137 읍내장 : 세종특별자치시 연기면 연기리에서 열렸던 5일장.
138 창출(蒼朮) : 국화과의 여러해살이풀인 당삽주의 뿌리. 소화 불량이나 설사 등을 치료하는 약재로 쓴다.
139 읍내면장(邑內面場) : 충청북도 영동군 영동읍에서 열렸던 5일장. 현재는 '영동시장'이라는 이름으로 영동읍 계산리에 상설시장이 있고, 5일장은 매달 4·9가 든 날에 선다.
140 용산장(龍山場) : 충청북도 영동군 용산면에서 열렸던 5일장. 현재는 '용산시장'이라는 이름으로 용산면 구 촌리에서 매달 5·10이 든 날에 선다.

에서 5·10이 든 날에 선다.

심천장(深川場)141은 영동읍 서쪽 20리 서면(西面)에서 4·9가 든 날에 선다.

용화장(龍化場)142은 영동읍 남쪽 50리 남면(南面)에서 5·10이 든 날에 선다. 면포·삼베·담배·왕골자리·황광피(黃獷皮)143·소가 풍부하다.

面, 五、十日設.

深川場, 在邑西二十里西面, 四、九日設.

龍化場, 在邑南五十里南面, 五、十日設. 饒綿布、麻布、煙草、莞席、黃獷皮、牛犢.

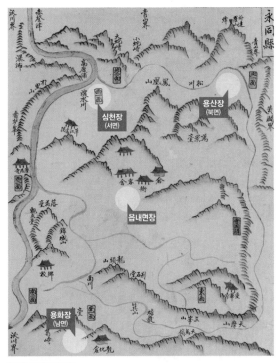

영동의 장시(《광여도》)

---

141 심천장(深川場):충청북도 영동군 심천면에서 열렸던 5일장. 현재는 심천면 심천리에서 매달 3·8이 든 날에 선다.
142 용화장(龍化場):충청북도 영동군 용화면 용화리에서 열렸던 5일장.
143 황광피(黃獷皮):누런 족제비의 가죽.

청풍(淸風)

[금화경독기] 읍내장144은 1·6이 든 날에 선다.

수산장(水山場)145은 청풍읍 남쪽 30리 원남면(遠南面)에서 4·9가 든 날에 선다.

안음장(安陰場)146은 청풍읍 북쪽 10리 북면(北面)에서 3·8이 든 날에 선다. 메밀·꿀·무·면화·닥나무·자초(紫草)147가 풍부하다.

淸風

[又] 邑內場, 一、六日設.

水山場, 在邑南三十里遠南面, 四、九日設.

安陰場, 在邑北十里北面, 三、八日設. 饒蕎麥、蜜、蘿葍、綿花、楮、紫草.

청풍의 장시(《광여도》)

---

144 읍내장 : 충청북도 제천시 청풍면에서 열렸던 5일장.

145 수산장(水山場) : 충청북도 제천시 수산면에서 열렸던 5일장.

146 안음장(安陰場) : 충청북도 제천시 금성면에서 열렸던 5일장.

147 자초(紫草) : 지칫과의 여러해살이풀. 홍역(紅疫)이나 습진 등을 치료하는 약재로 쓴다.

괴산(槐山)

[금화경독기] 읍내장[148]은 3·8이 든 날에 선다. 감·
철물·판재(板材)·닥나무·담배·더덕·도라지가 풍부
하다.

槐山

[又] 邑內場, 三、八日設.
饒柹子、鐵物、板材、楮、煙
草、沙蔘、桔梗.

괴산의 장시(《광여도》)

평택(平澤)

[금화경독기] 읍내의 관문서장(官門西場)[149]은 초3·18
일에 서고, 관문동장(官門東場)[150]은 13·28일에 서고,
관문남장(官門南場)[151]은 초8·23일에 선다. 쌀·콩·맥

平澤

[又] 邑內官門西場, 初三、
十八日設 ; 官門東場, 十三、
二十八日設 ; 官門南場, 初

---

148 읍내장 : 충청북도 괴산군 괴산읍에서 열렸던 5일장. 현재는 '괴산시장'이라는 이름으로 괴산읍 동부리에 상
  설시장이 있고, 5일장은 매달 3·8이 든 날에 선다.
149 관문서장(官門西場) : 경기도 평택시 팽성읍 객사리에 있던 관문 서쪽에서 열렸던 15일장.
150 관문동장(官門東場) : 경기도 평택시 팽성읍 객사리에 있던 관문 동쪽에서 열렸던 15일장.
151 관문남장(官門南場) : 경기도 평택시 팽성읍 객사리에 있던 관문 남쪽에서 열렸던 15일장.

류·면포·삼베·담배·소가 풍부하다.

八, 二十三日設. 饒米荳, 麰

麥, 綿布, 麻布, 煙草, 牛犢.

평택의 장시((광여도))

덕산(德山)

[금화경독기] 읍내장152은 2·7이 든 날에 선다.

봉종장(逢從場)153은 덕산읍 남쪽 5리 현내면(縣內
面)에서 4·9가 든 날에 선다.

삽교장(揷橋場)154은 덕산읍 동쪽 10리 대조면(大鳥

德山

[又] 邑內場, 二、七日設.

逢從場, 在邑南五里縣內
面, 四、九日設.

揷橋場, 在邑東十里大鳥

---

152 읍내장 : 충청남도 예산군 덕산면 읍내리에서 열렸던 5일장.
153 봉종장(逢從場) : 충청남도 예산군 덕산면에서 열렸던 5일장.
154 삽교장(揷橋場) : 충청남도 예산군 삽교읍에서 열렸던 5일장. 현재는 '삽교시장'이라는 이름으로 삽교읍 두
리2길에 상설시장이 있고, 5일장은 매달 2·7이 든 날에 선다.

面)에서 1·6이 든 날에 선다.

대천장(大川場)[155]은 덕산읍 북쪽 10리 고현내면(古縣內面)에서 3·8이 든 날에 선다. 생선·소금·토기·왕골자리·담배·삼베가 풍부하다.

面, 一、六日設.

大川場, 在邑北十里古縣內面, 三、八日設. 饒魚鹽、土器、莞席、煙草、麻布.

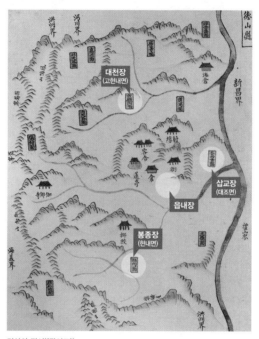

덕산의 장시(《광여도》)

진천(鎭川)

[금화경독기] 남변면구장(南邊面舊場)[156]은 관문 남쪽에서 2일에 서고, 북변면신장(北邊面新場)[157]은 관문

鎭川

[又] 南邊面舊場, 在官門南, 二日設;北邊面新場,

---

155 대천장(大川場):충청남도 예산군 고덕면 대천리에서 열렸던 5일장. 현재는 '고덕시장'이라는 이름으로 고덕면 대천3길에 상설시장이 있고, 5일장은 매달 3·8이 든 날에 선다.
156 남변면구장(南邊面舊場):충청북도 진천군 진천읍에 있던 관문 남쪽에서 1개월마다 열렸던 장시.
157 북변면신장(北邊面新場):충청북도 진천군 진천읍에 있던 관문 동쪽에서 1개월마다 열렸던 장시.

진천의 장시(《광여도》)

동쪽에서 7일에 선다.

　한천장(閑川場)[158]은 진천읍 동쪽 20리 소답면(所畓面)에서 1·6이 든 날에 선다.

　광혜원장(光惠院場)[159]은 진천읍 북쪽 40리 만승면(萬升面)에서 3·8이 든 날에 선다. 쌀·콩·참깨·들깨·면화·담배·황광피가 풍부하다.

在官門東, 七日設.

閑川場, 在邑東二十里所畓面, 一、六日設.

光惠院場, 在邑北四十里萬升面, 三、八日設. 饒米荳、脂麻、水蘇、綿花、煙草、黃獷皮.

---

158 한천장(閑川場):충청북도 진천군 덕산면 한천리에서 열렸던 5일장.
159 광혜원장(光惠院場):충청북도 진천군 광혜원면에서 열렸던 5일장. 현재는 '광혜원장'이라는 이름으로 광혜원면 광혜원리에 상설시장이 있고, 5일장은 매달 3·8이 든 날에 선다.

황간(黃澗)

[금화경독기] 읍내장[160]은 1·6이 든 날에 선다.

둔덕리장(芚德里場)[161]은 황간읍 동쪽 20리 매하면(梅下面)에서 2·7이 든 날에 선다.

지천리장(池川里場)[162]은 황간읍 북쪽 40리 남면(南面)에서 3·8이 든 날에 선다. 면포·왕골자리·소가 풍부하다.

黃澗

[又] 邑內場, 一、六日設.

芚德里場, 在邑東二十里梅下面, 二、七日設.

池川里場, 在邑北四十里南面, 三、八日設. 饒綿布、莞席、牛犢.

황간의 장시(《광여도》)

---

160 읍내장 : 충청북도 영동군 황간면에서 열렸던 5일장. 현재는 '황간시장'이라는 이름으로 황간면 남성리에 상설시장이 있고, 5일장은 매달 2·7이 든 날에 선다.
161 둔덕리장(芚德里場) : 충청북도 영동군 매곡면 수원리에서 열렸던 5일장.
162 지천리장(池川里場) : 충청북도 영동군 황간면에서 열렸던 5일장.

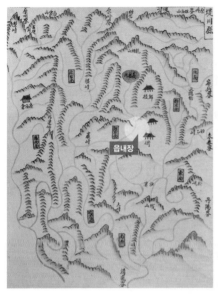

제천의 장시(《광여도》)　　　　　　　단양의 장시(《광여도》)

제천(堤川)

[금화경독기] 읍내장[163]은 2·7이 든 날에 선다. 민어·순채·꿀·철물·삼베·인삼·녹용·호피(虎皮, 호랑이가죽)·웅피(熊皮, 곰가죽)·장피(獐皮, 노루가죽)·녹피(鹿皮, 사슴가죽)·소가 풍부하다.

난양(丹陽)

[금화경독기] 읍내장[164]은 5·10이 든 날에 선다.

매포장(梅浦場)[165]은 단양읍 북쪽 30리 북면(北面)에서 3·8이 든 날에 선다. 삼베·석이버섯·꿀이 풍부하다.

堤川

[又] 邑內場, 二、七日設. 饒鮸魚、蓴菜、蜜、鐵物、麻布、人蔘、鹿茸、虎皮、熊皮、獐皮、鹿皮、牛犢.

丹陽

[又] 邑內場, 五、十日設. 梅浦場, 在邑北三十里北面, 三、八日設. 饒麻布、石茸、蜜.

---

163 읍내장 : 충청북도 제천시 중앙동에서 열렸던 5일장.
164 읍내장 : 충청북도 단양군 단양읍에서 열렸던 5일장. 현재는 '단양구경시장'이라는 이름으로 단양읍 도전리에 상설시장이 있고, 5일장은 매달 1·6이 든 날에 선다.
165 매포장(梅浦場) : 충청북도 단양군 매포읍에서 열렸던 5일장. 현재는 '매포전통시장'이라는 이름으로 매포읍 평동리에 상설시장이 있고, 5일장은 매달 4·9가 든 날에 선다.

영춘의 장시《광여도》

연풍의 장시《광여도》

영춘(永春)

[금화경독기] 읍내장[166]은 4·9가 든 날에 선다. 석이버섯·갈분(葛粉)[167]·꿀이 풍부하다.

연풍(延豐)

[금화경독기] 읍내장[168]은 2·7이 든 날에 선다.

주막리장(酒幕里場)[169]은 연풍읍 북쪽 40리 수회면(水回面)에서 1·6이 든 날에 선다. 맥류·기장·조·갈분·녹용·송이버섯·석이버섯·장피·철물이 풍부하다.

永春

[又] 邑內場, 四、九日設. 饒石茸、葛粉、蜜.

延豐

[又] 邑內場, 二、七日設. 酒幕里場, 在邑北四十里水回面, 一、六日設. 饒麰麥、黍粟、葛粉、鹿茸、松茸、石茸、獐皮、鐵物.

---

166 읍내장 : 충청북도 단양군 영춘면에서 열렸던 5일장. 현재는 '영춘전통시장'이라는 이름으로 영춘면 상리에 상설시장이 있고, 5일장은 매달 3·8이 든 날에 선다.

167 갈분(葛粉) : 칡뿌리를 찧어 물에 담근 다음 바닥에 가라앉은 앙금을 햇볕에 말린 가루. 주로 밀가루와 섞어 국수나 과자를 만들어 먹는다.

168 읍내장 : 충청북도 괴산군 연풍면에서 열렸던 5일장. 현재는 '연풍시장'이라는 이름으로 연풍면 삼풍리에 상설시장이 있고, 5일장은 매달 2·7이 든 날에 선다.

169 주막리장(酒幕里場) : 충청북도 충주시 수안보면 수회리에서 열렸던 5일장.

해미(海美)

[금화경독기] 남문내장(南門內場)[170]은 5일에 서고, 서문내장(西門內場)[171]은 10일에 선다.

대교장(大橋場)[172]은 해미읍 서쪽 10리 동면(東面)에서 3·8이 든 날에 선다.

여미장(子美場)[173]은 해미읍 북쪽 30리 이도면(二道

海美

[又] 南門內場, 五日設 ; 西門內場, 十日設.

大橋場, 在邑西十里東面, 三、八日設.

子美場, 在邑北三十里二

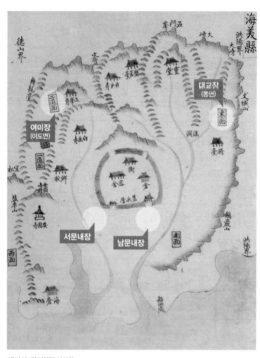

해미의 장시((광여도))

---

[170] 남문내장(南門內場) : 충청남도 서산시 해미면 읍내리 해미읍성 남문에서 1개월마다 열렸던 장시. 현재는 '해미시장'이라는 이름으로 해미면 읍성마을에 상설시장이 있고, 5일장은 매달 1·5가 든 날에 선다.

[171] 서문내장(西門內場) : 충청남도 서산시 해미면 읍내리 해미읍성 서문에서 1개월마다 열렸던 장시.

[172] 대교장(大橋場) : 충청남도 서산시 해미면 홍천리에서 열렸던 5일장.

[173] 여미장(子美場) : 충청남도 서산시 대산읍에서 열렸던 장시. 여미장이 열리는 위치를 일도면과 이도면 모두 해미읍 북쪽 30리로 기록하고 있으나 이 기록에는 착오가 있는 듯하다. 아래 〈해미 광여도〉를 보면 일도면 위에 이도면이 있다.

面)에서는 1일에 서고, 해미읍 북쪽 30리 일도면(一道面)에서는 6일에 선다. 대하·갑오징어·소합·탱자가 풍부하다.

道面, 一日設;予美場, 在邑北三十里一道面, 六日設. 饒大蝦、烏賊魚、小蛤、枳實.

신창의 장시(《광여도》)

신창(新昌)

[금화경독기] 읍내장[174]은 2·7이 든 날에 선다.

선장장(仙掌場)[175]은 신창읍 서쪽 10리 대서면(大西面)에서 4·9가 든 날에 선다. 황석어·홍시·약쑥이 풍부하다.

新昌

[又] 邑內場, 二、七日設.

仙掌場, 在邑西十里大西面, 四、九日設. 饒黃石魚、紅枋、藥艾.

174 읍내장:충청남도 아산시 신창면에서 열렸던 5일장.
175 선장장(仙掌場):충청남도 아산시 선장면에서 열렸던 5일장.

평신(平薪)

[금화경독기] 구진장(舊鎭場)[176]은 평신진(平薪鎭)[177] 남쪽 20리 대산면(大山面)에서 5·10이 든 날에 선다. 굴·민어·조기·낙지·소합·소금이 풍부하다.

平薪

[又] 舊鎭場, 在鎭南二十里大山面, 五、十日設. 饒石花、鮸魚、石魚、絡蹄、小蛤、鹽.

평신의 장시(《광여도》)

---

176 구진장(舊鎭場): 충청남도 서산시 대산읍 화곡리에서 열렸던 5일장.
177 평신진(平薪鎭): 조선 후기에 충청남도 서산시 대산읍 화곡리 반곡마을에 있었던 군사 진영. 충청도 북서부 해안을 수호하고, 지역의 목장(牧場)을 관리하기 위해 설치되었다.

3) 전라도

전주(全州)

[금화경독기] 부내대장(府內大場)[1]은 매달 2가 든 날에 남문 밖에서 서고, 매달 7이 든 날에 서문 밖에서 선다. 부내소장(府內小場)[2]은 매달 4가 든 날에 북문 밖에서 서고, 매달 9가 든 날에 동문 밖에서 선다. 북쪽에서는 중국의 재화를 들여와 유통하고, 동쪽에서는 일본 물산을 들여와 유통하기 때문에 상인들이 모여들고 온갖 물건이 넘쳐나니, 나라 안의 큰 시장이라 부른다. 쌀·콩·맥류·기장·조·면포·면화·모시·주단·견사·삼베·생삼·유기(鍮器)·토기·자기·동철기(銅鐵器)·목물·죽물(竹物)[3]·종이[紙地]·자리·담배·담뱃대·참빗·생강·마늘·대추·밤·배·감·나막신·미투리·생선·소금·소가 풍부하다.

봉상장(鳳翔場)[4]은 전주부 동북쪽 30리 봉상면(鳳翔面)에서 5·10이 든 날에 선다.

삼례장(參禮場)[5]은 전주부 서북쪽 30리 오백조면(五百條面)에서 3·8이 든 날에 선다.

湖南

全州

[金華耕讀記] 府內大場, 每二日設於南門外；每七日設於西門外. 小場, 每四日設於北門外；每九日設於東門外. 北通燕貨, 東輸倭産, 商旅湊集, 百物殷盛, 號爲國中鉅市. 饒米豆、麰麥、黍粟、綿布、綿花、苧布、緞紬、繭絲、麻布、生麻、鍮器、土器、磁器、銅鐵器、木物、竹物、紙地、茵席、煙草、煙杯、眞梳、薑蒜、棗栗、梨枾、木屐、麻鞋、魚鹽、牛犢.

鳳翔場, 在府東北三十里鳳翔面, 五、十日設.

參禮場, 在府西北三十里五百條面, 三、八日設.

---

1 부내대장(府內大場) : 전라북도 전주시 완산구 전동에 위치한 전주성의 남문과 서문 사이에서 열렸던 5일장. 조선 후기 전국 15대 시장 가운데 하나로 꼽힐 정도로 규모가 컸다. 대구와 평양, 또는 대구와 공주와 함께 조선의 3대 시장으로 불리기도 했다.
2 부내소장(府內小場) : 전라북도 전주시 완산구 전동에 위치한 전주성의 북문과 동문 사이에서 열렸던 5일장. 부내 대장이 열리는 사이에 열리는 시장이라는 의미로 '간시(間市)'라 불리기도 했다.
3 죽물(竹物) : 대나무로 만든 여러 종류의 물건을 통틀어 이르는 말.
4 봉상장(鳳翔場) : 전라북도 완주군 봉동읍에서 열렸던 5일장.
5 삼례장(參禮場) : 전라북도 완주군 삼례읍에서 열렸던 5일장. 현재는 삼례읍 삼례리에서 3·8이 든 날에 열린다.

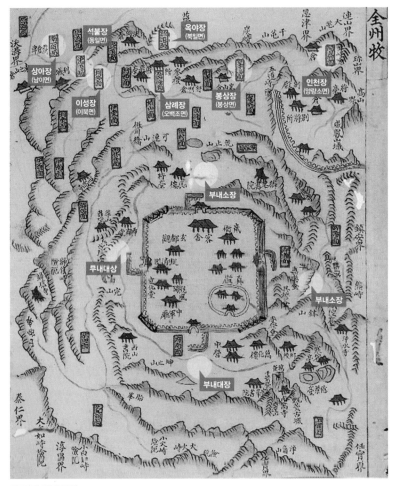

전수의 잔시(《괄여두》)

인천장(仁川場)⁶은 전주부 동북쪽 100리 양량소면 (陽良所面)에서 2·7이 든 날에 선다.

석불장(石佛場)⁷은 전주부 서쪽 60리 동일면(東一面) 에서 1·6이 든 날에 선다.

---

6 인천장(仁川場) : 충청남도 논산시 양촌면 인천리에서 열렸던 5일장.
7 석불장(石佛場) : 전라북도 익산시 왕궁면에서 열렸던 5일장.

상아장(上牙場)[8]은 전주부 북쪽 70리 남이면(南二面)에서 3·8이 든 날에 선다.

이성장(利城場)[9]은 전주부 북쪽 70리 이북면(利北面)에서 1·6이 든 날에 선다.

옥야장(沃野場)[10]은 전주부 북쪽 60리 북일면(北一面)에서 4·9가 든 날에 선다.

나주(羅州)

[금화경독기] 읍내장(邑內場)[11]은 관문 밖에서 2·7과 4·9가 든 날에 선다. 쌀·콩·맥류·삼베·면포·면화·모시·주단·철물·목물·죽물·종이[紙地]·토기·자기·생강·생선·소금·목반(木盤)·세석(細席)·담뱃대·소가 풍부하다.

동창장(東倉場)[12]은 나주 동쪽 30리 세화면(細花面)에서 5·10이 든 날에 선다.

서창장(西倉場)[13]은 나주 서쪽 20리 수다면(水多面)에서 3·8이 든 날에 선다.

남창장(南倉場)[14]은 나주 남쪽 40리 공수면(空樹面)

上牙場, 在府北七十里南二面, 三、八日設.

利城場, 在府北七十里利北面, 一、六日設.

沃野場, 在府北六十里北一面, 四、九日設.

羅州

[又] 邑內場, 在官門外, 二、七日、四、九日設. 饒米荳、麰麥、麻布、綿布、綿花、苧布、緞紬、鐵物、木物、竹物、紙地、土器、磁器、生薑、魚鹽、木盤、細席、煙杯、牛犢.

東倉場, 在州東三十里細花面, 五、十日設.

西倉場, 在州西二十里水多面, 三、八日設.

南倉場, 在州南四十里空

---

8 상아장(上牙場) : 전라북도 익산시 오산면에서 열렸던 5일장.
9 이성장(利城場) : 전라북도 완주군 삼례읍에서 열렸던 5일장.
10 옥야장(沃野場) : 전라북도 완주군 삼례읍에서 열렸던 5일장.
11 읍내장(邑內場) : 전라남도 나주시 금계동에서 열렸던 5일장. 현재는 매일시장이라는 이름으로 5일장이 열린다.
12 동창장(東倉場) : 전라남도 나주시 세지면에서 열렸던 5일장. 세지장 또는 허천장이라고도 부른다. 현재도 계속 열린다.
13 서창장(西倉場) : 전라남도 나주시 다시면에서 열렸던 5일장.
14 남창장(南倉場) : 전라남도 나주시 공산면에서 열렸던 5일장.

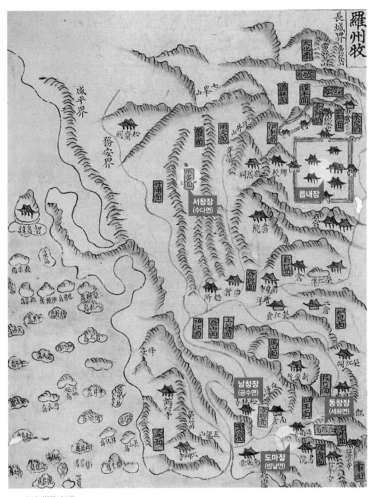

서창장
(수다면)

읍내장

남창장
(공수면)

동창장
(세화면)

도마장
(반남면)

나주의 5일시(5일장)

에서 2·8이 든 날에 선다.

　도마장(道磨場)15은 나주 북쪽 40리 반남면(潘南面)에서 5·10이 든 날에 선다.

樹面, 二、八日設.

道磨場, 在州北四十里潘

南面, 五、十日設.

15　도마장(道磨場):전라남도 나주시 반남면에서 열렸던 5일장.

광주(光州)

[금화경독기] 공수장(公須場)[16]은 광주 서쪽 3리에서 4·9가 든 날에 선다.

부동장(不動場)[17]은 광주 서쪽 2리에서 2·7이 든 날에 선다. 쌀·콩·맥류·참깨·들깨·면포·삼베·모시·주단·반주(斑紬)[18]·견사·생삼·구리·철·무쇠솥·목물·죽물·자기·토기·종이[紙地]·담뱃대·목반·도롱이·자리·나막신·담배·생선·소금이 풍부하다.

光州

[又] 公須場, 在州西三里, 四、九日設.

不動場, 在州西二里, 二、七日設. 饒米荳、麰麥、脂麻、水蘇、綿布、麻布、苧布、緞紬、斑紬、繭絲、生麻、銅鐵、鐵鼎、木物、竹物、磁器、

광주의 장시(《해동지도》)

---

16 공수장(公須場) : 광주광역시 동구 수기동에서 열렸던 5일장.
17 부동장(不動場) : 광주광역시 동구 충장동에서 열렸던 5일장.
18 반주(斑紬) : 옷감의 일종으로, 날줄은 명주(明紬)실로, 씨줄은 명주실과 무명실을 두 올씩 엮어 만든다.

용산장(龍山場)[19]은 광주 북쪽 30리 우치면(牛峙面)에서 3·8이 든 날에 선다.

선암장(仙巖場)[20]은 광주 서쪽 30리 선암면(仙巖面)에서 3·8이 든 날에 선다.

능주(綾州)

[금화경독기] 읍내장(邑內場)[21]은 관문 밖에서 5·10이 든 날에 선다. 쌀·콩·매류·면포·삼베·토기·자기·

土器、紙地、煙杯、木盤、簑笠、茵席、木屐、煙草、魚鹽.
龍山場, 在州北三十里牛峙面, 三、八日設.
仙巖場, 在州西三十里仙巖面, 三、八日設.

綾州

[又] 邑內場, 在官門外, 五、十日設. 饒米荳、麨麥、

능주의 장시(《광여도》)

---

19 용산장(龍山場):광주광역시 북구 건국동에서 열렸던 5일장.
20 선암장(仙巖場):광주광역시 광산구 송정동에서 열렸던 5일장. 현재는 광주송정역 인근으로 이전하여 3·8일에 5일장이 열린다.
21 읍내장(邑內場):전라남도 화순군 능주면에서 열렸던 5일장. 현재도 능주면 석고리에서 계속 열린다.

미투리·짚신·소가 풍부하다.

綿布、麻布、土器、磁器、麻鞋、草鞋、牛犢.

이양장(梨陽場)22은 능주 남쪽 30리 이동면(二東面)에서 3·8이 든 날에 선다.

梨陽場, 在州南三十里二東面, 三、八日設.

남원(南原)

南原

[금화경독기] 부내장(府內場)23은 남문 밖에서 4·9가 든 날에 선다. 쌀·콩·참깨·들깨·면포·면화·

[又] 府內場, 在南門外, 四、九日設. 饒米荳、脂麻、

남원의 장시(《광여도》)

---

22 이양장(梨陽場) : 전라남도 화순군 이양면에서 열렸던 5일장.
23 부내장(府內場) : 전라북도 남원시 금동에서 열렸던 5일장. 현재도 남원공설시장이라는 이름으로 계속 열린다.

모시·삼베·명주·생삼·삼대·종이[紙地]·죽물·
유기(鍮器)·철물·무쇠솥·토기·자리·나막신·
생선·소금·담배·대추·밤·배·감·소가 풍부하다.

水蘇、綿布、綿花、苧布、麻
布、明紬、生麻、麻骨、紙地、
竹物、鍮器、鐵物、鐵鼎、土
器、茵席、木屐、魚鹽、煙草、
棗栗、梨柹、牛犢.

번암장(番巖場)[24]은 남원부 동쪽 40리 번암방(番巖
坊)에서 1·6이 든 날에 선다.

橫灘場(橫灘場)[25]은 남원부 남쪽 30리 수지방(水旨
坊)에서 5·10이 든 날에 선다.

사동장(山東場)[26]은 남원부 남쪽 30리 산동방(山東
坊)에서 2·7이 든 날에 선다.

아산장(阿山場)[27]은 남원부 서쪽 40리 아산방(阿山
坊)에서 3·8이 든 날에 선다.

오수장(獒樹場)[28]은 남원부 북쪽 40리 둔덕방(屯德
坊)에서 2·7이 든 날에 선다.

동화장(洞花場)[29]은 남원부 북쪽 50리 진전방(眞田
坊)에서 3·8이 든 날에 선다.

番巖場, 在府東四十里番
巖坊, 一、六日設.

橫灘場, 在府南三十里水
旨坊, 五、十日設.

山東場, 在府南三十里山東
坊, 二、七日設.

阿山場, 在府西四十里阿山
坊, 三、八日設.

獒樹場, 在府北四十里屯
德坊, 二、七日設.

洞花場, 在府北五十里眞田
坊, 三、八日設.

장흥(長興)

[금화경독기] 부내장(府內場)[30]은 동문 밖에서 2·7이
든 날에 선다. 미곡·면포·면화·모시·상어·농어·

長興

[又] 府內場, 在東門外,
二、七日設. 饒米穀、綿布、

---

24 번암장(番巖場) : 전라북도 남원시 번암면에서 열렸던 5일장. 현재도 계속 열린다.
25 횡탄장(橫灘場) : 전라북도 남원시 수지면에서 열렸던 5일장.
26 산동장(山東場) : 전라북도 남원시 산동면에서 열렸던 5일장.
27 아산장(阿山場) : 전라북도 임실군 삼계면에서 열렸던 5일장.
28 오수장(獒樹場) : 전라북도 임실군 오수면에서 열렸던 5일장.
29 동화장(洞花場) : 전라북도 장수군 산서면에서 열렸던 5일장.
30 부내장(府內場) : 전라남도 장흥군 장흥읍에서 열렸던 5일장. 현재도 계속 열린다.

장흥의 장시《광여도》

숭어·도미·은어·민어·갑오징어·미역·김·소금·
석류·죽물·토기가 풍부하다.

죽천장(竹川場)[31]은 장흥부 남쪽 30리 고읍면(古邑
面)에서 3·8이 든 날에 선다.

綿花、苧布、鯊魚、鱸魚、
鯔魚、禿尾魚、銀口魚、鮸
魚、烏賊魚、海菜、海衣、鹽、
石榴、竹物、土器.

竹川場, 在府南三十里古邑
面, 三、八日設.

---

31 죽천장(竹川場): 전라남도 장흥군 관산읍에서 열렸던 5일장. 현재는 천관산관광시장이라는 이름으로 계속
열린다.

대흥장(大興場)[32]은 장흥부 남쪽 50리 대흥면(大興面)에서 1·6이 든 날에 선다. 안량장(安良場)[33]은 장흥부 동쪽 20리 안량면(安良面)에서 4·9가 든 날에 선다.

회령장(會寧場)[34]은 장흥부 동쪽 40리 회령면(會寧面)에서 5·10이 든 날에 선다.

천포장(泉浦場)[35]은 장흥부 동쪽 60리 천포면(泉浦面)에서 3·8이 든 날에 선다.

웅치장(熊峙場)[36]은 장흥부 동쪽 30리 웅치면(熊峙面)에서 1·6이 든 날에 선다.

장서장(長西場)[37]은 장흥부 북쪽 40리 장서면(長西面)에서 2·7이 든 날에 선다.

유치장(有治場)[38]은 장흥부 북쪽 30리 유치면(有治面)에서 4·9가 든 날에 선다.

순천(順天)

[금화경독기] 부내장(府內場)[39]은 관문 밖에서 2·7이 든 날에 선다. 쌀·콩·맥류·면화·면포·종이[紙地]·복물·죽물·담배·미투리·자리·석류·수박·민어·숭어·말린 전복·해삼·수라·조개·붕어·웅어·삽·

大興場, 在府南五十里大興面, 一、六日設. 安良場, 在府東二十里安良面, 四、九日設.

會寧場, 在府東四十里會寧面, 五、十日設.

泉浦場, 在府東六十里泉浦面, 三、八日設.

熊峙場, 在府東三十里熊峙面, 一、六日設.

長西場, 在府北四十里長西面, 二、七日設.

有治場, 在府北三十里有治面, 四、九日設.

順天

[又] 府內場, 在官門外, 二、七日設. 饒米荳、麰麥、綿花、綿布、紙地、木物、竹物、煙草、麻鞋、茵席、石

---

32 대흥장(大興場) : 전라남도 장흥군 대덕읍에서 열렸던 5일장. 현재도 대덕읍장이라는 이름으로 계속 열린다.
33 안량장(安良場) : 전라남도 장흥군 안량면에서 열렸던 5일장.
34 회령장(會寧場) : 전라남도 보성군 회천면에서 열렸던 5일장.
35 천포장(泉浦場) : 전라남도 보성군 회천면에서 열렸던 5일장.
36 웅치장(熊峙場) : 전라남도 보성군 웅치면에서 열렸던 5일장.
37 장서장(長西場) : 전라남도 장흥군 장평면에서 열렸던 5일장.
38 유치장(有治場) : 전라남도 장흥군 유치면에서 열렸던 5일장.
39 부내장(府內場) : 전라남도 순천시 남내동에서 열렸던 5일장. 현재도 순천중앙시장이라는 이름으로 계속 열린다.

순천의 장시(《광여도》)

소금이 풍부하다.

송천장(松川場)[40]은 순천부 남쪽 40리 별량면(別良面)에서 3·8이 든 날에 선다.

석보장(石堡場)[41]은 순천부 동쪽 70리 여수면(呂水面)에서 5·10이 든 날에 선다.

해창장(海倉場)[42]은 순천부 동쪽 20리 용두면(龍頭

榴、西苽、鮑魚、鯔魚、乾
鰒、海蔘、螺蛤、八梢魚、銀
口魚、海衣、鹽.

松川場, 在府南四十里別
良面, 三、八日設.

石堡場, 在府東七十里呂水
面, 五、十日設.

海倉場, 在府東二十里龍

---

40 송천장(松川場) : 전라남도 순천시 별량면에서 열렸던 5일장.
41 석보장(石堡場) : 전라남도 여수시 여수읍에서 열렸던 5일장.
42 해창장(海倉場) : 전라남도 순천시 해룡면에서 열렸던 5일장.

面)에서 4·9가 든 날에 선다.

괴목장(槐木場)⁴³은 순천부 북쪽 50리 황전면(黃田面)에서 4·9가 든 날에 선다.

대곡장(大谷場)⁴⁴은 순천부 서쪽 80리 송광면(松廣面)에서 3·8이 든 날에 선다.

부창장(富倉場)⁴⁵은 순천부 서쪽 60리 주암면(住巖面)에서 2·7이 든 날에 선다.

성산장(星山場)⁴⁶은 순천부 서쪽 40리 쌍암면(雙巖面)에서 3·8이 든 날에 선다.

담양(潭陽)

[금화경독기] 부내장(府內場)⁴⁷은 관문 밖에서 2·7이 든 날에 선다. 쌀·콩·맥류·참깨·들깨·삼베·면화·면포·삿갓·죽류사(竹柳笥)⁴⁸·나무바구니·채침(彩枕)⁴⁹·채상(彩箱)⁵⁰·부채가 풍부하다.

장성(長城)

[금화경독기] 부내장(府內場)⁵¹은 관문 밖 2리에서 2·7이 는 날에 선다.

---

43 괴목장(槐木場) : 전라남도 순천시 황전면에서 열렸던 5일장.
44 대곡장(大谷場) : 전라남도 순천시 송광면에서 열렸던 5일장.
45 부창장(富倉場) : 전라남도 순천시 주암면에서 열렸던 5일장.
46 성산장(星山場) : 전라남도 순천시 승주읍에서 열렸던 5일장.
47 부내장(府內場) : 전라남도 담양군 담양읍에서 열렸던 5일장.
48 죽류사(竹柳笥) : 상자의 일종으로, 대나무와 고리버들을 엮어 만든 그릇.
49 채침(彩枕) : 대나무를 가늘고 길게 종이처럼 자른 다음 청색이나 홍색으로 염색하고 무늬를 새겨 짠 베개.
50 채상(彩箱) : 대나무를 가늘고 길게 종이처럼 자른 다음 청색이나 홍색으로 염색하고 무늬를 새겨 짠 상자.
51 부내장(府內場) : 전라남도 장성군 남면 분향리에서 열렸던 5일장.

頭面, 四、九日設.

槐木場, 在府北五十里黃田面, 四、九日設.

大谷場, 在府西八十里松廣面, 三、八日設.

富倉場, 在府西六十里, 住巖面二、七日設.

星山場, 在府西四十里雙巖面, 三、八日設.

潭陽

[又] 府內場, 在官門外, 二、七日設. 饒米荳、麰麥、脂麻、水蘇、麻布、綿花、綿布、竹笠、竹柳笥、木籠、彩枕、彩箱、扇子.

長城

[又] 府內場, 在官門外二里, 二、七日設.

담양의 장시(《광여도》)　　　　　　장성의 장시(《광여도》)

황룡장(黃龍場)[52]은 장성부 서쪽 15리 서일면(西一面)에서 4·9가 든 날에 선다. 쌀·콩·맥류·참깨·들깨·생모시·모시·면화·면포·생삼·대추·밤·배·감·비자(榧子)[53]가 풍부하다.

黃龍場, 在府西十五里西一面, 四、九日設. 饒米荳、麰麥、脂麻、水蘇、生苧、苧布、綿花、綿布、生麻、棗栗、梨柿、榧子.

무주(茂朱)

[금화경독기] 부내장(府內場)[54]은 관문 밖에서 1·6이 든 날에 선다. 쌀·콩·맥류·참깨·들깨·생삼·삼베·

茂朱

[又] 府內場, 在官門外, 一、六日設. 饒米荳、麰麥、脂

52　황룡장(黃龍場) : 전라남도 장성군 황룡면에서 열렸던 5일장. 1970년대 이후 교통과 상권의 변화에 따라 시장의 규모가 위축되기도 했지만, 2001년부터 새롭게 단장한 뒤 지역을 대표하는 시장으로 사람들을 맞이하고 있다.

53　비자(榧子) : 비자나무의 씨앗. 기생충을 없애주고 대변이 잘 나오게 하며 기침을 멎게 하는 효능이 있어 약재로 널리 이용된다.

54　부내장(府內場) : 전라북도 무주군 무주읍에서 열렸던 5일장. 2002년 4월 무주시장은 전통시장 현대화 사업의 일환으로 현대식 새 건물로 개축되었고, 현재는 무주의 상징인 반딧불이를 이름에 반영하여 무주 반딧불시장이라는 이름으로 열리고 있다.

무주의 장시(《광여도》)

면화·면포·철물·종이[紙地]·담배·석이버섯·오미자·대추·밤·배·감·자리·송이버섯·더덕·꿀·소가 풍부하다.

안성장(安城場)⁵⁵은 무주부 동쪽 40리 이안면(二女面)에서 3·8이 든 날에 선다.

무풍장(茂豐場)⁵⁶은 무주부 동쪽 60리 풍남면(豐南面)에서 4·9가 든 날에 선다.

麻、水蘇、生麻、麻布、綿花、綿布、鐵物、紙地、煙草、石耳、五味子、棗栗、梨柿、茵席、松耳、沙蔘、蜂蜜、牛犢.

安城場, 在府東四十里<u>二安面</u>, 三、八日設.

茂豐場, 在府東六十里<u>豐南面</u>, 四、九日設.

---

55 안성장(安城場) : 전라북도 무주군 안성면에서 열렸던 5일장.
56 무풍장(茂豐場) : 전라북도 무주군 무풍면에서 열렸던 5일장.

여산(礪山)

[금화경독기] 부내장(府內場)[57]은 관문 밖에서 1·6이 든 날에 선다. 미곡·면포·모시·반주·교직·삼베·노포석·죽물·토기·생계·생선·소금·소가 풍부하다.

礪山

[又] 府內場, 在官門外, 一, 六日設. 饒米穀, 綿布, 苧布, 斑紬, 交織, 麻布, 蘆蒲席, 竹物, 土器, 生蟹, 魚鹽, 牛犢.

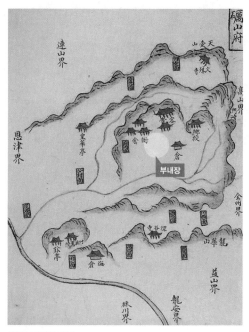

여산의 장시(《광여도》)

보성(寶城)

[금화경독기] 읍내장(邑內場)[58]은 동문 밖에서 2가 든 날에 선다. 미곡·면포·모시·반주·교직·삼베·왕골

寶城

[又] 邑內場, 在東門外, 二日設. 饒米穀, 綿布, 苧布,

---

57 부내장(府內場) : 전라북도 익산시 여산면에서 열렸던 5일장.
58 읍내장(邑內場) : 전라남도 보성군 보성읍에서 열렸던 5일장. 1974년 시장 새마을 운동의 일환으로 장옥 전체를 개수하고 상가를 신축하여 지금도 전국에서 제일 큰 마포베 시장이 열린다.

보성의 장시(《광여도》)

자리·담배·죽물·토기·생선·소금·석류·유자가 풍
부하다.

우막등장(牛幕登場)은 보성군 북쪽 5리 용문면(龍門
面)에서 7이 든 날에 선다.

복내장(福內場)[59]은 보성군 북쪽 40리 복내면(福內
面)에서 4·9가 든 날에 선다.

해창장(海倉場)[60]은 보성군 동쪽 25리 도촌면(道村

斑紬、交織、麻布、莞席、煙
草、竹物、土器、魚鹽、石
榴、柚子.

牛幕登場, 在郡北五里龍
門面, 七日設.

福內場, 在郡北四十里福
內面, 四、九日設.

海倉場, 在郡東二十五里

---

59 복내장(福內場): 전라남도 보성군 복내면에서 열렸던 5일장. 현재는 주로 농수산물과 가축을 거래하는 시
　　장으로 열리고 있다.
60 해창장(海倉場): 전라남도 보성군 득량면에서 열렸던 5일장.

面)에서 1·6이 든 날에 선다.

조성원장(鳥城院場)61은 보성군 동쪽 40리 대곡면
(大谷面)에서 3·8이 든 날에 선다.

익산(益山)

[금화경독기] 읍내장(邑內場)62은 관문 밖에서 2·7이
든 날에 선다. 미곡·면포·무쇠솥·토기·마늘·파·
뱅어가 풍부하다.

입석장(立石場)63은 익산군 남쪽 10리 춘포면(春浦
面)에서 1·6이 든 날에 선다.

道村面, 一、六日設.

鳥城院場, 在郡東四十里
大谷面, 三、八日設.

益山

[又] 邑內場, 在官門外,
二、七日設. 饒米穀、綿布、
鐵鼎、土器、蒜蔥、白魚.

立石場, 在郡南十里春浦
面, 一、六日設.

익산의 장시(《광여도》)

---

61 조성원장(鳥城院場) : 전라남도 보성군 조성면에서 열렸던 5일장.
62 읍내장(邑內場) : 전라북도 익산시 창인동에서 열렸던 5일장. 현재는 익산중앙시장이라는 이름으로 열리고 있다.
63 입석장(立石場) : 전라북도 익산시 춘포면 쌍정리에서 열렸던 5일장.

회화장(回化場)[64]은 익산군 남쪽 30리 춘포면에서 4·9가 든 날에 선다.

回化場, 在郡南三十里春浦面, 四、九日設.

고부(古阜)

[금화경독기] 읍내장(邑內場)[65]은 관문 밖에서 1·6이 든 날에 선다. 미곡·면화·면포·생선·소금·토기·자기가 풍부하다.

두지장(斗池場)[66]은 고부군 동쪽 20리 답내면(畓內面)에서 3·8이 든 날에 선다.

古阜

[又] 邑內場, 在官門外, 一、六日設. 饒米穀、綿花、綿布、魚鹽、土器、磁器.

斗池場, 在郡東二十里畓內面, 三、八日設.

고부의 장시(《광여도》)

---

64 회화장(回化場) : 전라북도 익산시 춘포면 춘포리에서 열렸던 5일장.

65 읍내장(邑內場) : 전라북도 정읍시 고부면에서 열렸던 5일장.

66 두지장(斗池場) : 전라북도 정읍시 이평면에서 열렸던 5일장.

평교장(平橋場)67은 고부군 북쪽 20리 거마면(巨丁面)에서 5·10이 든 날에 선다.

신장(新場)68은 고부군 남쪽 10리 남부면(南部面)에서 3·8이 든 날에 선다.

난산장(卵山場)69은 고부군 서쪽 40리 부안면(富安面)에서 5·10이 든 날에 선다.

영암(靈巖)

[금화경독기] 읍내장(邑內場)70은 동문 밖에서 5·10이 든 날에 선다. 미곡·면화·면포·명주·모시·상어·생전복·해삼·미역·숭어·우럭·모어(毛魚)71·전어·민어·대광어(大光魚)72·굴·꼬막·소금·대추·밤·감·석류·유자·목기·죽물·도롱이·각종 참빗·소·말이 풍부하다.

덕진장(德津場)73은 영암군 북쪽 5리 북일면(北一面)에서 3·8이 든 날에 선다.

독천장(犢川場)74은 영암군 남쪽 40리 곤일면(昆一面)에서 4·9가 든 날에 선다.

平橋場, 在郡北二十里巨丁面, 五、十日設.

新場, 在郡南十里南部面, 三、八日設.

卵山場, 在郡西四十里富安面, 五、十日設.

靈巖

[又] 邑內場, 在東門外, 五、十日設. 饒米穀、綿花、綿布、明紬、苧布、鯊魚、生鰒、海蔘、海菜、鯔魚、牛叱魚、毛魚、箭魚、鮠魚、大光魚、石花、甘蛤、鹽、棗栗、柿、石榴、柚子、木器、竹物、雨笠、各色眞梳、牛馬.

德津場, 在郡北五里北一面, 三、八日設.

犢川場, 在郡南四十里昆一面, 四、九日設.

---

67 평교장(平橋場) : 전라북도 정읍시 영원면에서 열렸던 5일장.
68 신장(新場) : 전라북도 정읍시 소성면에서 열렸던 5일장.
69 난산장(卵山場) : 전라북도 고창군 부안면에서 열렸던 5일장.
70 읍내장(邑內場) : 전라남도 영암군 영암읍에서 열렸던 5일장. 2010년 시장의 현대화 사업을 추진하여 현재도 영암읍 동무리에서 열리고 있다.
71 모어(毛魚) : 미상.
72 대광어(大光魚) : 미상. 큰 품종의 넙치로 추정된다.
73 덕진장(德津場) : 전라남도 해남군 북일면에서 열렸던 5일장.
74 독천장(犢川場) : 전라남도 영암군 학산면에서 열렸던 5일장.

영암의 장시((광여도))

쌍교장(雙橋場)[75]은 영암군 남쪽 60리 옥천면(玉泉面)에서 2가 든 날에 선다.

송지장(松旨場)[76]은 영암군 남쪽 120리 송지면(松旨面)에서 10이 든 날에 선다.

영광(靈光)

[금화경독기] 읍내장(邑內場)[77]은 남문 밖에서 3·8이 든 날에 선다. 미곡·면포·삼베·모시·춘포(春布)·민

雙橋場, 在郡南六十里玉泉面, 二日設.

松旨場, 在郡南一百二十里松旨面, 十日設.

靈光

[又] 邑內場, 在南門外, 三、八日設. 饒米穀、綿布、麻

---

75 쌍교장(雙橋場): 전라남도 해남군 옥천면에서 열렸던 5일장.
76 송지장(松旨場): 전라남도 해남군 송지면에서 열렸던 5일장.
77 읍내장(邑內場): 전라남도 영광군 영광읍에서 열렸던 5일장. 현재는 영광매일시장이라는 이름으로 열리고 있다.

어·조기·청어·갑오징어·생합(生蛤)[78]·굴·뱅어·소 금·토기·자기·자리가 풍부하다.

布, 苧布, 春布, 鮏魚, 石魚, 靑魚, 烏賊魚, 生蛤, 石花, 白魚, 鹽, 土器, 磁器, 茵席.

조산장(造山場)[79]은 영광군 서문 밖에서 3·8이 든 날에 선다.

造山場, 在郡西門外, 三、八日設.

원산장(元山場)[80]은 영광군 서쪽 20리 원산면(元山 面)에서 2·7이 든 날에 선다.

元山場, 在郡西二十里元山 面, 二、七日設.

사창장(社倉場)[81]은 영광군 동쪽 30리 현내면(縣內 面)에서 1·6이 든 날에 선다.

社倉場, 在郡東三十里縣 內面, 一、六日設.

영광의 장시(《광여도》)

---

78 생합(生蛤) : 익히지 않은 대합조개.
79 조산장(造山場) : 전라남도 영광군 영광읍에서 열렸던 5일장.
80 원산장(元山場) : 전라남도 영광군 염산면에서 열렸던 5일장.
81 사창장(社倉場) : 전라남도 영광군 삼계면에서 열렸던 5일장.

진도(珍島)

[금화경독기] 읍내장(邑內場)[82]은 관문 밖에서 2가 든 날에 선다. 미곡·면포·생선·소금·미역·김·굴·어유(魚油)[83]·석류·유자·자단향·자리가 풍부하다.

고군장(古郡場)[84]은 진도군 남쪽 10리 군내면(郡內面)에서 5가 든 날에 선다.

임회장(臨淮場)[85]은 진도군 서쪽 30리 임회면(臨淮面)에서 7이 든 날에 선다.

의시장(義新場)[86]은 진도군 동쪽 10리 의신면(義新

珍島

[又] 邑內場, 在官門外, 二日設. 饒米穀, 綿布, 魚鹽, 海菜, 海衣, 石花, 魚油, 石榴, 柚子, 紫檀香, 茵席.

古郡場, 在郡南十里郡內面, 五日設.

臨淮場, 在郡西三十里臨淮面, 七日設.

義新場, 在郡東十里義新

진도의 장시((광여도))

---

82 읍내장(邑內場) : 전라남도 진도군 진도읍에서 열렸던 5일장. 현재는 진도상설시장이라는 이름으로 열리고 있다.
83 어유(魚油) : 물고기의 내장이나 살에서 짜낸 기름.
84 고군장(古郡場) : 전라남도 진도군 군내면에서 열렸던 5일장.
85 임회장(臨淮場) : 전라남도 진도군 임회면에서 열렸던 5일장. 현재는 임회5일시장이라는 이름으로 열리고 있다.
86 의신장(義新場) : 전라남도 진도군 의신면에서 열렸던 5일장.

面)에서 10이 든 날에 선다.

낙안(樂安)

[금화경독기] 읍내장(邑內場)[87]은 관문 밖에서 2·7이
든 날에 선다. 미곡·면화·면포·반주·전어·숭어·
소라·조개·낙지·대하·김·토기·죽물·석류·유자·
수박이 풍부하다.

벌교장(伐橋場)[88]은 낙안군 남쪽 10리 고읍면(古邑
面)에서 4가 든 날에 선다.

面, 十日設.

樂安

[又] 邑內場, 在官門外,
二、七日設. 饒米穀、綿花、
綿布、斑紬、箭魚、鯔魚、螺
蛤、絡蹄、大蝦、海衣、土器、
竹物、石榴、柚子、西瓜.

伐橋場, 在郡南十里古邑
面, 四日設.

낙안의 장시(《광여도》)

---

87 읍내장(邑內場) : 전라남도 순천시 낙안면에서 열렸던 5일장.
88 벌교장(伐橋場) : 전라남도 보성군 벌교읍 고읍리에서 열렸던 5일장.

좌촌장(佐村場)89은 낙안군 남쪽 20리 남하면(南下面)에서 9가 든 날에 선다.

佐村場, 在郡南二十里南下面, 九日設.

순창(淳昌)

[금화경독기] 읍내장(邑內場)90은 관문 밖에서 1·6이 든 날에 선다. 쌀·콩·참깨·들깨·면화·면포·모시·삼베·생삼·종이[紙地]·목물·죽물·곶감·유기(鍮器)·무쇠솥이 풍부하다.

삼지장(三支場)91은 순창군 서쪽 70리 복흥면(福興面)

淳昌

[又] 邑內場, 在官門外, 一、六日設. 饒米荳、脂麻、水蘇、綿花、綿布、苧布、麻布、生麻、紙地、木物、竹物、乾枾、鍮器、鐵鼎.

三支場, 在郡西七十里福興

순창의 장시(《광여도》)

금산의 장시(《광여도》)

---

89 좌촌장(佐村場) : 전라남도 보성군 벌교읍 이곡리에서 열렸던 5일장.

90 읍내장(邑內場) : 전라북도 순창군 순창읍에서 열렸던 5일장. 현재는 순창읍 남계리에서 시설을 현대화하여 정기시장을 중심으로 활기를 되찾고 있다.

91 삼지장(三支場) : 전라북도 순창군 복흥면에서 열렸던 5일장.

에서 □일이 든 날에 선다. 미곡·산채(山菜)·생모시가 풍부하다.

금산(錦山)

[금화경독기] 읍내장(邑內場)[92]은 관문 밖에서 2·7이 든 날에 선다. 쌀·콩·참깨·들깨·면포·면화·생삼·대추·밤·오미자·꿀·자리·목물·자기·토기·소가 풍부하다.

제원장(濟原場)[93]은 금산군 동쪽 10리 부북면(富北面)에서 1·6이 든 날에 선다.

진산(珍山)

[금화경독기] 읍내장(邑內場)[94]은 관문 밖에서 1·6이 든 날에 선다. 쌀·콩·면포·목물·담배·자기·토기가 풍부하다.

장대장(場垈場)[95]은 진산군 동쪽 30리 동일면(東一面)에서 4·9가 든 날에 선다.

김제(金堤)

[금화경독기] 읍내장(邑內場)[96]은 관문 밖에서 2·7이 든 날에 선다. 미곡·붕어·갑오징어·생게·소금·토

面, □日設. 饒米穀, 山菜, 生皮苧.

錦山

[又] 邑內場, 在官門外, 二、七日設. 饒米荳, 脂麻, 水蘇, 綿布, 綿花, 生麻, 棗栗, 五味子, 蜂蜜, 茵席, 木物, 磁器, 土器, 牛犢.

濟原場, 在郡東十里富北面, 一、六日設.

珍山

[又] 邑內場, 在官門外, 一、六日設. 饒米荳, 綿布, 木物, 煙草, 磁器, 土器.
場垈場, 在郡東三十里東一面, 四、九日設.

金堤

[又] 邑內場, 在官門外, 二、七日設. 饒米穀, 鯽魚,

---

92 읍내장(邑內場): 충청남도 금산군 금산읍에서 열렸던 5일장.
93 제원장(濟原場): 충청남도 금산군 제원면에서 열렸던 5일장.
94 읍내장(邑內場): 충청남도 금산군 진산면에서 열렸던 5일장.
95 장대장(場垈場): 충청남도 금산군 추부면에서 열렸던 5일장.
96 읍내장(邑內場): 전라북도 김제시 요촌동에서 열렸던 5일장. 현재는 김제전통시장이라는 이름으로 열리고 있다.

진산의 장시((광여도))

김제의 장시((광여도))

기·노포석·삿갓·생삼·참외가 풍부하다.

재남장(才南場)[97]은 김제군 동쪽 30리 금굴면(金屈面) 에서 4·9가 든 날에 선다.

칭평(昌平)

[금화경독기] 읍내장(邑內場)[98]은 관문 밖에서 4·9가 든 날에 선다. 쌀·콩·맥류·면포·면화·삼베·명주· 모시·생모시·생삼·담배·석류·대추·밤·배·감·죽 물·왕골자리·토기·자기가 풍부하다.

烏賊魚、生蟹、鹽、土器、蘆 蒲席、笠子、生麻、眞瓜.

才南場, 在郡東三十里金屈 面, 四、九日設.

昌平

[又] 邑內場, 在官門外, 四、九日設. 饒米荳、麰麥、 綿布、綿花、麻布、明紬、苧 布、生苧、生麻、煙草、石

---

97 재남장(才南場) : 전라북노 김세시 용시면에서 열렸던 5일장.
98 읍내장(邑內場) : 전라남도 담양군 창평면에서 열렸던 5일장.

榴、棗栗、梨枋、竹物、莞
席、土器、磁器.

용담(龍潭)

[금화경독기] 읍내장(邑內場)[99]은 관문 밖에서 4·9가
든 날에 선다. 쌀·콩·맥류·면포·면화·삼베·명주·
견사·생삼·종이[紙地]·담배·꿀·송이버섯·더덕·철
물이 풍부하다.

동향장(銅鄕場)[100]은 용담현 동쪽 40리 동면(東面)
에서 3·8이 든 날에 선다.

龍潭

[又] 邑內場, 在官門外,
四、九日設. 饒米荳、麰麥、
綿布、綿花、麻布、明紬、繭
絲、生麻、紙地、煙草、蜂
蜜、松耳、沙蔘、鐵物.
銅鄕場, 在縣東四十里東
面, 三、八日設.

창평의 장시(《광여도》)

용담의 장시(《광여도》)

---

99 읍내장(邑內場) : 전라북도 진안군 용담면에서 열렸던 5일장.
100 동향장(銅鄕場) : 전라북도 진안군 동향면에서 열렸던 5일장.

임피(臨陂)

[금화경독기] 읍내장(邑內場)[101]은 관문 밖에서 2·7이 든 날에 선다. 미곡·면포·모시·농어·숭어·준치·굴·소금·자리가 풍부하다.

서포장(西浦場)[102]은 임피현 서쪽 15리 상북면(上北面)에서 3·8이 든 날에 선다.

고산장(狐山場)[103]은 임피현 동쪽 5리 동이면(東二面)에서 4·9가 든 날에 선다.

臨陂

[又] 邑內場, 在官門外, 二、七日設. 饒米穀、綿布、苧布、鱸魚、鯔魚、鰣魚、石花、鹽、茵席.

西浦場, 在縣西十五里上北面, 三、八日設.

狐山場, 在縣東五里東二面, 四、九日設.

임피의 장시(《광여도》)

---

101 읍내장(邑內場) : 전라북도 군산시 임피면에서 열렸던 5일장.
102 서포장(西浦場) : 전라북도 군산시 옥구읍에서 열렸던 5일장.
103 고산장(狐山場) : 전라북도 군산시 서수면에서 열렸던 5일장.

만경(萬頃)

[금화경독기] 관문외장(官門外場)[104]은 9가 든 날에 서고 성외장(城外場)[105]은 4가 든 날에 선다. 미곡·면포·면사·민어·가물치·숭어·말어(末魚)[106]·농어·굴·생게·소금·파·마늘·토기·홍화·노포석이 풍부하다.

양지장(良地場)[107]은 만경현 남쪽 10리 남일면(南一面)에서 3·8이 든 날에 선다.

萬頃

[又] 官門外場, 九日設；城外場, 四日設. 饒米穀、綿布、綿絲、鮸魚、魛魚、鯔魚、末魚、鱸魚、石花、生蟹、鹽、蔥蒜、土器、紅花、蘆蒲席. 良地場, 在縣南十里南一面, 三、八日設.

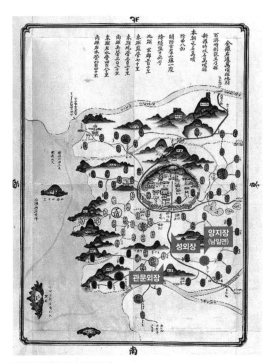

만경의 장시(《1872년 지방지도》)

---

104 관문외장(官門外場) : 전라북도 김제시 만경읍 정당리에서 열렸던 5일장.
105 성외장(城外場) : 전라북도 김제시 만경읍 만경리에서 열렸던 5일장.
106 말어(末魚) : 미상.
107 양지장(良地場) : 전라북도 김제시 백산면에서 열렸던 5일장.

금구(金溝)

[금화경독기] 읍내장(邑內場)[108]은 관문 밖에서 3·8이 든 날에 선다. 미곡·토기·철물·무·파·참외·수박·미투리가 풍부하다.

원평장(院坪場)[109]은 금구현 남쪽 20리 수류면(水流面)에서 4·9가 든 날에 선다.

목교장(木橋場)[110]은 금구현 서쪽 15리 남면(南面)에서 1·6이 든 날에 선다.

金溝

[又] 邑內場, 在官門外, 三、八日設. 饒米穀、土器、鐵物、蘿葍、蔥、眞瓜、西瓜、麻鞋.

院坪場, 在縣南二十里水流面, 四、九日設.

木橋場, 在縣西十五里南面, 一、六日設.

금구의 장시((광여도))

---

108 읍내장(邑內場) : 전라북도 김제시 금구면에서 열렸던 5일장.
109 원평장(院坪場) : 전라북도 김제시 금산면에서 열렸던 5일장.
110 목교장(木橋場) : 전라북도 김제시 봉남면에서 열렸던 5일장.

광양(光陽)

[금화경독기] 읍내장(邑內場)[111]은 관문 밖에서 1·6이 든 날에 선다. 미곡·면포·면화·명주·삼베·민어·숭어·농어·조기·갑오징어·은어·병어·낙지·굴·대하·김·꼬막·백합(白蛤)[112]·소금·호두·석류·송이버섯·종이[紙地]·무쇠솥·죽물이 풍부하다.

光陽

[又] 邑內場, 在官門外, 一、六日設. 饒米穀、綿布、綿花、明紬、麻布、鮱魚、鯔魚、鱸魚、石魚、烏賊魚、銀口魚、瓶魚、絡蹄、石花、大蝦、海衣、甘蛤、白蛤、鹽、胡桃、石榴、松耳、紙地、鐵鼎、竹物.

광양의 장시(《광여도》)

---

111 읍내장(邑內場) : 전라남도 광양시 광양읍에서 열렸던 5일장.
112 백합(白蛤) : 주로 충청남도와 전라도 연안에 서식하는 조개로, 껍데기의 여러 무늬가 마치 백합(百合)꽃과 비슷하여 이와 같이 불렸다. 껍데기를 이용해 약품 용기나 바둑알의 흰돌을 만드는 재료로 사용되기도 한다.

옥곡장(玉谷場)[113]은 광양현 동쪽 30리 옥곡면(玉谷面)에서 4·9가 든 날에 선다.

섬거장(蟾居場)[114]은 광양현 동쪽 40리 진상면(津上面)에서 3·8이 든 날에 선다.

월포장(月浦場)[115]은 광양현 동쪽 50리 월포면(月浦面)에서 5·10이 든 날에 선다.

함열(咸悅)

[금화경독기] 읍내장(邑內場)[116]은 관문 밖에서 3·8이 든 날에 선다. 미곡·면포·모시·삿자리·자리·유기(柳器)·토기·생선·소금이 풍부하다.

玉谷場, 在縣東三十里玉谷面, 四、九日設.

蟾居場, 在縣東四十里津上面, 三、八日設.

月浦場, 在縣東五十里月浦面, 五、十日設.

咸悅

[又] 邑內場, 在官門外, 三、八日設. 饒米穀、綿布、苧布、蘆席、茵席、柳器、土器、魚鹽.

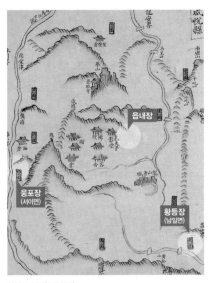

함열의 장시(《광여도》)

---

113 옥곡장(玉谷場) : 전라남도 광양시 옥곡면에서 열렸던 5일장.
114 섬거장(蟾居場) : 전라남도 광양시 진상면에서 열렸던 5일장.
115 월포장(月浦場) : 전라남도 광양시 진월면에서 열렸던 5일장.
116 읍내장(邑內場) : 전라북도 익산시 함열읍에서 열렸던 5일장.

황등장(黃登場)[117]은 함열현 서쪽 20리 남일면(南一面)에서 5·10이 든 날에 선다. 미곡·면포·생선·소금·소·말이 풍부하다.

웅포장(熊浦場)[118]은 함열현 서쪽 10리 서이면(西二面)에서 1·6이 든 날에 선다.

부안(扶安)

[금화경독기] 읍내상장(邑內上場)과 읍내하장(邑內下場)[119]은 관문 밖에서 서는데, 읍내상장은 2·7이 든

黃登場, 在縣西二十里南一面, 五、十日設. 饒米穀、綿布, 魚鹽, 牛馬.

熊浦場, 在縣西十里西二面, 一、六日設.

扶安

[又] 邑內上、下場, 在官門外, 上場, 二、七日設；下

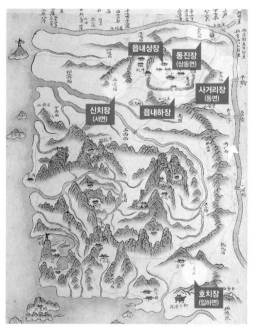

부안의 장시(《광여도》)

---

117 황등장(黃登場) : 전라북도 익산시 황등면에서 열렸던 5일장.
118 웅포장(熊浦場) : 전라북도 익산시 웅포면에서 열렸던 5일장.
119 읍내상장(邑內上場)과 읍내하장(邑內下場) : 전라북도 부안군 부안읍 동중리에서 열렸던 5일장.

날에 서고·읍내하장은 4·9가 든 날에 선다. 미곡·조기·민어·준치·갑오징어·웅어·농어·숭어·복어·생합·생게·홍어·뱅어·상어·알젓·소금·토기·고구마·부들자리가 풍부하다.

동진장(東津場)[120]은 부안현 동쪽 10리 상동면(上東面)에서 3·8이 든 날에 선다.

호치장(胡峙場)[121]은 부안현 남쪽 30리 입하면(立下面)에서 4·9가 든 날에 선다.

신치장(申峙場)[122]은 부안현 서쪽 20리 서면에서 1·6이 든 날에 선다.

사거리장(四巨里場)[123]은 부안현 남쪽 10리 동면(東面)에서 □이 든 날에 선다.

강진(康津)

[금화경독기] 읍내장(邑內場)[124]은 관문 밖에서 5가 든 날에 선다. 미곡·면포·면화·명주·삼베·자라·소합(小蛤)[125]·밀린 신속·해삼·미역·은어·굴·구강태(九江苔)[126]·유자·석류·대추·밤·고구마·자리·도기가 풍부하다.

場, 四、九日設. 饒米穀、石魚、鮸魚、鰣魚、烏賊魚、鱠魚、鱸魚、鯔魚、河豚、生蛤、生蟹、洪魚、白魚、鯊魚、卵醢、鹽、土器、甘藷、蒲席.

東津場, 在縣東十里上東面, 三、八日設.

胡峙場, 在縣南三十里立下面, 四、九日設.

申峙場, 在縣西二十里西面, 一、六日設.

四巨里場, 在縣南十里東面, □日設.

康津

[又] 邑內場, 在官門外, 五日設. 饒米穀、綿布、綿花、明紬、麻布、鱉魚、小蛤、乾鰻、海參、海菜、銀口魚、石花、九江苔、柚子、石榴、棗、栗、甘藷、茵席、土器.

---

120 동진장(東津場): 전라북도 부안군 동진면에서 열렸던 5일장.
121 호치장(胡峙場): 전라북도 부안군 입하면에서 열렸던 5일장.
122 신치장(申峙場): 전라북도 부안군 서면에서 열렸던 5일장.
123 사거리장(四巨里場): 전라북도 부안군 부안읍 연곡리에서 열렸던 5일장.
124 읍내장(邑內場): 전라남도 강진군 강진읍에서 열렸던 5일장.
125 소합(小蛤): 바지락의 일종으로, 주로 모래와 펄이 섞인 곳에 서식한다.
126 구강태(九江苔): 미상. 김이나 파래의 일종으로 추정된다.

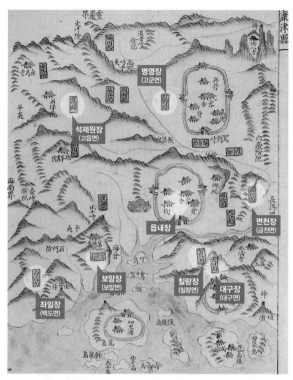

강진의 장시(《광여도》)

석제원장(石梯院場)[127]은 강진현 북쪽 20리 고읍면에서 2·7이 든 날에 선다.

면천장(綿川場)[128]은 강진현 동쪽 15리 금천면(綿川面)에서 4·9가 든 날에 선다.

칠량장(七良場)[129]은 강진현 남쪽 30리 칠량면(七良面)에서 5·10이 든 날에 선다.

대구장(大口場)[130]은 강진현 남쪽 40리 대구면(大口

石梯院場, 在縣北二十里古邑面, 二、七日設.

綿川場, 在縣東十五里綿川面, 四、九日設.

七良場, 在縣南三十里七良面, 五、十日設.

大口場, 在縣南四十里大口

---

127 석제원장(石梯院場) : 전라남도 강진군 성전면에서 열렸던 5일장.
128 면천장(綿川場) : 전라남도 강진군 군동면에서 열렸던 5일장.
129 칠량장(七良場) : 전라남도 강진군 칠량면에서 열렸던 5일장.
130 대구장(大口場) : 전라남도 강진군 대구면에서 열렸던 5일장.

面)에서 2·7이 든 날에 선다.

보암장(寶巖場)131은 강진현 남쪽 30리 보암면(寶巖面)에서 1·6이 든 날에 선다.

좌일장(佐日場)132은 강진현 남쪽 50리 백도면(白道面)에서 2·7이 든 날에 선다.

병영장(兵營場)133은 강진현 북쪽 30리 고군면(古郡面)에서 3·8이 든 날에 선다.

옥과(玉果)

[금화경독기] 읍내장(邑內場)134은 관문 밖에서 4·9가

面, 二、七日設.

寶巖場, 在縣南三十里寶巖面, 一、六日設.

佐日場, 在縣南五十里白道面, 二、七日設.

兵營場, 在縣北三十里古郡面, 三、八日設.

玉果

[又] 邑內場, 在官門外,

옥과의 장시(《광여도》)

---

131 보암장(寶巖場) : 전라남도 강진군 도암면에서 열렸던 5일장.
132 좌일장(佐日場) : 전라남도 강진군 신전면에서 열렸던 5일장.
133 병영장(兵營場) : 전라남도 강진군 병영면에서 열렸던 5일장.
134 읍내장(邑內場) : 전라남도 곡성군 옥과면에서 열렸던 5일장.

든 날에 선다. 미곡·면포·면화·모시·삼베·토기·자기·고비·고사리·파·마늘·수박이 풍부하다.

원등장(院登場)135은 옥과현 동쪽 20리 겸방면(兼坊面)에서 1·6이 든 날에 선다.

옥구(沃溝)
[금화경독기] 읍내장(邑內場)136은 관문 밖에서 3·8이 든 날에 선다. 미곡·민어·홍어·대하·소라·조개·여러 젓갈·굴·소금이 풍부하다.

四、九日設. 饒米穀, 綿布, 綿花, 苧布, 麻布, 土器, 磁器, 薇蕨, 蔥蒜, 西瓜.

院登場, 在縣東二十里兼坊面, 一、六日設.

沃溝
[又] 邑內場, 在官門外, 三、八日設. 饒米穀, 鮸魚, 洪魚, 大蝦, 螺蛤, 雜醢, 石

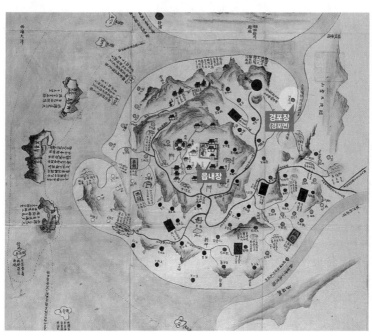

옥구의 장시(《1872년 지방지도》)

---

135 원등장(院登場) : 전라남도 곡성군 겸면에서 열렸던 5일장.
136 읍내장(邑內場) : 전라북도 군산시 옥구읍에서 열렸던 5일장.

경포장(京浦場)[137]은 옥구현 북쪽 10리 경포면(京浦面)에서 5·10이 든 날에 선다.

花、鹽.

京浦場, 在縣北十里京浦面, 五、十日設.

남평(南平)

[금화경독기] 읍내장(邑內場)[138]은 관문 밖에서 1·6이 든 날에 선다. 쌀·콩·참깨·들깨·명주·생삼·잉어·붕어·누치·대추·밤·배·감·종이[紙地]·부채·토기가

南平

[又] 邑內場, 在官門外, 一、六日設. 饒米荳、脂麻、水蘇、明紬、生麻、鯉魚、鯽

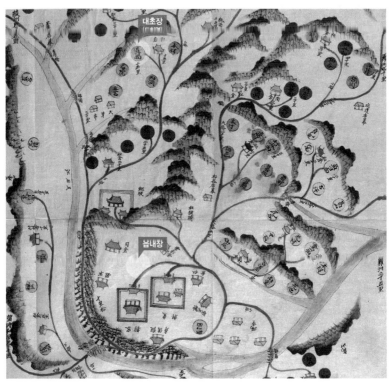

남평의 장시(《광여도》)

---

137 경포장(京浦場): 전라북도 군산시 경암동에서 열렸던 5일장.
138 읍내장(邑內場): 전라남도 나주시 남평읍에서 열렸던 5일장.

풍부하다.

대초장(大草場)139은 남평현 서쪽 30리 도천면(道川面)에서 3·8이 든 날에 선다.

흥덕(興德)

[금화경독기] 용정장(龍井場)140은 흥덕현 서쪽 10리 이서면에서 4·9가 든 날에 선다. 쌀·맥류·민어·조기·숭어·대하·소금·종이[紙地]·자리·철물이 풍부하다.

魚、訥魚、棗栗、梨柹、紙地、扇子、土器.

大草場, 在縣西三十里道川面, 三、八日設.

興德

[又] 龍井場, 在縣西十里二西面, 四、九日設. 饒米麥、鮸魚、石魚、鯔魚、大蝦、鹽、紙地、茵席、鐵物.

흥덕의 장시(《여지도》)

---

139 대초장(大草場): 전라남도 나주시 도천면에서 열렸던 5일장.
140 용정장(龍井場): 전라북도 고창군 흥덕면에서 열렸던 5일장.

징습의 징시(《어지도》) 고창의 상시(《광여도》)

정읍(井邑)

[금화경독기] 읍내장(邑內場)[141]은 관문 밖에서 2·7
이 든 날에 선다. 미곡·모시·준시(蹲柹)[142]·철물·목
물·죽물·버들상자·자리·담배·소가 풍부하다.

천원장(川原場)[143]은 정읍현 서쪽 20리 서일면(西一
面)에서 1·6이 든 날에 선다.

고창(高敞)

[금화경독기] 읍내장(邑內場)[144]은 관문 밖에서 3·8이

井邑

[又] 邑內場, 在官門外,
二、七日設. 饒米穀、苧布、
蹲柹、鐵物、木物、竹物、柳
筥、茵席、煙草、牛犢.

川原場, 在縣西二十里西一
面, 一、六日設.

高敞

[又] 邑內場, 在官門外,

---

141 읍내장(邑內場) : 전라북도 정읍시 시기동에서 열렸던 5일장. 현재는 정읍샘고을시장이라는 이름으로 열리
고 있다.
142 준시(蹲柹) : 껍질을 깎아서 꼬챙이에 꿰지 않고 그대로 납작하게 눌러 말린 곶감.
143 천원장(川原場) : 전라북도 정읍시 입암면에서 열렸던 5일장.
144 읍내장(邑內場) : 전라북도 고창군 고창읍에서 열렸던 5일장.

든 날에 선다. 미곡·면포·면화·모시·삼베·종이[紙地]·자기·파·마늘·소가 풍부하다.

三、八日設. 饒米穀, 綿布, 綿花, 苧布, 麻布, 紙地, 磁器, 蔥蒜, 牛犢.

무장(茂長)

[금화경독기] 읍내장(邑內場)[145]은 관문 밖에서 1·6이 든 날에 선다. 미곡·면포·면화·모시·생선·소금·종이[紙地]·자리·토기가 풍부하다.

개갑장(介甲場)[146]은 무장현 서쪽 10리 동진면(冬晉面)에서 4·9가 든 날에 선다.

茂長

[又] 邑內場, 在官門外, 一、六日設. 饒米穀, 綿布, 綿花, 苧布, 魚鹽, 紙地, 茵席, 土器.

介甲場, 在縣西十里冬晋面, 四、九日設.

무장의 장시《광여도》

---

145 읍내장(邑內場) : 전라북도 고창군 무장면에서 열렸던 5일장.
146 개갑장(介甲場) : 전라북도 고창군 아산면에서 열렸던 5일장.

안자산장(鞍子山場)147은 무장현 북쪽 10리 청해면 (靑海面)에서 3·8이 든 날에 선다.

鞍子山場, 在縣北十里靑海面, 三、八日設.

무안(務安)

[금화경독기] 읍내장(邑內場)148은 관문 밖에서 5·10 이 든 날에 선다. 미곡·숭어·농어·갑오징어·굴·낙 지·소금이 풍부하다.

남창장(南倉場)149은 무안현 남쪽 40리 이로면(伊老 面)에서 1·6이 든 날에 선다.

務安

[又] 邑內場, 在官門外, 五、十日設. 饒米穀、鯔魚、鱸魚、烏賊魚、石花、絡蹄、鹽. 南倉場, 在縣南四十里伊老面, 一、六日設.

무안의 장시(《광여도》)

---

147 안자산장(鞍子山場) : 전라북도 고창군 해리면에서 열렸던 5일장.
148 읍내장(邑內場) : 전라남도 무안군 무안읍에서 열렸던 5일장.
149 남창장(南倉場) : 전라남도 목포시 충무동에서 열렸던 5일장.

장송장(長松場)150은 무안현 서쪽 20리 일서면(一西面)에서 4·9가 든 날에 선다.

공수장(公須場)151은 무안현 남쪽 15리 석진면(石津面)에서 3·8이 든 날에 선다.

구례(求禮)

[금화경독기] 성내장(城內場)152은 관문 밖에서 3·8이 든 날에 선다. 쌀·콩·맥류·삼베·생삼·담배·배·밤·감·송이버섯·표고버섯·종이[紙地]·죽물·자리·자기가 풍부하다.

長松場, 在縣西二十里一西面, 四、九日設.

公須場, 在縣南十五里石津面, 三、八日設.

求禮

[又] 城內場, 在官門外, 三、八日設. 饒米荳、麰麥、麻布、生麻、煙草、梨、栗、柹、松耳、蕈古、紙地、竹物、茵席、磁器.

구례의 장시《광여도》

---

150 장송장(長松場) : 전라남도 무안군 청계면에서 열렸던 5일장.
151 공수장(公須場) : 전라남도 무안군 석곡면에서 열렸던 5일장.
152 성내장(城內場) : 전라남도 구례군 구례읍에서 열렸던 5일장.

연곡장(鷰谷場)[153]은 구례현 동쪽 30리에서 5·10 이 든 날에 선다.

鷰谷場, 在縣東三十里, 五、十日設.

곡성(谷城)

[금화경독기] 읍내장(邑內場)[154]은 관문 밖에서 3·8이 든 날에 선다. 쌀·콩·맥류·참깨·면포·면화·삼베· 종이[紙地]·도롱이·발석(襏襫)[155]·죽물·철물·대추· 밤·배·감·토기·자기·고사리·더덕·소가 풍부하다.

谷城

[又] 邑內場, 在官門外, 三、八日設. 饒米荳、麰麥、 脂麻、綿布、綿花、麻布、紙 地、雨笠、襏襫、竹物、鐵 物、棗栗、梨柹、土器、磁 器、薇蕨、沙蔘、牛犢.

곡성의 장시((광여도))

---

153 연곡장(鷰谷場) : 전라남도 구례군 마산면에서 열렸던 5일장.
154 읍내장(邑內場) : 전라남도 곡성군 곡성읍에서 열렸던 5일장.
155 발석(襏襫) : 도롱이의 일종으로, 짚이나 띠를 엮어 허리나 어깨에 걸쳐 두르는 비옷을 말한다.

석곡장(石谷場)[156]은 곡성현 남쪽 40리 석곡면(石谷面)에서 5·10이 든 날에 선다.

삼기장(三岐場)[157]은 곡성현 서쪽 20리 삼기면(三岐面)에서 1·6이 든 날에 선다.

石谷場, 在縣南四十里石谷面, 五、十日設.

三岐場, 在縣西二十里三岐面, 一、六日設.

운봉(雲峰)

[금화경독기] 읍내상장(邑內上場)과 읍내하장(邑內下場)[158]은 관문 밖에서 서는데, 읍내상장은 5가 든 날에 서고, 읍내하장은 10이 든 날에 선다. 쌀·콩·맥

雲峰

[又] 邑內上、下場, 在官門外, 上場, 五日設;下場, 十日設. 饒米荳、麰麥、麻布、

운봉의 장시(《광여도》)

---

156 석곡장(石谷場) : 전라남도 곡성군 석곡면에서 열렸던 5일장.
157 삼기장(三岐場) : 전라남도 곡성군 삼기면에서 열렸던 5일장.
158 읍내상장(邑內上場)과 읍내하장(邑內下場) : 전라북도 남원시 운봉읍 서천리에서 열렸던 5일장.

류·삼베·생삼·종이[紙地]·석이버섯·표고버섯·오미자·꿀·담배가 풍부하다.

인월상장(引月上場)과 인월하장(引月下場)[159]은 운봉현 동쪽 20리 동면(東面)에서 서는데, 인월상장은 8이 든 날에 서고, 인월하장은 3이 든 날에 선다.

生麻、紙地、石耳、蔈古、五味子、蜂蜜、煙草.

引月上、下場, 在縣東二十里東面, 上場, 八日設；下場, 三日設.

임실(任實)

[금화경독기] 읍내장(邑內場)[160]은 관문 밖에서 1·6이 든 날에 선다. 쌀·콩·맥류·도라지·고비·고사리·꿀·밤·감·생삼·토기·자기·칠물·누룩·담배가 풍부하다.

任實

[又] 邑內場, 在官門外, 一、六日設. 饒米荳、麰麥、桔莄、微蕨、蜂蜜、栗柹、生麻、土器、磁器、鐵物、麴

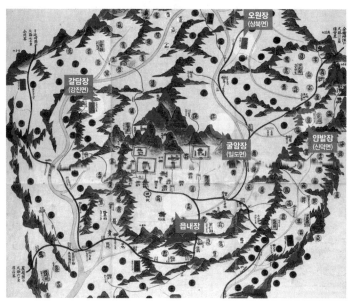

임실의 장시(《1872년 지방지도》)

---

159 인월상장(引月上場)과 인월하장(引月下場) : 전라북도 남원시 인월면 서무리에서 열렸던 5일장.
160 읍내장(邑內場) : 전라북도 임실군 임실읍에서 열렸던 5일장.

子、煙草.

갈담장(葛覃場)¹⁶¹은 임실현 서쪽 40리 강진면(江津面)에서 2·7이 든 날에 선다.

葛覃場, 在縣西四十里江津面, 二、七日設.

양발장(良發場)¹⁶²은 임실현 북쪽 40리 신덕면(新德面)에서 2·7이 든 날에 선다.

良發場, 在縣北四十里新德面, 二、七日設.

오원장(鳥院場)¹⁶³은 임실현 북쪽 20리 상북면(上北面)에서 3·8이 든 날에 선다.

鳥院場, 在縣北二十里上北面, 三、八日設.

굴암장(屈巖場)¹⁶⁴은 임실현 북쪽 5리 일도면(一道面)에서 1·6이 든 날에 선다.

屈巖場, 在縣北五里一道面, 一、六日設.

장수(長水)

[금화경독기] 읍내장(邑內場)¹⁶⁵은 관문 밖에서 5·10이 든 날에 선다. 쌀·콩·맥류·참깨·들깨·삼베·생삼·종이[紙地]·고비·고사리·도라지·더덕·송이버섯이 풍부하다.

長水

[又] 邑內場, 在官門外, 五、十日設. 饒米荳、麰麥、脂麻、水蘇、麻布、生麻、紙地、薇蕨、吉更、沙蔘、松耳.

장계장(長溪場)¹⁶⁶은 장수현 북쪽 30리 임내면(任內面)에서 1·6이 든 날에 선다.

長溪場, 在縣北三十里任內面, 一、六日設.

진안(鎮安)

[금화경독기] 읍내장(邑內場)¹⁶⁷은 관문 밖에서 5·10이 든 날에 선다. 쌀·콩·기장·조·맥류·참깨·들

鎮安

[又] 邑內場, 在官門外, 五、十日設. 饒米荳、黍粟、

---

161 갈담장(葛覃場) : 전라북도 임실군 강진면에서 열렸던 5일장.
162 양발장(良發場) : 전라북도 임실군 신덕면에서 열렸던 5일장.
163 오원장(鳥院場) : 전라북도 임실군 오천면에서 열렸던 5일장.
164 굴암장(屈巖場) : 전라북도 임실군 동진면에서 열렸던 5일장.
165 읍내장(邑內場) : 전라북도 장수군 장수읍에서 열렸던 5일장.
166 장계장(長溪場) : 전라북도 장수군 계북면에서 열렸던 5일장.
167 읍내장(邑內場) : 전라북도 진안군 진안읍에서 열렸던 5일장.

장수의 장시(《광여도》)

지안의 장시(《광여도》)

깨·삼베·토기·자기·철물·더덕·담배·소가 풍부하다.

마령장(馬靈場)[168]은 진안현 동쪽 20리 마령면(馬靈面)에서 3·8이 든 날에 선다.

동창장(東倉場)[169]은 진안현 동쪽 30리 이동면(二東面)에서 4·9가 든 날에 선다.

동복(同福)

[금화경독기] 읍내장(邑內場)[170]은 관문 밖에서 1·6이 든 날에 선다. 쌀·콩·맥류·참깨·들깨·면포·면화·

麴麥、脂麻、水蘇、麻布、土器、磁器、鐵物、沙蔘、煙草、牛犢.

馬靈場, 在縣東二十里馬靈面, 三、八日設.

東倉場, 在縣東三十里二東面, 四、九日設.

同福

[又] 邑內場, 在官門外, 一、六日設. 饒米荳、麴麥、

---

168 마령장(馬靈場) : 전라북도 진안군 마령면에서 열렸던 5일장.
169 동창장(東倉場) : 전라북도 진안군 동향면에서 열렸던 5일장.
170 읍내장(邑內場) : 전라남도 화순군 동복면에서 열렸던 5일장.

견사·대추·밤·배·감·더덕·고비·고사리·토기·자기·피물·죽물·철물·소가 풍부하다.

脂麻、水蘇、綿布、綿花、繭絲、棗栗、梨柿、沙蔘、薇蕨、土器、磁器、皮物、竹物、鐵物、牛犢.

석보장(石洑場)[171]은 동복현 서쪽 20리 내서면(內西面)에서 2·7이 든 날에 선다.

石洑場, 在縣西二十里內西面, 二、七日設.

사평장(沙坪場)[172]은 동복현 남쪽 20리 외남면(外南面)에서 5·10이 든 날에 선다.

沙坪場, 在縣南二十里外南面, 五、十日設.

동복의 장시(《광여도》)

---

171 석보장(石洑場): 전라남도 화순군 이서면에서 열렸던 5일장.
172 사평장(沙坪場): 전라남도 화순군 남면에서 열렸던 5일장.

화순(和順)

[금화경독기] 읍내장(邑內場)[173]은 관문 밖에서 3·8이
든 날에 선다. 미곡·면포·면화·삼베·종이[紙地]·소
가 풍부하다.

화순의 상시(《광여도》)

和順

[又] 邑內場, 在官門外,
三、八日設. 饒米穀、綿布、
綿花、麻布、紙地、牛犢.

흥양(興陽)

[금화경독기] 읍내장(邑內場)[174]은 관문 밖에서 4·9가
든 날에 선다. 미곡·면포·면화·명주·민어·상어·
농어·전어·갑오징어·도미·낙지·굴·꼬막·홍합·말

興陽

[又] 邑內場, 在官門外,
四、九日設. 饒米穀、綿布、
綿花、明紬、鮸魚、鯊魚、鱸

---

173 읍내장(邑內場) : 전라남도 화순군 화순읍에서 열렸던 5일장.
174 읍내장(邑內場) : 전라남도 고흥군 고흥읍에서 열렸던 5일장.

興陽縣

흥양의 장시(《광여도》)

린 전복·대하·해삼·미역·김·청태·소금·참외·수
박·감·밤·죽물·소가 풍부하다.

죽천장(竹川場)[175]은 흥양현 남쪽 15리 고읍면(古邑
面)에서 2·7이 든 날에 선다.

魚、箭魚、烏賊魚、禿尾魚、
絡蹄、石花、甘蛤、淡菜、乾
鰒、大蝦、海蔘、海菜、海
衣、靑苔、鹽、眞瓜、西瓜、
梯栗、竹物、牛犢.
竹川場, 在縣南十五里古邑
面, 二、七日設.

---

175 죽천장(竹川場) : 전라남도 고흥군 풍양면에서 열렸던 5일장.

가화장(加禾場)[176]은 흥양현 남쪽 30리 도화면(道化面)에서 3·8이 든 날에 선다.

과역장(過驛場)[177]은 흥양현 남쪽 30리 도화면(道化面)에서 3·8이 든 날에 선다.

유둔장(柳芚場)[178]은 흥양현 북쪽 60리 대강면(大江面)에서 1·6이 든 날에 선다.

해남(海南)

[금화경독기] 읍내장(邑內場)[179]은 관문 밖에서 5가 든 날에 선다. 쌀·콩·참깨·들깨·면포·면화·석류·유자·말린 전복·농어·상어·웅합·소박·소기·소금·복불·숙물·옥돌이 풍부하다.

어성장(漁城場)[180]은 해남현 남쪽 20리 녹산면(祿山面)에서 1이 든 날에 선다.

구일장(九日場)[181]은 해남현 남쪽 40리 현산면(縣山面)에서 9가 든 날에 선다.

고암장(姑巖場)[182]은 해남현 서쪽 40리 산일면(山一面)에서 6이 든 날에 선다.

남리장(南利場)[183]은 해남현 서쪽 40리 황원면(黃原面)에서 3·8이 든 날에 선다.

---

176 가화장(加禾場) : 전라남도 고흥군 도화면에서 열렸던 5일장.
177 과역장(過驛場) : 전라남도 고흥군 과역면에서 열렸던 5일장.
178 유둔장(柳芚場) : 전라남도 고흥군 동강면에서 열렸던 5일장.
179 읍내장(邑內場) : 전라남도 해남군 해남읍에서 열렸던 5일장.
180 어성장(漁城場) : 전라남도 해남군 삼산면에서 열렸던 5일장.
181 구일장(九日場) : 전라남도 해남군 현산면에서 열렸던 5일장.
182 고암장(姑巖場) : 전라남도 해남군 마산면에서 열렸던 5일장.
183 남리장(南利場) : 전라남도 해남군 황산면에서 열렸던 5일장.

加禾場, 在縣南三十里道化面, 三、八日設.

過驛場, 在縣南三十里道化面, 三、八日設.

柳芚場, 在縣北六十里大江面, 一、六日設.

海南

[又] 邑內場, 在官門外, 五日設. 饒米荳、脂麻、水蘇、柿布、綿花、石榴、柚子、蚯鰒、鱸魚、鯔魚、淡菜、甘蛤、石魚、鹽、木物、竹物、玉石.

漁城場, 在縣南二十里祿山面, 一日設.

九日場, 在縣南四十里縣山面, 九日設.

姑巖場, 在縣西四十里山一面, 六日設.

南利場, 在縣西四十里黃原面, 三、八日設.

해남의 장시((광여도))

수영장(水營場)184은 해남현 서쪽 70리 우수영(右水營)에서 4·9가 든 날에 선다.

화원장(花源場)185은 해남현 서쪽 100리 화원목(花源牧)에서 5가 든 날에 선다.

水營場, 在縣西七十里右水營, 四、九日設.

花源場, 在縣西一百里花源牧, 五日設.

용안(龍安)

[금화경독기] 난포장(蘭浦場)186은 용안현 북쪽 40리

龍安

[又] 蘭浦場, 在縣北四十

---

184 수영장(水營場) : 전라남도 해남군 화산면에서 열렸던 5일장.
185 화원장(花源場) : 전라남도 해남군 화원면에서 열렸던 5일장.
186 난포장(蘭浦場) : 전라북도 익산시 용안면에서 열렸던 5일장.

에서 2·7이 든 날에 선다. 미곡·삿자리·생선·소금
이 풍부하다.

里, 二, 七日設. 饒米穀、
蘆席、魚鹽.

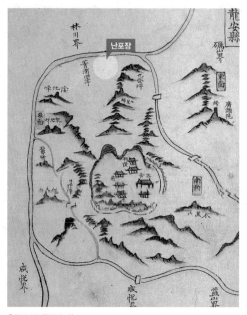

용안의 장시(《광여도》)

함평(咸平)

[금화경독기] 읍내장(邑內場)[187]은 관문 밖에서 2·7이
든 닐에 신다. 미곡·면포·면화·모시·숭어·낙지·
붕어·넙치·도미·준치·밴댕이·갑오징어·민어·굴·
잉어·쏘가리·소금·석류·감·토기·자리·소가 풍부
하다.

咸平

[又] 邑內場, 在官門外,
二, 七日設. 饒米穀、綿布、
綿花、苧布、鯔魚、絡蹄、鯽
魚、廣魚、禿尾魚、鱒魚、蘇
魚、烏賊魚、鮸魚、石花、鯉
魚、鱖魚、鹽、石榴、柹子、
土器、茵席、牛犢.

---

187 읍내장(邑內場) : 전라남도 함평군 함평읍에서 열렸던 5일장.

함평의 장시(《광여도》)

망운장(望雲場)[188]은 함평현 서쪽 20리 다경면(多慶面)에서 1·6이 든 날에 선다.

선치장(蟬峙場)[189]은 함평현 동쪽 40리 해보면(海保面)에서 3·8이 든 날에 선다.

나산장(羅山場)[190]은 함평현 동쪽 20리 식지면(食知面)에서 4·9가 든 날에 선다.

사천장(沙川場)[191]은 함평현 북쪽 20리 신광면(新光面)에서 5·10이 든 날에 선다.

望雲場, 在縣西二十里多慶面, 一、六日設.

蟬峙場, 在縣東四十里海保面, 三、八日設.

羅山場, 在縣東二十里食知面, 四、九日設.

沙川場, 在縣北二十里新光面, 五、十日設.

---

188 망운장(望雲場) : 전라남도 무안군 현경면에서 열렸던 5일장.
189 선치장(蟬峙場) : 전라남도 함평군 해보면에서 열렸던 5일장.
190 나산장(羅山場) : 전라남도 함평군 나산면에서 열렸던 5일장.
191 사천장(沙川場) : 전라남도 함평군 신광면에서 열렸던 5일장.

태인(泰仁)

[금화경독기] 읍내장(邑內場)[192]은 관문 밖에서 5·10이 든 날에 선다. 미곡·면포·면화·생삼·담배·생게·감·유기(鍮器)·토기·자기·철물이 풍부하다.

용두장(龍頭場)[193]은 태인현 동쪽 30리 산외면(山外面)에서 1·6이 든 날에 선다.

고현내장(古縣內場)[194]은 태인현 남쪽 20리 고현내면(古縣內面)에서 3·8이 든 날에 선다.

泰仁

[又] 邑內場, 在官門外, 五、十日設. 饒米穀、綿布、綿花、生麻、煙草、生蟹、柿子、鍮器、土器、磁器、鐵物.

龍頭場, 在縣東三十里山外面, 一、六日設.

古縣內場, 在縣南二十里古縣內面, 三、八日設.

태인의 장시(《광여도》)

---

192 읍내장(邑內場) : 전라북도 정읍시 태인읍에서 열렸던 5일장.
193 용두장(龍頭場) : 전라북도 정읍시 산외면에서 열렸던 5일장.
194 고현내장(古縣內場) : 전라북도 정읍시 칠보면에서 열렸던 5일장.

엄지장(嚴池場)[195]은 태인현 서쪽 30리 용산면(龍山面)에서 4·9가 든 날에 선다.

嚴池場, 在縣西三十里龍山面, 四、九日設.

고산(高山)

[금화경독기] 읍내상장(邑內上場)과 읍내하장(邑內下場)[196]은 관문 밖에서 서는데, 읍내상장은 4가 든 날에 서고, 읍내하장은 9가 든 날에 선다. 쌀·콩·맥류·참깨·들깨·면포·면화·삼베·대추·밤·배·감·종이[紙地]·무쇠솥·철물·목물·토기·광주리·생강·마늘·꿀·소가 풍부하다.

高山

[又] 邑內上、下場, 在官門外, 上場, 四日設;下場, 九日設. 饒米荳、麰麥、脂麻、水蘇、綿布、綿花、麻布、棗栗、梨柹、紙地、鐵鼎、鐵物、木物、土器、筐篋、薑蒜、蜂蜜、牛犢.

고산의 장시(《광여도》)

---

195 엄지장(嚴池場) : 전라북도 정읍시 용북면에서 열렸던 5일장.
196 읍내상장(邑內上場)과 읍내하장(邑內下場) : 전라북도 완주군 고산면 읍내리에서 열렸던 5일장.

4) 경상도

대구(大邱)

[금화경독기] 부내장(府內場)[1]은 대구부 서쪽 1리 서상면(西上面)에서 2·7이 든 날에 선다. 미곡·면포·면화·자주(紫紬)[2]·황저(黃苧)[3]·백저(白苧)[4]·삼베·실띠[絲帶][5]·종이[紙地]·부채·대자리·유기(鍮器)·철물·토기·생선·소금·대추·밤·배·감·담배·닭·돼지·소가 풍부하다.

신상(新場)[6]은 대구부 농쪽 2리 농상면(東上面)에서 4·9가 는 날에 선다.

화원장(花園場)[7]은 대구부 서쪽 30리 화현내면(花縣內面)에서 3·8이 든 날에 선다.

하빈장(河濱場)[8]은 대구부 서쪽 30리 하북면(河北面)에서 5·10이 든 날에 선다.

해안장(解顔場)[9]은 대구부 북쪽 10리 해서부면(解西部面)에서 5·10이 든 날에 선다.

嶺南

大邱

[金華耕讀記] 府內場, 在府西一里西上面, 二、七日設. 饒米穀、綿布、綿花、紫紬、黃苧、白苧、麻布、絲帶、紙地、扇子、簟席、鍮器、鐵物、土器、魚鹽、棗栗、梨柿、煙草、鷄豚、牛犢.

新場, 在府東二里東上面, 四、九日設.

花園場, 在府西三十里花縣內面, 三、八日設.

河濱場, 在府西三十里河北面, 五、十日設.

解顔場, 在府北十里解西部面, 五、十日設.

---

1 부내장(府內場): 대구광역시 중구 포정동에서 열렸던 5일장. 현재는 '서문시장'이라는 이름으로 중구 대신동에 상설시장이 있다.

2 자주(紫紬): 자주색 빛깔의 명주.

3 황저(黃苧): 노란 빛깔의 모시.

4 백저(白苧): 흰 빛깔의 모시.

5 실띠[絲帶]: 의복의 허리나 가슴에 둘러 앞이 벌어지지 않게 하는 끈의 한 종류로, 실을 꼬아서 만들었다.

6 신장(新場): 대구광역시 중구 동문동에서 열렸던 5일장. 경상감영의 동문 밖에서 열려 '동문시장'이라고 부르기도 했다.

7 화원장(花園場): 대구광역시 달성군 화원읍에서 열렸던 5일장. 현재는 '화원전통시장'이라는 이름으로 화원읍 천내리에 상설시장이 있고, 5일장은 매달 1·6이 든 날에 선다.

8 하빈장(河濱場): 대구광역시 달성군 하빈면에서 열렸던 5일장.

9 해안장(解顔場): 대구광역시 동구에서 열렸던 5일장. 현재는 '불로전통시장'이라는 이름으로 동구 불로동에 상설시장이 있고, 5일장은 매달 5·10이 든 날에 선다.

백안장(百安場)[10]은 대구부 북쪽 30리 해북촌면(解北村面)에서 3·8이 든 날에 선다.

풍각장(豐角場)[11]은 대구부 남쪽 70리 각현내면(角縣內面)에서 1·6이 든 날에 선다.

百安場, 在府北三十里解北村面, 三、八日設.

豐角場, 在府南七十里角縣內面, 一、六日設.

대구의 장시(《여지도》)

---

10 백안장(百安場) : 대구광역시 동구 백안동에서 열렸던 5일장.
11 풍각장(豐角場) : 경상북도 청도군 풍각면에서 열렸던 5일장. 현재는 '풍각재래시장'이라는 이름으로 풍각면 송서리에 상설시장이 있고, 5일장은 매달 1·6이 든 날에 선다. 이 지도에서는 확인되지 않는다.

경주(慶州)

[금화경독기] 부내장(府內場)¹²은 2·7이 든 날에 선다. 미곡·면포·모시·삼베·도미·대구·넙치·방어·평어(平魚)·가삼어(加三魚)¹³·상어·멸치·준치·문어·말린 전복·말린 조개·해삼·김·미역·소금·종이·유기(鍮器)·철물·토기·자기·대추·밤·곶감·잣·생삼·생모시·담배·석유황·왕골자리·소가 풍부하다.

사정장(沙正場)¹⁴은 남문 밖에서 4·9가 든 날에 선다.

사평장(沙平場)¹⁵은 경주부와 거리가 30리인 내동면(內東面)에서 1·6이 든 날에 선다.

아화장(阿火場)¹⁶은 경주부와 거리가 50리인 서면(西面)에서 1·6이 든 날에 선다.

모양장(毛陽場)¹⁷은 경주부와 거리가 20리인 서면(西面)에서 3·8이 든 날에 선다.

건천장(乾川場)¹⁸은 경주부와 거리가 30리인 서면(西面)에서 5·10이 든 날에 선다.

慶州

[又] 府內場, 二、七日設. 饒米穀、綿布、苧布、麻布、禿尾魚、大口魚、廣魚、魴魚、平魚、加三魚、鯊魚、旀魚、鱒魚、八梢魚、乾鰒、乾蛤、海蔘、海衣、海菜、鹽、紙地、鍮器、鐵物、土器、磁器、棗栗、乾柿、海松子、生麻、生苧、煙草、石硫黃、莞席、牛犢.

沙正場, 在南門外 四、九日設.

沙平場, 距府三十里內東面, 一、六日設.

阿火場, 距府五十里西面, 一、六日設.

毛陽場, 距府二十里西面, 三、八日設.

乾川場, 距府三十里西面, 五、十日設.

---

12 부내장(府內場):경상북도 경주시에서 열렸던 5일장. 현재는 '중앙시장'이라는 이름으로 경주시 성건동에 상설시장이 있고, 5일장은 매달 2·7이 든 날에 선다.

13 가삼어(加三魚):미상.

14 사정장(沙正場):경상북도 경주시 사정동에서 열렸던 5일장.

15 사평장(沙平場):미상. 이 지도에서는 확인되지 않는다.

16 아화장(阿火場):경상북도 경주시 서면 아화리에서 열렸던 5일장. 현재는 '서면장'이라는 이름으로 매달 1·6이 든 날에 선다.

17 모양장(毛陽場):경상북도 경주시 건천읍 모량리에서 열렸던 5일장.

18 건천장(乾川場):경상북도 경주시 건천읍에서 열렸던 5일장. 현재는 '건천전통시장'이라는 이름으로 건천읍 건천리에 상설시장이 있고, 5일장은 매달 5·10이 든 날에 선다. 이 지도에서는 확인되지 않는다.

구어장(九於場)[19]은 경주부와 거리가 50리인 외동면(外東面)에서 3·8이 든 날에 선다.

잉보장(仍甫場)[20]은 경주부와 거리가 60리인 외남면(外南面)에서 3·8이 든 날에 선다.

어일장(魚日場)[21]은 경주부와 거리가 60리인 동해면(東海面)에서 5·10이 든 날에 선다.

하서장(下西場)[22]은 경주부와 거리가 80리인 동해면(東海面)에서 4·9가 든 날에 선다.

연화장(蓮花場)[23]은 경주부와 거리가 40리인 강동면(江東面)에서 5가 든 날에 선다.

달성장(達城場)[24]은 경주부와 거리가 50리인 강동면(江東面)에서 8이 든 날에 선다.

인비장(仁庇場)[25]은 경주부와 거리가 70리인 기계면(杞溪面)에서 1·6이 든 날에 선다.

의곡장(義谷場)[26]은 경주부와 거리가 60리인 산내면(山內面)에서 4·9가 든 날에 선다.

현내장(縣內場)[27]은 경주부와 거리가 60리인 기계

九於場, 距府五十里外東面, 三、八日設.

仍甫場, 距府六十里外南面, 三、八日設.

魚日場, 距府六十里東海面, 五、十日設.

下西場, 距府八十里東海面, 四、九日設.

蓮花場, 距府四十里江東面, 五日設.

達城場, 距①府五十里江東面, 八日設.

仁庇場, 距府七十里杞溪面, 一、六日設.

義谷場, 距府六十里山內面, 四、九日設.

縣內場, 距府六十里杞溪

---

19 구어장(九於場): 경상북도 경주시 외동읍 구어리에서 열렸던 5일장.
20 잉보장(仍甫場): 울산광역시 울주군 두서면 인보리에서 열렸던 5일장.
21 어일장(魚日場): 경상북도 경주시 양북면 어일리에서 열렸던 5일장. 현재는 '양북시장'이라는 이름으로 매달 5·10이 든 날에 선다.
22 하서장(下西場): 경상북도 경주시 양남면 하서리에서 열렸던 5일장. 현재는 "양남시장"이라는 이름으로 매달 4·9가 든 날에 선다.
23 연화장(蓮花場): 확인 안 됨.
24 달성장(達城場): 경상북도 경주시 강동면 단구리에서 열렸던 5일장.
25 인비장(仁庇場): 경상북도 포항시 북구 기계면에서 열렸던 5일장.
26 의곡장(義谷場): 경상북도 경주시 산내면 의곡리에서 열렸던 5일장. 현재는 '산내시장'이라는 이름으로 매달 3·8이 든 날에 선다.
27 현내장(縣內場): 경상북도 포항시 북구 기계면에서 열렸던 5일장. 현재는 '기계장'이라는 이름으로 기계면 현내리에서 매달 1·6이 든 날에 선다.
① 城場距: 저본에는 "城城距". 오사카본·규장각본에 근거하여 수정.

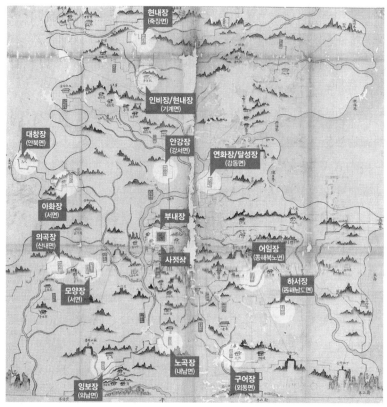

경주의 장시((비변사인방안지도(備邊司印方眼地圖)))

면(杞溪面)에서 3이 든 날에 선다.

현내장(縣內場)[28]은 경주부와 거리가 100리인 죽장면(竹長面)에서 3·8이 든 날에 선다.

노곡장(奴谷場)[29]은 경주부와 거리가 30리인 내남면(內南面)에서 5·10이 든 날에 선다.

面, 三日設.

縣內場, 距府一百里竹長面, 三、八日設.

奴谷場, 距府三十里內南面, 五、十日設.

---

28 현내장(縣內場): 경상북도 포항시 북구 죽장면에서 열렸던 5일장. 현재는 '죽장장'이라는 이름으로 죽장면 임암리에서 매달 3·8이 든 날에 선다.

29 노곡장(奴谷場): 경상북도 경주시 내남면에서 열렸던 5일장.

안강장(安康場)30은 경주부와 거리가 40리인 강서면(江西面)에서 4·9가 든 날에 선다.

대창장(大昌場)31은 경주부와 거리가 80리인 안북면(安北面)에서 1이 든 날에 선다.

안동(安東)

[금화경독기] 부내장(府內場)32은 2·7이 든 날에 선다. 쌀·콩·맥류·참깨·들깨·면포·면화·주단·모시·삼베·미역·생선·소금·꿩·닭·대추·밤·배·감·종이·유기(鍮器)·철물·담배·소가 풍부하다.

현내장(縣內場)33은 안동부와 거리가 30리인 풍산면(豐山面)에서 2·7이 든 날에 선다.

편항장(鞭巷場)34은 안동부와 거리가 50리인 임동면(臨東面)에서 5·10이 든 날에 선다.

산하리장(山下里場)35은 안동부와 거리가 50리인 길안면(吉安面)에서 5·10이 든 날에 선다.

현내장(縣內場)36은 안동부와 거리가 100리인 재

安康場, 距府四十里江西面, 四、九日設.

大昌場, 距府八十里安北面, 一日設.

安東

[又] 府內場, 二、七日設. 饒米荳、麰麥、脂麻、水蘇、綿布、綿花、緞紬、苧布、麻布、海菜、魚鹽、雉鷄、棗栗、梨枾、紙地、鍮器、鐵物、煙草、牛犢.

縣內場, 距府三十里豐山面, 二、七日設.

鞭巷場, 距府五十里臨東面, 五、十日設.

山下里場, 距府五十里吉安面, 五、十日設.

縣內場, 距府一百里才山

---

30 안강장(安康場) : 경상북도 경주시 안강읍에서 열렸던 5일장. 현재는 '안강전통시장'이라는 이름으로 안강읍 양월리에 상설시장이 있고, 5일장은 매달 4·9가 든 날에 선다.

31 대창장(大昌場) : 경상북도 영천시 대창면 대창리에서 열렸던 5일장.

32 부내장(府內場) : 경상북도 안동시에서 열렸던 5일장. 현재는 '안동구시장'이라는 이름으로 안동시 서부동에 상설시장이 있고, 5일장은 매달 2·7이 든 날에 선다.

33 현내장(縣內場) : 경상북도 안동시 풍산읍에서 열렸던 5일장. 현재는 '풍산시장'이라는 이름으로 풍산읍 안교리에서 매달 3·8이 든 날에 선다.

34 편항장(鞭巷場) : 경상북도 안동시 임동면 중평리에서 열렸던 5일장. 챗거리장터라고도 했다. 현재는 임하댐 건설로 인하여 일대가 수몰되었다.

35 산하리장(山下里場) : 경상북도 안동시 길안면에서 열렸던 5일장. 현재는 '천지공설시장'이라는 이름으로 길안면 천지리에 상설시장이 있고, 5일장은 매달 5·10이 든 날에 선다.

36 현내장(縣內場) : 경상북도 봉화군 재산면에서 열렸던 5일장.

산면(才山面)에서 5·10이 든 날에 선다.

옹천장(甕泉場)[37]은 안동부와 거리가 30리인 북후면(北後面)에서 4·9가 든 날에 선다.

구미장(九尾場)[38]은 안동부와 거리가 30리인 일직면(一直面)에서 5·10이 든 날에 선다.

포저장(浦底場)[39]은 안동부와 거리가 100리인 내성면(乃城面)에서 7이 든 날에 선다.

面, 五、十日設.

甕泉場, 距府三十里北後面, 四、九日設.

九尾場, 距府三十里一直面, 五、十日設.

浦底場, 距府一百里乃城面, 七日設.

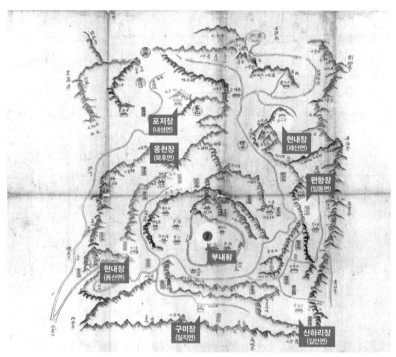

안동의 장시《안동도회(安東都會)》

---

37 옹천장(甕泉場) : 경상북도 안동시 북후면 옹천리에서 열렸던 5일장. 현재는 '옹천전통시장'이라는 상설시장이 있고, 5일장은 매달 4·9가 든 날에 선다.

38 구미장(九尾場) : 경상북도 안동시 일직면 귀미리에서 열렸던 5일장.

39 포저장(浦底場) : 경상북도 봉화군 봉화읍 내성리에서 열렸던 10일장. 현재는 '봉화상설시장'이라는 이름으로 상설시장이 있고, 5일장은 매달 2·7이 든 날에 선다.

창원(昌原)

[금화경독기] 부내장(府內場)⁴⁰은 2·7이 든 날에 선다. 쌀·콩·맥류·면포·면화·황저·백저·주단·갑오징어·붕어·숭어·공어(鮌魚)·말린 전복·해삼·홍합·넙치·조기·청어·문어·미역·대추·밤·배·감·종이·유기(鍮器)·철물·토기·자기·죽기·목반·삿자리·삿갓·담배·담뱃대·소가 풍부하다.

昌原

[又] 府內場, 二, 七日設. 饒米荳、麰麥、綿布、綿花、黃苧、白苧、緞紬、烏賊魚、鯽魚、鯔魚、鮌魚、乾鰒、海蔘、淡菜、廣魚、石首魚、靑魚、八梢魚、海菜、棗栗、梨柹、紙地、鍮器、鐵物、土器、磁器、竹器、木盤、蘆席、蘆笠、煙草、煙杯、牛犢.

창원의 장시(《여지도》)

---

40 부내장(府內場): 경상남도 창원시 의창구에서 열렸던 5일장.

마산장(馬山場)⁴¹은 창원부와 거리가 20리인 서면
(西面)에서 5·10이 든 날에 선다.

신천장(新川場)⁴²은 창원부와 거리가 30리인 북삼
면(北三面)에서 4·9가 든 날에 선다.

완암장(完巖場)⁴³은 창원부와 거리가 20리인 남면
(南面)에서 4·9가 든 날에 선다.

안민장(安民場)⁴⁴은 창원부와 거리가 10리인 남면
(南面)에서 1·6이 든 날에 선다.

자여장(自如場)⁴⁵은 창원부와 거리가 20리인 동일
면(東 面)에서 1 6이 든 날에 선다.

상주(尙州)

[금화경독기] 주내장(州內場)⁴⁶은 관문 밖에서 2·7
이 든 날에 선다. 쌀·콩·맥류·참깨·들깨·면포·
면화·모시·삼베·주단·견사·생선·소금·꿩·닭·
유기(鍮器)·철물·목물·토기·자기·종이·왕골자리·
패랭이[平涼子]⁴⁷·담배·담뱃대·대추·밤·배·감·소가
풍부하다.

馬山場, 距府二十里西面,
五、十日設.

新川場, 距府三十里北三
面, 四、九日設.

完巖場, 距府二十里南面,
四、九日設.

安民場, 距府十里南面,
一、六日設.

自如場, 距府二十里東一
面, 一、六日設.

尙州

[又] 州內場, 在官門外,
二、七日設. 饒米荳、麰麥、
脂麻、水蘇、綿布、綿花、苧
布、麻布、緞紬、繭絲、魚
鹽、雉鷄、鍮器、鐵物、木
物、土器、磁器、紙地、莞
席、平涼子、煙草、煙杯、棗
栗、梨柹、牛犢.

---

41 마산장(馬山場): 경상남도 창원시 마산합포구에서 열렸던 5일장. 조선 후기 15대 장시 중의 하나로 크게 번
　성하였다. 현재는 '마산어시장'이라는 이름으로 마산합포구 신포동2가에 상설시장이 있다.
42 신천장(新川場): 경상남도 창원시 의창구 북면 하천리에서 열렸던 5일장.
43 완암장(完巖場): 경상남도 창원시 성산구 완암동에서 열렸던 5일장. 현재는 '상남시장'이라는 이름으로 성
　산구 상남동에 상설시장이 있고, 5일장은 매달 4·9가 든 날에 선다.
44 안민장(安民場): 경상남도 창원시 성산구 안민동에서 열렸던 5일장.
45 자여장(自如場): 경상남도 창원시 의창구 동읍에서 열렸던 5일장.
46 주내장(州內場): 경상북도 상주시에서 열렸던 5일장. 현재는 '상주중앙시장'이라는 이름으로 상주시 남성동
　에 상설시장이 있고, 5일장은 매달 2·7이 든 날에 선다.
47 패랭이[平涼子]: 댓개비로 엮어 만든 갓. 조선 시대에는 역졸, 보부상처럼 신분이 낮은 사람이 썼다.

산양장(山陽場)48은 상주와 거리가 60리인 산남면(山南面)에서 5·10이 든 날에 선다.

단밀장(丹密場)49은 상주와 거리가 60리인 단서면(丹西面)에서 1·6이 든 날에 선다.

낙동장(洛東場)50은 상주와 거리가 40리인 외동면(外東面)에서 4·9가 든 날에 선다.

화령장(化寧場)51은 상주와 거리가 50리인 화서면

山陽場, 距州六十里山南面, 五、十日設.

丹密場, 距州六十里丹西面, 一、六日設.

洛東場, 距州四十里外東面, 四、九日設.

化寧場, 距州②五十里化西

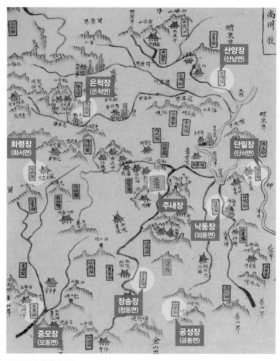

상주의 장시(《광여도》)

---

48 산양장(山陽場): 경상북도 문경시 산양면에서 열렸던 5일장.

49 단밀장(丹密場): 경상북도 의성군 단밀면에서 열렸던 5일장.

50 낙동장(洛東場): 경상북도 상주시 낙동면에서 열렸던 5일장.

51 화령장(化寧場): 경상북도 상주시 화서면에서 열렸던 5일장. 현재는 '화령시장'이라는 이름으로 화서면 신봉리에서 매달 3·8이 든 날에 선다.

② 州: 저본에는 "府". 오사카본·규장각본에 근거하여 수정.

(化西面)에서 3·8이 든 날에 선다.

중모장(中牟場)[52]은 상주와 거리가 50리인 모동면(牟東面)에서 4·9가 든 날에 선다.

장송장(長蚣場)[53]은 상주와 거리가 20리인 청동면(靑東面)에서 3·8이 든 날에 선다.

공성장(功城場)[54]은 상주와 거리가 40리인 공동면(功東面)에서 1·6이 든 날에 선다.

은척장(銀尺場)[55]은 상주와 거리가 40리인 은척면(銀尺面)에서 4·9가 든 날에 선다.

진주(晉州)

[금화경독기] 주내장(州內場)[56]은 진주 동쪽 1리 대안면(大安面)에서 2·7이 든 날에 선다. 쌀·콩·맥류·참깨·들깨·면포·면화·모시·삼베·명주·생선·소금·종이·유기(鍮器)·철물·목물·토기·자기·담배·자리·벼룻돌·숫돌·석유황·대추·밤·배·감·소가 풍부하다.

반성장(班城場)[57]은 진주 동쪽 40리 반성면(班城面)

面, 三、八日設.

中牟場, 距州五十里牟東面, 四、九日設.

長蚣場, 距州二十里靑東面, 三、八日設.

功城場, 距州四十里功東面, 一、六日設.

銀尺場, 距州四十里銀尺面, 四、九日設.

晉州

[又] 州內場, 在州東一里大安面, 二、七日設. 饒米荳、麰麥、脂麻、水蘇、綿布、綿花、苧布、麻布、明紬、魚鹽、紙地、鍮器、鐵物、木物、土器、磁器、煙草、茵席、硯石、礪石、石硫黃、棗栗、梨柹、牛犢.

班城場, 在州東四十里班

---

52 중모장(中牟場) : 경상북도 상주시 모동면 용호리에서 열렸던 5일장.

53 장송장(長蚣場) : 경상북도 상주시 청리면에서 열렸던 5일장.

54 공성장(功城場) : 경상북도 상주시 공성면에서 열렸던 5일장. 현재는 '공성시장'이라는 이름으로 공성면 옥산리에서 매달 1·6이 든 날에 선다.

55 은척장(銀尺場) : 경상북도 상주시 은척면에서 열렸던 5일장. 현재는 '은척시장'이라는 이름으로 은척면 봉중리에서 매달 4·9가 든 날에 선다.

56 주내장(州內場) : 경상남도 진주시에서 열렸던 5일장. 현재는 '진주중앙시장'이라는 이름으로 진주시 대안동에서 매일 열린다.

57 반성장(班城場) : 경상남도 진주시 일반성면에서 열렸던 5일장. 현재는 '반성시장'이라는 이름으로 일반성면 창촌리에 상설시장이 있고, 5일장은 매달 3·8이 든 날에 선다.

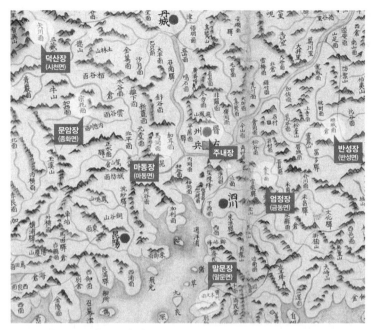

진주의 장시(《조선팔도지도(朝鮮八道地圖)》)

에서 3·8이 든 날에 선다.

엄정장(嚴亭場)[58]은 진주 남쪽 30리 금동면(金冬面)에서 5·10이 든 날에 선다.

말문장(末文場)[59]은 진주 남쪽 70리 말문면(末文面)에서 4·9가 든 날에 선다.

마동장(馬洞場)[60]은 진주 서쪽 20리 마동면(馬洞面)에서 3·8이 든 날에 선다.

대야장(大也場)[61]은 진주 서쪽 50리 대야천면(大也

城面, 三、八日設.

嚴亭場, 在州南三十里金冬面, 五、十日設.

末文場, 在州南七十里末文面, 四、九日設.

馬洞場, 在州西二十里馬洞面, 三、八日設.

大也場③, 在州西五十里大

---

58 엄정장(嚴亭場) : 경상남도 진주시 금곡면 검암리에서 열렸던 5일장.
59 말문장(末文場) : 경상남도 사천시 동동(東洞)에서 열렸던 5일장.
60 마동장(馬洞場) : 경상남도 진주시 대평면에서 열렸던 5일장.
61 대야장(大也場) : 경상남도 하동군 북천면에서 열렸던 5일장. 현재는 '북천시장'이라는 이름으로 북천면 직전리에서 매달 4·9가 든 날에 선다. 이 지도에서는 확인되지 않는다
③ 大也場 : 오사카본에는 "大也川場".

川面)에서 4·9가 든 날에 선다.

문암장(文巖場)62은 진주 서쪽 60리 종화면(宗化面)에서 3·8이 든 날에 선다.

덕산장(德山場)63은 진주 서쪽 70리 시천면(矢川面)에서 4·9가 든 날에 선다.

북창장(北倉場)64은 진주 북쪽 30리 설매곡면(雪梅谷面)에서 4·9가 든 날에 선다.

성주(星州)

[금회경도기] 주내장(州內場)65은 성문 밖 용산리면(龍山里面)에서 2·7이 든 날에 선다. 쌀·콩·맥류·참깨·늘깨·면포·면화·삼베·선사·삼실·잉어·송어·붕어·은어·갑오징어·천진어(天眞魚)66·대추·밤·배·감·석류·송이버섯·더덕·도라지·오미자·고비·고사리·무·파·마늘·자초·송판·철물·목물·유기(柳器)·자기·토기·왕골자리·나막신·미투리·꿩·닭·소가 풍부하다.

也川面, 四、九日設.

文巖場, 在州西六十里宗化面, 三、八日設.

德山場, 在州西七十里矢川面, 四、九日設.

北倉場, 在州北三十里雪梅谷面, 四、九日設.

星州

「又] 州內場, 在城門外龍山里面, 二、七日設. 饒米荳、麰麥、脂麻、水蘇、綿布、綿花、麻布、繭絲、麻絲、鯉魚、鯔魚、鯽魚、銀口魚、烏賊魚、天眞魚、棗栗、梨栭、石榴、松茸、沙蔘、桔梗、五味子、薇蕨、蘿葍、蔥蒜、紫草、松板、鐵物、木物、柳器、□□、□□、□□、□□、□屩、麻鞋、雉鷄、牛犢,

---

62 문암장(文巖場) : 경상남도 하동군 옥종면에서 열렸던 5일장.
63 덕산장(德山場) : 경상남도 산청군 시천면에서 열렸던 5일장. 현재는 '덕산시장'이라는 이름으로 시천면 사리에서 매달 4·9가 든 날에 선다.
64 북창장(北倉場) : 경상남도 진주시 대곡면에서 열렸던 5일장. 현재는 '대곡시장'이라는 이름으로 대곡면 광석리에 상설시장이 있고, 5일장은 매달 1·6이 든 날에 선다. 이 지도에서는 확인되지 않는다
65 주내장(州內場) : 경상북도 성주군 성주읍 경산리에서 열렸던 5일장. 현재는 '성주전통시장'이라는 이름으로 상설시장이 있고, 5일장은 매달 2·7이 든 날에 선다.
66 천진어(天眞魚) : 미상.

성주의 장시(《광여도》)

천창장(泉倉場)[67]은 성주와 거리가 30리인 이물역
면(爾勿亦面)에서 1·6이 든 날에 선다.

만지장(蔓旨場)[68]은 성주와 거리가 30리인 지사아
면(只土牙面)에서 3·8이 든 날에 선다.

무계장(茂溪場)[69]은 성주와 거리가 40리인 가현내
면(加縣內面)에서 1·6이 든 날에 선다.

泉倉場, 距州三十里爾勿亦
面, 一、六日設.

蔓旨場, 距州三十里只土牙
面, 三、八日設.

茂溪場, 距州四十里加縣
內面, 一、六日設.

---

67 천창장(泉倉場) : 경상북도 성주군 가천면 창천리에서 열렸던 5일장.
68 만지장(蔓旨場) : 경상북도 성주군 수륜면에서 열렸던 5일장.
69 무계장(茂溪場) : 경상북도 고령군 성산면에서 열렸던 5일장.

안언장(安彦場)[70]은 성주와 거리가 20리인 두의곡
면(豆衣谷面)에서 3·8이 든 날에 선다.

대마장(大馬場)[71]은 성주와 거리가 50리인 초전동
면(草田洞面)에서 4·9가 든 날에 선다.

수촌장(樹村場)[72]은 성주와 거리가 20리인 명암면
(明巖面)에서 4·9가 든 날에 선다.

울산(蔚山)

[금화경독기] 부내장(府內場)[73]은 관문 밖에서 5·10
이 든 날에 선다. 쌀·콩·백규·들깨·면포·모시·산
베·긴베·깁·미역·수삼·부뜰·철물·유기(柳器)·토
기·담배가 풍부하다.

성황장(城隍場)[74]은 울산부와 거리가 5리로, 1·6
이 든 날에 선다.

대현장(大峴場)[75]은 울산부와 거리가 20리인 대외
면(大外面)에서 2·7이 든 날에 선다.

병영장(兵營場)[76]은 울산부와 거리가 5리인 내상면
(內廂面)에서 3·8이 든 날에 선다.

安彦場, 距州二十里豆衣谷
面, 三、八日設.

大馬場, 距州五十里草田洞
面, 四、九日設.

樹村場, 距州二十里明巖
面, 四、九日設.

蔚山

[又] 府內場, 在官門外,
五、十日設 稻米荳、黐麥、
木綿、綿花、苧布、麻布、生
鰻、海衣、海菜、鹽、木物、
鐵物、柳器、土器、煙草.

城隍場, 距府五里, 一、六
日設.

大峴場, 距府二十里大外
面, 二、七日設.

兵營場, 距府五里內廂面,
二、八日設.

---

70 안언장(安彦場): 경상북도 성주군 용암면 상언리에서 열렸던 5일장.
71 대마장(大馬場): 경상북도 성주군 초전면에서 열렸던 5일장. 현재는 '초전오일장'이라는 이름으로 산내면
   의곡리에 상설시장이 있고, 5일장은 매달 4·9가 든 날에 선다.
72 수촌장(樹村場): 경상북도 성주군 벽진면 수촌리에서 열렸던 5일장. 현재는 '벽진시장'이라는 이름으로 매
   달 3·8이 든 날에 선다.
73 부내장(府內場): 울산광역시 중구에서 열렸던 5일장. 현재는 '울산중앙시장'이라는 이름으로 중구 옥교동
   에 상설시장이 있고, 5일장은 매달 5·10이 든 날에 선다.
74 성황장(城隍場): 울산광역시 중구 반구동에서 열렸던 5일장.
75 대현장(大峴場): 울산광역시 남구 선암동·부곡동 일대에서 열렸던 5일장.
76 병영장(兵營場): 울산광역시 중구에서 열렸던 5일장. 현재는 '선우시장'이라는 이름으로 중구 남외동에 상
   설시장이 있다.

울산의 장시(《광여도》)

남창장(南倉場)[77]은 울산부와 거리가 40리 온남면(溫南面)에서 3·8이 든 날에 선다.

南倉場, 距府四十里溫南面, 三、八日設.

목도장(目島場)[78]은 울산부와 거리가 30리인 청량면(靑良面)에서 4·9가 든 날에 선다.

目島場, 距府三十里靑良面, 四、九日設.

서창장(西倉場)[79]은 울산부와 거리가 50리인 웅촌면(熊村面)에서 4·9가 든 날에 선다.

西倉場, 距府五十里熊村面, 四、九日設.

---

77 남창장(南倉場): 울산광역시 울주군 온양읍 남창리에서 열렸던 5일장. 현재는 '남창옹기종기시장'이라는 이름으로 상설시장이 있고, 5일장은 매달 3·8이 든 날에 선다.
78 목도장(目島場): 울산광역시 울주군 온산읍 방도리에서 열렸던 5일장.
79 서창장(西倉場): 경상남도 양산시 삼호동에서 열렸던 5일장.

김해(金海)

[금화경독기] 부내장(府內場)[80]은 2·7이 든 날에 선다. 미곡·면포·삼베·숭어·웅어·농어·잉어·백합·홍합·청어·대구·해삼·미역·김·전복·조기·문어·노해(蘆蟹)·소금·거위·오리·소가 풍부하다.

신문장(新文場)[81]은 김해부 서쪽 20리 유하면(柳下面)에서 3·8이 든 날에 선다.

설창장(雪倉場)[82]은 김해부 북쪽 30리 중북면(中北面)에서 4·9가 든 날에 선다.

관장(館場)[83]은 김해부 서쪽 30리 율리면(栗里面)에서 5·10이 든 날에 선다.

반송장(盤松場)[84]은 김해부 남쪽 30리 토야면(土也面)에서 5·10이 든 날에 선다.

영해(寧海)

[금화경독기] 부내장(府內場)[85]은 2·7이 든 날에 선다. 쌀·콩·맥류·면포·백저·황저·명주·방어·넙치·공어(魟魚)·청어·대구·산어·문어·두미·진복·묵어·대게·홍합·해삼·김·미역·소금·꿩·닭·대추·곶

金海

[又] 府內場, 二、七日設. 饒米穀、綿布、麻布、鯔魚、鱸魚、鱸魚、鯉魚、白蛤、淡菜、青魚、大口魚、海蔘、海菜、海衣、生鰒、石首魚、八梢魚、蘆蟹、鹽、鵝鴨、牛犢.

新文場, 在府西二十里柳下面, 三、八日設.

雪倉場, 在府北三十里中北面, 四、九日設.

館場, 在府西三十里栗里面, 五、十日設.

盤松場, 在府南三十里土也面, 五、十日設.

寧海

[又] 府內場, 二、七日設. 饒米荳、麰麥、綿布、白苧、黃苧、明紬、魴魚、廣魚、鮒魚、青魚、大口魚、鯊魚、八

---

80 부내장(府內場): 경상남도 김해시에서 열렸던 5일장. 현재는 '김해동상시장'이라는 이름으로 김해시 동상동에 상설시장이 있고, 5일장은 매달 2·7이 든 날에 선다.

81 신문장(新文場): 경상남도 김해시 신문동에서 열렸던 5일장. 이 지도에서는 확인되지 않는다.

82 설창장(雪倉場): 경상남도 김해시 진영읍 설창리에서 열렸던 5일장.

83 관장(館場): 경상남도 김해시 진례면에서 열렸던 5일장. 이 지도에서는 확인되지 않는다.

84 반송장(盤松場): 부산광역시 강서구 구랑동에서 열렸던 5일장.

85 부내장(府內場): 경상북도 영덕군 영해면에서 열렸던 5일장. 현재는 '영해만세시장'이라는 이름으로 영해면 성내리에 상설시장이 있고, 5일장은 매달 5·10이 든 날에 선다.

감·종이·담배·토기·소가 풍부하다.

석보장(石保場)[86]은 영해부와 거리가 80리인 석보면(石保面) 원리(院里)에서 3·8이 든 날에 선다.

梢魚、禿尾魚、生鰒、北魚、紫蟹、淡菜、海蔘、海衣、海菜、鹽、雉鷄、大棗、乾柿、紙地、煙草、土器、牛犢.

石保場, 距府八十里石保面院里, 三、八日設.

김해의 장시((광여도))

영해의 장시((광여도))

밀양(密陽)

[금화경독기] 부내장(府內場)[87]은 2·7이 든 날에 선다. 쌀·콩·맥류·참깨·들깨·면포·면화·모시·삼베·생선·소금·담배·대자리·자기·토기·소가

密陽

[又] 府內場, 二、七日設. 饒米荳、麰麥、脂麻、水蘇、綿布、綿花、苧布、麻布、魚

---

86 석보장(石保場) : 경상북도 영양군 석보면 원리리(院里里)에서 열렸던 5일장.
87 부내장(府內場) : 경상남도 밀양시에서 열렸던 5일장. 현재는 '밀양아리랑시장'이라는 이름으로 밀양시 내일동에 상설시장이 있고, 5일장은 매달 2·7이 든 날에 선다.

밀양의 장시(《1872년 지방지도》)

풍부하다.

성외장(城外場)[88]은 밀양부와 거리가 2리 정도인 부내면(府內面)에서 5·10이 든 날에 선다.

수안장(水安場)[89]은 밀양부와 거리가 30리인 하서면(下西面)에서 1·6이 든 날에 선다.

鹽、煙草、簟席、磁器、土器、牛犢.

城外場, 距府二里許[3]府內面, 五、十日設.

水安場, 距府三十里下西面, 一、六日設.

---

88 성외장(城外場) : 경상남도 밀양시 내일동에서 열렸던 5일장. 이 지도에서는 확인되지 않는다.
89 수안장(水安場) : 경상남도 밀양시 무안면에서 열렸던 5일장. 현재는 '무안시장'이라는 이름으로 무안면 무안리에서 매달 1·6이 든 날에 선다.
③ 許 : 오사카본에는 없음.

삼랑장(三浪場)[90]은 밀양부와 거리가 40리인 하동면(下東面)에서 1·6이 든 날에 선다.

수산장(守山場)[91]은 밀양부와 거리가 40리인 하남면(下南面)에서 3·8이 든 날에 선다.

금곡장(金谷場)[92]은 밀양부와 거리가 20리인 천화면(穿火面)에서 4·9가 든 날에 선다.

팔풍장(八風場)[93]은 밀양부와 거리가 40리인 천화면(穿火面)에서 3·8이 든 날에 선다.

청송(靑松)

[금화경독기] 부내장(府內場)[94]은 관문 밖에서 4·9가 든 날에 선다. 쌀·콩·맥류·면포·면화·삼베·말린 전복·열합(裂蛤)·미역·김·소금·꿩·닭·자초·담배·종이·유기(鍮器)·자기·토기·유기(柳器)·철물·패랭이·우립(雨笠)·소가 풍부하다.

속곡장(涑谷場)[95]은 청송부 남쪽에서 40리 부남면(府南面)에서 3·8이 든 날에 선다.

천변장(川邊場)[96]은 청송부 남쪽 50리 현동면(縣東

三浪場, 距府四十里下東面, 一、六日設.

守山場, 距府四十里下南面, 三、八日設.

金谷場, 距府二十里穿火面, 四、九日設.

八風場, 距府四十里穿火面, 三、八日設.

靑松

[又] 府內場, 在官門外, 四、九日設. 饒米荳、麰麥、綿布、綿花、麻布、乾鰒、裂蛤、海菜、海衣、鹽、雉鷄、紫草、煙草、紙地、鍮器、磁器、土器、柳器、鐵物、平涼子、雨笠、牛犢.

涑谷場, 在府南四十里府南面, 三、八日設.

川邊場, 在府南五十里縣

---

90 삼랑장(三浪場) : 경상남도 밀양시 삼랑진읍 삼랑리에서 열렸던 5일장.
91 수산장(守山場) : 경상남도 밀양시 하남읍 수산리에서 열렸던 5일장. 현재도 계속 열린다.
92 금곡장(金谷場) : 경상남도 밀양시 산외면 금곡리에서 열렸던 5일장.
93 팔풍장(八風場) : 경상남도 밀양시 산내면 송백리에서 열렸던 5일장.
94 부내장(府內場) : 경상북도 청송군 청송읍에서 열렸던 5일장. 현재는 '청송재래시장'이라는 이름으로 청송읍 월막리에 상설시장이 있고, 5일장은 매달 4·9가 든 날에 선다.
95 속곡장(涑谷場) : 경상북도 청송군 부남면에서 열렸던 5일장. 현재는 '부남시장'이라는 이름으로 부남면 대전리에 상설시장이 있고, 5일장은 매달 3·8이 든 날에 선다.
96 천변장(川邊場) : 경상북도 청송군 현동면에서 열렸던 5일장. 현재는 '도평전통시장'이라는 이름으로 현동면 도평리에서 매달 5·10이 든 날에 선다.

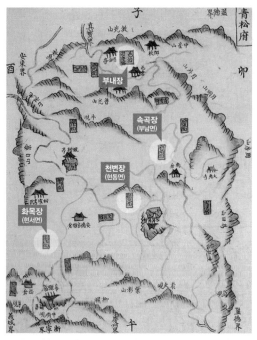

청송의 장시(《광여도》)

面)에서 5·10이 든 날에 선다.	東面, 五、十日設.
화목장(和目場)97은 청송부 서쪽 70리 현서면(縣西面)에서 4·9가 든 날에 선다.	和目場, 在府西七十里縣西面, 四、九日設.
동래(東萊)	**東萊**
[금화경독기] 부내장(府內場)98은 관문 밖에서 2·7이 든 날에 선다. 쌀·콩·맥류·면포·삼베·주단·넙치·상어·청어·북어·대구·문어·말린 전복·해삼·홍	[又] 府內場, 在官門外, 二、七日設. 饒米荳、麰麥、綿布、麻布、緞紬、廣魚、鯊

---

97 화목장(和目場) : 경상북도 청송군 현서면에서 열렸던 5일장. 현재는 '화목시장'이라는 이름으로 현서면 구 산리에서 매달 1·6이 든 날에 선다.
98 부내장(府內場) : 부산광역시 동래구에서 열렸던 5일장. 현재는 '동래시장'이라는 이름으로 동래구 복천동 에 상설시장이 있다.

합·김·미역·꿀·유기(鍮器)·자기·솥·목물·죽물·종이·담배·대자리·소가 풍부하다.

魚、靑魚、北魚、大口魚、八梢魚、乾鰒、海蔘、淡菜、海衣、海菜、蜂蜜、鍮器、磁器、釜鼎、木物、竹物、紙地、煙草、簞席、牛犢.

부산장(釜山場)[99]은 동래부와 거리가 20리이고, 4·9가 든 날에 선다.

釜山場, 距府二十里, 四、九日設.

하단장(下端場)[100]은 동래부와 거리가 40리인 사하면(沙下面) 평림리(平林里)에서 5·10이 든 날에 선다.

下端場, 距府四十里沙下面 平林里, 五、十日設.

동래의 장시(《광여도》)

---

99 부산장(釜山場) : 부산광역시 동구에서 열렸던 5일장. 현재는 '부산진시장'이라는 이름으로 동구 범일2동에 상설시장이 있다.

100 하단장(下端場) : 부산광역시 사하구 하단동에서 열렸던 5일장. 현재는 '하단시장'이라는 이름으로 상설시장이 있고, 5일장은 매달 2·7이 든 날에 선다.

선산(善山)

[금화경독기] 부내장(府內場)¹⁰¹은 2·7이 든 날에 선다. 쌀·콩·맥류·참깨·면포·면화·삼베·명주·생선·소금·죽물(竹物)·소가 풍부하다.

해평장(海平場)¹⁰²은 선산부 동쪽 20리 해평면(海平面)에서 4·9가 든 날에 선다.

장천장(長川場)¹⁰³은 선산부 동쪽 50리 북웅곡면(北熊谷面)에서 5·10이 든 날에 선다.

善山

[又] 府內場, 二、七日設. 饒米荳、麰麥、脂麻、綿布、綿花、麻布、明紬、魚鹽、竹物、牛犢.

海平場, 在府東二十里海平面, 四、九日設.

長川場, 在府東五十里北熊谷面, 五、十日設.

선산의 장시(《1872년 지방지도》)

---

101 부내장(府內場) : 경상북도 구미시 선산읍에서 열렸던 5일장. 현재는 '선산시장'이라는 이름으로 선산읍 완전리에 상설시장이 있고, 5일장은 매달 2·7이 든 날에 선다.
102 해평장(海平場) : 경상북도 구미시 해평면에서 열렸던 5일장. 현재는 '해평시장'이라는 이름으로 해평면 낙성리에 상설시장이 있고, 5일장은 매달 4·9가 든 날에 선다.
103 장천장(長川場) : 경상북도 구미시 장천면에서 열렸던 5일장. 현재는 '장천시장'이라는 이름으로 장천면 상장리에서 매달 5·10이 든 날에 선다.

구미장(仇尾場)[104]은 선산부 남쪽 30리 상고미면(上古尾面)에서 1·6이 든 날에 선다.

仇尾場, 在府南三十里上古尾面, 一、六日設.

인동(仁同)

[금화경독기] 부내장(府內場)[105]은 2·7이 든 날에 선다. 쌀·콩·맥류·면포·면화·모시·삼베·잉어·붕어·청어·북어·넙치·대구·조기·문어·해삼·홍합·미역·소금·대추·밤·배·감·고비·고사리·담배·종이·소가 풍부하다.

仁同

[又] 府內場, 二、七日設. 饒米荳、麰麥、綿布、綿花、苧布、麻布、鯉魚、鯽魚、靑魚、北魚、廣魚、大口魚、石首魚、八梢魚、海蔘、淡菜、海菜、鹽、棗栗、梨柿、薇蕨、煙草、紙地、牛犢.

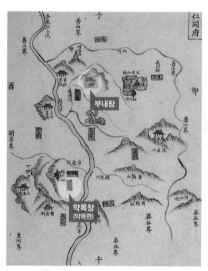

인동의 장시(《광여도》)

---

104 구미장(仇尾場): 경상북도 구미시에서 열렸던 5일장. 현재는 '구미새마을중앙시장'이라는 이름으로 구미시 원평동에 상설시장이 있고, 5일장은 매달 1·6이 든 날에 선다.

105 부내장(府內場): 경상북도 구미시 인동동에서 열렸던 5일장. 현재는 '인동시장'이라는 이름으로 구미시 황상동에 상설시장이 있고, 5일장은 매달 2·7이 든 날에 선다.

약목장(若木場)106은 인동부와 거리가 20리인 약목면(若木面)에서 3·8이 든 날에 선다.

若木場, 距府二十里若木面, 三、八日設.

칠곡(漆谷)

[금화경독기] 부내장(府內場)107은 관문 밖에서 1·6이 든 날에 선다. 쌀·콩·면포·미역·생선·소금이 풍부하다.

남창장(南倉場)108은 칠곡부와 거리가 30리인 하북면(下北面)에서 4·9가 든 날에 선다.

상지장(上枝場)109은 칠곡부와 거리가 10리인 상지면(上枝面)에서 3·8이 든 날에 선다.

漆谷

[又] 府內場, 在官門外, 一、六日設. 饒米荳、綿布、海茱、魚鹽.

南倉場, 距府三十里下北面, 四、九日設.

上枝場, 距府十里上枝面, 三、八日設.

칠곡의 장시((광여도))

---

106 약목장(若木場) : 경상북도 칠곡군 약목면에서 열렸던 5일장. 현재는 '약목시장'이라는 이름으로 약목면 복성리에서 매달 3·8이 든 날에 선다.
107 부내장(府內場) : 경상북도 칠곡군 왜관읍에서 열렸던 5일장. 현재는 '왜관시장'이라는 이름으로 왜관읍 왜관리에 상설시장이 있고, 5일장은 매달 1·6이 든 날에 선다.
108 남창장(南倉場) : 경상북도 칠곡군 가산면 남원리에서 열렸던 5일장.
109 상지장(上枝場) : 경상북도 칠곡군 지천면에서 열렸던 5일장.

매원장(梅園場)[110]은 칠곡부와 거리가 40리인 파며면(巴旀面)에서 4·9가 든 날에 선다.

梅園場, 距府四十里巴旀面, 四、九日設.

순흥(順興)

[금화경독기] 성하리장(城下里場)[111]은 순흥부 남쪽 1리 대평면(大平面)에서 5·10이 든 날에 선다. 쌀·콩·맥류·면포·삼베·명주·견사·생삼·북어·청어·방어·대구·문어·말린 전복·미역·소금·호두·대추·송이버섯·도라지·고사리·담배·소가 풍부하다.

順興

[又] 城下里場, 在府南一里大平面, 五、十日設. 饒米荳, 麰麥, 綿布, 麻布, 明紬, 繭絲, 生麻, 北魚, 靑魚, 魴魚, 大口魚, 八梢魚, 乾鰒, 海菜, 鹽, 胡桃, 大棗, 松茸, 桔梗, 薇蕨, 煙草, 牛犢.

순흥의 장시(《광여도》)

---

110 매원장(梅園場) : 경상북도 칠곡군 왜관읍 매원리에서 열렸던 5일장.
111 성하리장(城下里場) : 경상북도 영주시 순흥면 읍내리에서 열렸던 5일장.

지곡장(支谷場)[112]은 순흥부 북쪽 15리 일부석면(一浮石面) 지곡리(支谷里)에서 4·9가 든 날에 선다.

소천장(韶川場)[113]은 순흥부 북쪽 30리 삼부석면(三浮石面) 사문리(沙文里)에서 3·8이 든 날에 선다.

하동(河東)

[금화경독기] 하두치장(下豆治場)[114]은 하동부와 거리가 1리인 진답면(陳沓面)에서 2가 든 날에 선다.

상두치장(上豆治場)[115]은 하동부와 거리가 5리인

支谷場, 在府北十五里一浮石面 支谷里, 四、九日設.

韶川場, 在府北三十里三浮石面 沙文里, 三、八日設.

河東

[又] 下豆治場, 距府一里陳沓面, 二日設.

上豆治場, 距府五里陳沓

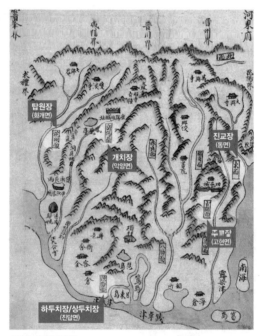

하동의 장시(《여지도》)

---

112 지곡장(支谷場) : 경상북도 영주시 단산면에서 열렸던 5일장.
113 소천장(韶川場) : 경상북도 영주시 부석면 소천리에서 열렸던 5일장.
114 하두치장(下豆治場) : 경상남도 하동군 하동읍에서 열렸던 5일장.
115 상두치장(上豆治場) : 경상남도 하동군 하동읍에서 열렸던 5일장.

진답면(陳沓面)에서 7이 든 날에 선다. 쌀·콩·맥류· 면포·청어·대구·북어·문어·해삼·홍합·말린 전복·미역·은어·백합·김·철물·죽물·목물·유기(柳器)·삿자리·종이·담배·소가 풍부하다.

面, 七日設. 饒米荳、麰麥、綿布、靑魚、大口魚、北魚、八梢魚、海蔘、淡菜、乾鰒、海菜、銀口魚、白蛤、海衣、鐵物、竹物、木物、柳器、蘆席、紙地、煙草、牛犢.

    탑원장(塔院場)[116]은 하동부와 거리가 40리인 화개면(花開面)에서 1·6이 든 날에 선다.

塔院場, 距府四十里花開面, 一、六日設.

    개치장(開峙場)[117]은 하동부와 거리가 20리인 악양면(岳陽面)에서 4·9가 든 날에 선다.

開峙場, 距府二十里岳陽面, 四、九日設.

    주교장(舟橋場)[118]은 하동부와 거리가 30리인 고현면(古縣面)에서 5·10이 든 날에 선다.

舟橋場, 距府三十里古縣面, 五、十日設.

    횡보장(橫甫場)[119]은 하동부와 거리가 20리인 내횡보면(內橫甫面)에서 3·8이 든 날에 선다.

橫甫場, 距府二十里內橫甫面, 三、八日設.

    진교장(辰橋場)[120]은 하동부와 거리가 50리인 동면(東面)에서 3·8이 든 날에 선다.

辰橋場, 距府五十里東面, 三、八日設.

거제(巨濟)

[금화경독기] 부내장(府內場)[121]은 4·9가 든 날에 선다. 쌀·콩·맥류·참깨·들깨·면포·모시·삼베·도

巨濟

[又] 府內場, 四、九日設. 饒米荳、麰麥、脂麻、水蘇、

---

116 탑원장(塔院場) : 경상남도 하동군 화개면에서 열렸던 5일장. 현재는 '화개장터'라는 이름으로 화개면 탑리에 상설시장이 있다.

117 개치장(開峙場) : 경상남도 하동군 악양면 미점리에서 열렸던 5일장.

118 주교장(舟橋場) : 경상남도 하동군 고전면 고하리에서 열렸던 5일장.

119 횡보장(橫甫場) : 경상남도 하동군 횡천면에서 열렸던 5일장. 이 지도에서는 확인되지 않는다.

120 진교장(辰橋場) : 경상남도 하동군 진교면에서 열렸던 5일장. 현재는 '진교공설시장'이라는 이름으로 매달 3·8이 든 날에 선다.

121 부내장(府內場) : 경상남도 거제시 거제면에서 열렸던 5일장. 현재는 '거제시장'이라는 이름으로 거제면 서상리에서 매달 4·9가 든 날에 선다.

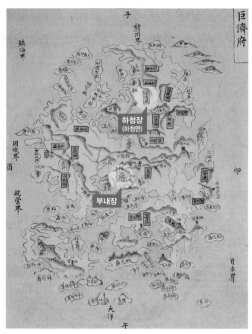

거제의 장시(《광여도》)

미·조기·대구·청어·농어·북어·말린 전복·해삼·
홍합·미역·쌀새우·소금·표고버섯·갈분·유자·배·
곶감·석류·소가 풍부하다.

하청장(河淸場)[122]은 거제부 남쪽 40리 하청면(河淸
面) 하청리(河淸里)에서 1·6이 든 날에 선다.

아주장(我州場)[123]은 거제부 동쪽 30리 이운면(二運
面) 아주리(我州里)에서 2·7이 든 날에 선다.

綿布、苧布、麻布、禿尾魚、
石首魚、大口魚、靑魚、鱸魚、
北魚、乾鰒、海蔘、淡菜、海
菜、細蝦、鹽、蔈古、葛粉、柚
子、生梨、乾柹、石榴、牛犢.

河淸場，在府南四十里河
淸面 河淸里，一、六日設.

我州場，在府東三十里二
運面 我州里，二、七日設.

---

122 하청장(河淸場): 경상남도 거제시 하청면 하청리에서 열렸던 5일장.
123 아주장(我州場): 경상남도 거제시 아주동에서 열렸던 5일장. 이 지도에서는 확인되지 않는다.

거창(居昌)

[금화경독기] 부내장(府內場)[124]은 1·6이 든 날에 선다. 쌀·콩·맥류·참깨·들깨·면포·면화·모시·삼베·명주·조기·대구·문어·넙치·민어·청어·상어·도미·북어·말린 전복·홍합·미역·김·소금·유기(鍮器)·철물·솥·목물·죽물·대추·밤·배·감·호두·석류·잣·더덕·도라지·패랭이·우립·종이·소가 풍부하다.

居昌

[又] 府內場, 一、六日設. 饒米荳、麰麥、脂麻、水蘇、綿布、綿花、苧布、麻布、明紬、石首魚、大口魚、八梢魚、廣魚、鮸魚、靑魚、鯊魚、禿尾魚、北魚、乾鰒、淡菜、海菜、海衣、鹽、鍮器、鐵物、釜鼎、木物、竹物、棗栗、梨柿、胡桃、石榴、海松子、沙蔘、桔梗、平涼子、雨笠、紙地、牛犢.

거창의 장시《광여도》

---

124 부내장(府內場) : 경상남도 거창군 거창읍에서 열렸던 5일장. 현재는 '거창시장'이라는 이름으로 거창읍 중앙리에 상설시장이 있고, 5일장은 매달 1·6이 든 날에 선다.

신장(新場)[125]은 거창부 동쪽 3리 동부면(東部面)에서 3·8이 든 날에 선다.

가조장(加祚場)[126]은 거창부 동쪽 30리 가서면(加西面)에서 4·9가 든 날에 선다.

고제장(高梯場)[127]은 거창부 북쪽 40리 고제면(高梯面)에서 2·7이 든 날에 선다.

청도(淸道)

[금화경독기] 성내장(城內場)[128]은 상읍내면(上邑內面)에서 5·10이 든 날에 선다. 쌀·콩·맥류·참깨·들깨·면포·면화·보시·삼베·명주·미역·생선·소금·석류·감·대자리·유기(鍮器)·농기·목기·자기·토기·종이·담배·닭·돼지·소가 풍부하다.

산성장(山城場)[129]은 청도군 동쪽 10리 상읍내면(上邑內面)에서 1·6이 든 날에 선다.

성현장(省峴場)[130]은 청도군 북쪽 20리 차읍내면(次邑內面)에서 3·8이 든 날에 선다.

대전장(大田場)[131]은 청도군 서쪽 20리 상북면(上北面)에서 2·7이 든 날에 선다.

---

125 신장(新場) : 경상남도 거창군 거창읍에서 열렸던 5일장.
126 가조장(加祚場) : 경상남도 거창군 가조면에서 열렸던 5일장. 현재는 '가조공설시장'이라는 이름으로 가조면 마상리에 상설시장이 있다.
127 고제장(高梯場) : 경상남도 거창군 고제면에서 열렸던 5일장.
128 성내장(城內場) : 경상북도 청도군 화양읍에서 열렸던 5일장.
129 산성장(山城場) : 경상북도 청도군 화양읍에서 열렸던 5일장.
130 성현장(省峴場) : 경상북도 청도군 화양읍에서 열렸던 5일장.
131 대전장(大田場) : 경상북도 청도군 이서면 내전리에서 열렸던 5일장.

新場, 在府東三里東部面, 三、八日設.

加祚場, 在府東三十里加西面, 四、九日設.

高梯場, 在府北四十里高梯面, 二、七日設.

清道

[又] 城內場, 在上邑內面, 五、十日設. 饒米荳、麰麥、脂麻、水蘇、綿布、綿花、苧布、麻布、明紬、海菜、魚鹽、石榴、柹子、簟席、鍮器、農器、木器、磁器、土器、紙地、煙草、鷄豚、牛犢.

山城場, 在郡東十里上邑內面, 一、六日設.

省峴場, 在郡北二十里次邑內面, 三、八日設.

大田場, 在郡西二十里上北面, 二、七日設.

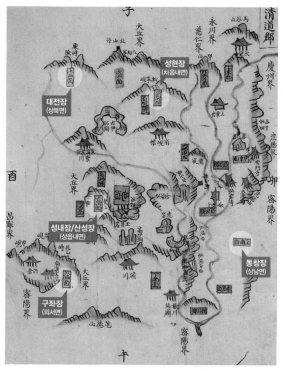

청도의 장시(《광여도》)

구좌장(九佐場)[132]은 청도군 서쪽 40리 외서면(外西面)에서 4·9가 든 날에 선다.

동창장(東倉場)[133]은 청도군 동쪽 40리 상남면(上南面)에서 2·7이 든 날에 선다.

대천장(大川場)[134]은 청도군 동쪽 70리 동이면(東二面)에서 5·10이 든 날에 선다.

九佐場, 在郡西四十里外西面, 四、九日設.

東倉場, 在郡東四十里上南面, 二、七日設.

大川場, 在郡東七十里東二面, 五、十日設.

---

132 구좌장(九佐場): 경상남도 밀양시 청도면 구기리에서 열렸던 5일장.
133 동창장(東倉場): 경상북도 청도군 매전면에서 열렸던 5일장.
134 대천장(大川場): 경상북도 청도군 운문면 대천리에서 열렸던 5일장. 이 지도에서는 확인되지 않는다.

초계(草溪)

[금화경독기] 읍내장(邑內場)[135]은 □·□가 든 날에 선다. 쌀·콩·맥류·참깨·들깨·면포·면화·삼베·생선·소금·대추·밤·감·유기(鍮器)·자기·철물·목물·왕골자리·종이·담배·소가 풍부하다.

율지장(栗旨場)[136]은 초계군과 거리가 30리인 덕곡면(德谷面)에서 □·□가 든 날에 선다.

草溪

[又] 邑內場, □、□日設. 饒米荳、麰麥、脂麻、水蘇、綿布、綿花、麻布、魚鹽、棗栗、柹子、鍮器、磁器、鐵物、木物、莞席、紙地、煙草、牛犢.

栗旨場, 距郡三十里德谷面, □、□日設.

초계의 장시(《광여도》)

___

135 읍내장(邑內場): 경상남도 합천군 초계면에서 열렸던 5일장. 현재는 '초계시장'이라는 이름으로 초계면 초계리에 상설시장이 있고, 5일장은 매달 5·10이 든 날에 선다.
136 율지장(栗旨場): 경상남도 합천군 덕곡면 율지리에서 열렸던 5일장. 당시 매달 1·6이 든 날에 섰다.

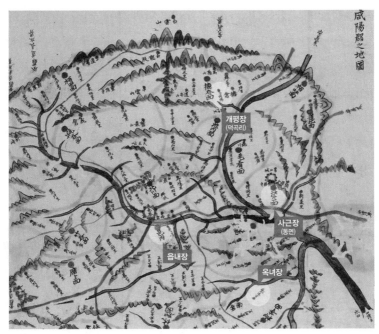

함양의 장시(《1872년 지방지도》)

함양(咸陽)

[금화경독기] 읍내장(邑內場)[137]은 관문 밖 1리 우동리(牛洞里)에서 2·7이 든 날에 선다. 쌀·콩·맥류·면포·삼베·삼껍질·생선·소금·곶감·담배·소가 풍부하다.

사근장(沙斤場)[138]은 함양군과 거리가 20리인 동면(東面)에서 4·9가 든 날에 선다.

마천장(馬川場)[139]은 함양군과 거리가 50리인 남면(南面)에서 4·9가 든 날에 선다.

咸陽

[又] 邑內場, 在官門外一里牛洞里, 二、七日設. 饒米荳、麰麥、綿布、麻布、皮麻、魚鹽、乾柹、煙草、牛犢.

沙斤場, 距郡二十里東面, 四、九日設.

馬川場, 距郡五十里南面, 四、九日設.

---

137 읍내장(邑內場) : 경상남도 함양군 함양읍에서 열렸던 5일장. 현재는 '함양중앙시장'이라는 이름으로 함양읍 용평리에 상설시장이 있고, 5일장은 매달 2·7이 든 날에 선다.
138 사근장(沙斤場) : 경상남도 함양군 수동변에서 열렸던 5일장.
139 마천장(馬川場) : 경상남도 함양군 마천면에서 열렸던 5일장. 이 지도에서는 확인되지 않는다.

옥녀장(玉女場)[140]은 함양군과 거리가 20리인 남면(南面) 유등포리(柳等浦里)에서 5·10이 든 날에 선다.

개평장(介平場)[141]은 함양군과 거리가 20리인 북면(北面) 덕곡리(德谷里)에서 5·10이 든 날에 선다.

영천(永川)

[금화경독기] 읍내장(邑內場)[142]은 관문 밖 1리 내동면(內東面)에서 2·7이 든 날에 선다. 쌀·콩·맥류·면포·면화·황저·백저·잉어·붕어·공어(鮏魚)·은어·쏘가리·갑오징어·문어·조기·북어·상어·청어·노미·복어·납시상어·대구·사리·다시마·김·미역·녹각새·감태·해삼·밀린 전복·열합·소금·대추·밤·배·감·석류·모과·송이버섯·도라지·고비·고사리·유기(鍮器)·무쇠솥·농기·자기·토기·유기(柳器)·삿자리·담배·자초·꿩·닭·소가 풍부하다.

흑석장(墨石場)[143]은 영천군과 거리가 30리인 고촌면(古村面)에서 3·8이 든 날에 선다.

玉女場, 距郡二十里南面柳等浦里, 五、十日設.

介平場, 距郡二十里北面德谷里, 五、十日設.

永川

[又] 邑內場, 在官門外一里內東面, 二、七日設. 饒米荳、麰麥、綿布、綿花、黃苧、白苧、鯉魚、鯽魚、鮏魚、銀口魚、錦鱗魚、烏賊魚、八梢魚、石首魚、北魚、鯊魚、靑魚、禿尾魚、河豚、廣魚、魴魚、大口魚、繁魚、海帶、海衣、海苔、鹿角菜、甘苔、海蓼、乾鰒、裂蛤、鹽、棗栗、梨柿、石榴、木瓜、松茸、桔梗、薇蕨、鍮器、鐵鼎、農器、磁器、土器、柳器、蘆席、煙草、紫草、雉鷄、牛犢.

墨石場, 距郡三十里古村面, 三、八日設.

---

140 옥녀장(玉女場): 경상남도 함양군 유림면에서 열렸던 5일장.
141 개평장(介平場): 경상남도 함양군 지곡면 개평리에서 열렸던 5일장.
142 읍내장(邑內場): 경상북도 영천시에서 열렸던 5일장. 현재는 '영천공설시장'이라는 이름으로 영천시 완산동에 상설시장이 있다.
143 흑석장(墨石場): 경상북도 영천시 고경면에서 열렸던 5일장.

행화장(杏花場)[144]은 영천군과 거리가 20리인 환귀면(還歸面)에서 4·9가 든 날에 선다.

명주장(明珠場)[145]은 영천군과 거리가 30리인 원곡면(原谷面)에서 5·10이 든 날에 선다.

남창장(南倉場)[146]은 영천군과 거리가 30리인 모사면(毛沙面)에서 5·10이 든 날에 선다.

건지발장(乾地發場)[147]은 영천군과 거리가 30리인 모사면(毛沙面)에서 6이 든 날에 선다.

杏花場，距郡二十里還歸面，四、九日設.

明珠場，距郡三十里原谷面，五、十日設.

南倉場，距郡三十里毛沙面，五、十日設.

乾地發場，距郡三十里毛沙面，六日設.

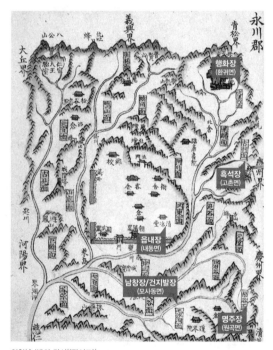

영천(永川)의 장시(《광여도》)

---

144 행화장(杏花場) : 경상북도 영천시 임고면에서 열렸던 5일장.
145 명주장(明珠場) : 경상북도 영천시 북안면 명주리에서 열렸던 5일장.
146 남창장(南倉場) : 경상북도 영천시 대창면 대창리에서 열렸던 5일장.
147 건지발장(乾地發場) : 경북 영천시 대창면 조곡리에서 열렸던 5일장.

예천(醴泉)

[금화경독기] 읍내장(邑內場)[148]은 관문 밖에서 2·7
이 든 날에 선다. 미곡·면포·생선·소금·소기 풍부
하다.

　신운장(信云場)[149]은 예천군과 거리가 30리인 보문

醴泉

[又] 邑內場, 在官門外,
二、七日設. 饒米穀、綿布、
魚鹽、牛犢.

信云場, 距郡三十里普門

예천의 장시(《광여도》)

면(普門面)에서 3·8이 든 날에 선다.

오천장(梧川場)150은 예천군과 거리가 20리인 위라곡면(位羅谷面)에서 5·10이 든 날에 선다.

북면장(北面場)151은 예천군과 거리가 20리인 제곡면(諸谷面)에서 1·6이 든 날에 선다.

적성장(赤城場)152은 예천군과 거리가 50리인 동로소면(冬老所面)에서 3·8이 든 날에 선다.

보통장(甫通場)153은 예천군과 거리가 70리인 현남면(縣南面)에서 5·10이 든 날에 선다.

사천장(沙川場)154은 예천군과 거리가 60리인 현서면(縣西面)에서 3·8이 든 날에 선다.

영천(榮川)

[금화경독기] 읍내장(邑內場)155은 관문 밖에서 3·8이 든 날에 선다. 미곡·면포·생선·소금·소가 풍부하다.

반구장(盤邱場)156은 영천군 서남쪽 20리 두전면(豆田面)에서 4·9가 든 날에 선다.

우천장(迂川場)157은 영천군 동쪽 30리 천상면(川上

面, 三、八日設.

梧川場, 距郡二十里位羅谷面, 五、十日設.

北面場, 距郡二十里諸谷面, 一、六日設.

赤城場, 距郡五十里冬老所面, 三、八日設.

甫通場, 距郡七十里縣南面, 五、十日設.

沙川場, 距郡六十里縣西面, 三、八日設.

榮川

[又] 邑內場, 在官門外, 三、八日設. 饒米穀、綿布、魚鹽、牛犢.

盤邱場, 在郡西南二十里豆田面, 四、九日設.

迂川場, 在郡東三十里川上

150 오천장(梧川場) : 경상북도 예천군 호명면 오천리에서 열렸던 5일장.
151 북면장(北面場) : 경상북도 예천군 용문면에서 열렸던 5일장.
152 적성장(赤城場) : 경상북도 문경시 동로면 적성리에서 열렸던 5일장.
153 보통장(甫通場) : 경상북도 의성군 다인면에서 열렸던 5일장.
154 사천장(沙川場) : 경상북도 예천군 풍양면에서 열렸던 5일장.
155 읍내장(邑內場) : 경상북도 영주시에서 열렸던 5일장. 현재는 '영주중앙시장'이라는 이름으로 영주시 영주동에 상설시장이 있다.
156 반구장(盤邱場) : 경상북도 영주시 장수면 반구리에서 열렸던 5일장.
157 우천장(迂川場) : 경상북도 영주시 평은면에서 열렸던 5일장.

面)에서 3·8이 든 날에 선다.

　평은장(平恩場)[158]은 영천군 동남쪽 30리 천상면(川
上面)에서 5·10이 든 날에 선다.

面, 三、八[4]日設.

平恩場, 在郡東南三十里川
上面, 五、十日設.

영천(榮川)의 장시(《여지도》)

흥해(興海)

[금화경독기] 읍내장(邑內場)[159]은 동부리(東部里)에서
선다. 쌀·콩·맥류·대구·도미·문어·방어·넙치·청
어·전복·해삼·미역·김·소금·곶감·잣·유기(鍮器)·

興海

[又] 邑內場, 在東部里. 饒
米荳, 麰麥, 大口魚, 禿尾魚,
八梢魚, 魴魚, 廣魚, 靑魚, 生

---

158 평은장(平恩場) : 경상북도 영주시 평은면에서 열렸던 5일장.
159 읍내장(邑內場) : 경상북도 포항시 북구 흥해읍에서 열렸던 5일장. 현재는 '흥해시장'이라는 이름으로 흥해읍
　　성내리에 상설시장이 있고, 5일장은 매달 2·7이 든 날에 서는데, 4·9가 든 날에는 작은 장(샛장)이 선다.
[4] 八 : 오사카본에는 없음.

자기·농기·자리·방풍(防風)·담배·소가 풍부하다.

鰒、海蔘、海菜、海衣、鹽、乾
柹、海松子、鍮器、磁器、農
器、茵席、防風、煙草、牛犢.

여천장(余川場)[160]은 흥해군과 거리가 20리인 동상면(東上面)에서 4·9가 든 날에 선다.

余川場, 距郡二十里東上
面, 四、九日設.

흥해의 장시(《광여도》)

풍기(豊基)

[금화경독기] 읍내장(邑內場)[161]은 동부면(東部面) 상성내리(上城內里)에서 3이 든 날에 선다.

하성내리장(下城內里場)[162]은 9가 든 날에 선다.
쌀·콩·맥류·미역·김·소금·면포·면화·삼베·명

豊基

[又] 邑內場, 在東部面 上
城內里, 三日設.

下城內里場, 九日設. 饒米
荳、麰麥、海菜、海衣、鹽、

---

160 여천장(余川場): 경상북도 포항시 북구 여천동에서 열렸던 5일장.
161 읍내장(邑內場): 경상북도 영주시 풍기읍에서 열렸던 5일장. 현재는 '풍기중앙시장'이라는 이름으로 풍기읍 성내리에 상설시장이 있다.
162 하성내리장(下城內里場): 확인 안 됨.

주·잠사·곶감·자리·종이·패랭이·소가 풍부하다.

綿布、綿花、麻布、明紬、蠶絲、乾柹、茵席、紙地、平涼子、牛犢.

　은풍장(殷豐場)[163]은 풍기군과 거리가 40리인 하리면(下里面) 현촌리(縣村里)에서 4·9가 든 날에 선다.

殷豐場, 距郡四十里下里面縣村里, 四、九日設.

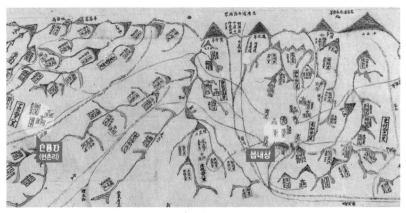

풍기의 장시(《1872년 지방지도》)

양산(梁山)

[금화경독기] 읍내장(邑內場)[164]은 성 밖에서 1·6이 든 날에 선다. 쌀·콩·매류·면포·삼베·백저·황저·명주·미역·말린 선복·생선·소금·곶감·담배·대추·밤이 풍부하다.

梁山

[又] 邑內場, 在城外, 一、六日設, 饒米荳、麰麥、綿布、麻布、白苧、黃苧、明紬、海菜、乾鰒、魚鹽、乾柹、煙草、棗栗.

　황산장(黃山場)[165]은 양산군과 거리가 20리인 상서

黃山場, 距郡二十里上西

---

163 은풍장(殷豐場) : 경상북도 예천군 은풍면 은산리에서 열리던 5일장.
164 읍내장(邑內場) : 경상남도 양산시에서 열리던 5일장. 현재는 '양산남부시장'이라는 이름으로 양산시 중부동에 상설시장이 있고, 5일장은 매달 1·6이 든 날에 선다.
165 황산장(黃山場) : 경상남도 양산시 물금읍에서 열리던 5일장. 현재는 '물금시장'이라는 이름으로 물금읍 물금리에 상설시장이 있고, 5일장은 매달 5·10이 든 날에 선다.

면(上西面)에서 5·10이 든 날에 선다.

용당장(龍塘場)166은 양산군과 거리가 40리인 하서면(下西面)에서 4·9가 든 날에 선다.

감동장(甘同場)167은 양산군과 거리가 40리인 좌면(左面)에서 3·8이 든 날에 선다.

面, 五·十日設⑤.

龍塘場, 距郡四十里下西面, 四·九日設.

甘同場, 距郡四十里左面, 三·八日設.

양산의 장시(《광여도》)

함안(咸安)

[금화경독기] 방목장(放牧場)168은 함안군 동문 밖 상리면(上里面)에서 3·8이 든 날에 선다. 쌀·콩·맥류·참깨·들깨·면포·면화·삼베·생삼·생선·소금·자기·토기·정당(鼎鐺)·삿자리·대추·밤·배·감·담배가

咸安

[又] 放牧場, 在郡東門外上里面, 三·八日設. 饒米荳、麰麥、脂麻、水蘇、綿布、綿花、麻布、生麻、魚

---

166 용당장(龍塘場) : 경상남도 양산시 원동면 용당리에서 열렸던 5일장.

167 감동장(甘同場) : 부산광역시 북구에서 열렸던 5일장.

168 방목장(放牧場) : 경상남도 함안군 가야읍에서 열렸던 5일장. 현재는 '가야시장'이라는 이름으로 가야읍 말산리에 상설시장이 있고, 5일장은 매달 5·10이 든 날에 선다.

⑤ 設 : 저본에는 "設設". 오사카본에 근거하여 삭제.

풍부하다.

鹽、磁器、土器、鼎鑵、蘆
席、棗栗、梨栭、煙草.

군북장(郡北場)[169]은 함안군 서쪽 20리 안도면(安道
面) 창촌(倉村)에서 4·9가 든 날에 선다.

郡北場, 在郡西二十里安道
面倉村, 四、九日設.

평림장(平林場)[170]은 함안군 북쪽 30리 내대산면(內
代山面)에서 1·6이 든 날에 선다.

平林場, 在郡北三十里內
代山面, 一、六日設.

이정장(二井場)[171]은 함안군 동쪽 30리 비곡면(比谷
面)에서 5·10이 든 날에 선다.

二井場, 在郡東三十里比谷
面, 五、十日設.

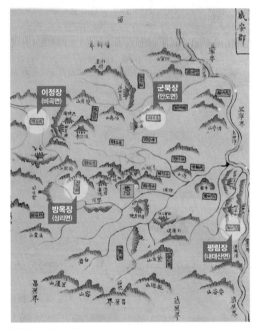

함안의 장시(《광여도》)

---

169 군북장(郡北場): 경상남도 함안군 군북면에서 열렸던 5일장. 현재는 '군북전통시장'이라는 이름으로 군북
면 중암리에서 매달 4·9가 든 날에 선다.
170 평림장(平林場): 경상남도 함안군 대산면 평림리에서 열렸던 5일장.
171 이정장(二井場): 경상남도 창원시 마산합포구 진전면에서 열렸던 5일장.

곤양(昆陽)

[금화경독기] 읍내장(邑內場)¹⁷²은 북문 밖에서 5·10이 든 날에 선다. 미곡·면포·삼베·농어·백합·굴·김·소금·유자·석류·유기(鍮器)·자기·소가 풍부하다.

진교장(辰橋場)¹⁷³은 곤양군 서쪽 20리 금양면(金陽面) 진교촌(辰橋村)에서 3·8이 든 날에 선다.

昆陽

[又] 邑內場, 在北門外, 五、十日設. 饒米穀、綿布、麻布、鱸魚、白蛤、石花、海衣、鹽、柚子、石榴、鍮器、磁器、牛犢.

辰橋場, 在郡西二十里金陽面 辰橋村, 三、八日設.

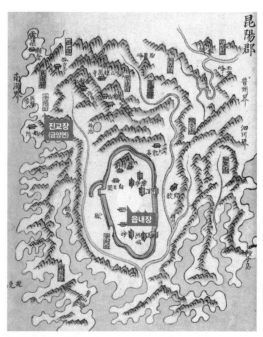

곤양의 장시(《여지도》)

---

172 읍내장(邑內場) : 경상남도 사천시 곤양면에서 열렸던 5일장. 현재는 '곤양종합시장'이라는 이름으로 곤양면 남문외리에서 매달 5·10이 든 날에 선다.

173 진교장(辰橋場) : 경상남도 하동군 진교면에서 열렸던 5일장. 일제강점기 행정구역 개편으로 곤양군 금양면에서 열린 아랫장터와 하동군 동면에서 열린 윗장터가 합쳐져 현재의 진교공설시장이 되었다.

합천(陜川)

[금화경독기] 읍내장(邑內場)[174]은 합천군 남쪽 1리에서 3·8이 든 날에 선다. 미곡·면포·삼베·생선·소금·소가 풍부하다.

야로장(冶爐場)[175]은 합천군 북쪽 50리 하북면(下北面)에서 2·7이 든 날에 선다.

도옥장(陶沃場)[176]은 합천군 북쪽 30리 걸산면(傑山面)에서 5·10이 든 날에 선다.

陜川

[又] 邑內場, 在郡南一里, 三、八日設. 饒米穀、綿布、麻布、魚鹽、牛犢.

冶爐場, 在郡北五十里下北面, 二、七日設.

陶沃場, 在郡北三十里傑山面, 五、十日設.

합천의 장시(《1872년 지방지도》)

---

[174] 읍내장(邑內場): 경상남도 합천군 합천읍에서 열렸던 5일장. 현재는 '합천시장'이라는 이름으로 합천읍 합천리에 상설시장이 있고, 5일장은 매달 3·8이 든 날에 선다.

[175] 야로장(冶爐場): 경상남도 합천군 야로면에서 열렸던 5일장. 현재는 '야로시장'이라는 이름으로 야로면 구정리에 상설시장이 있고, 5일장은 매달 2·7이 든 날에 선다.

[176] 도옥장(陶沃場): 경상남도 합천군 묘산면 도옥리에서 열렸던 5일장.

중매장(中梅場)[177]은 합천군 남쪽 50리 궁서면(宮西面)에서 5·10이 든 날에 선다.

중매장(中梅場), 在郡南五十里宮西面, 五、十日設.

김산(金山)

[금화경독기] 김천장(金泉場)[178]은 김산군과 거리가 10리인 김천면(金泉面)에서 5·10이 든 날에 선다. 쌀·콩·맥류·면포·면화·삼베·생선·소금·솥·토기·담배·소가 풍부하다.

아산장(牙山場)[179]은 김산군과 거리가 10리인 천하면(川下面)에서 2·7이 든 날에 선다.

金山

[又] 金泉場, 距郡十里金泉面, 五、十日設. 饒米豆、麰麥、綿布、綿花、麻布、魚鹽、釜鼎、土器、煙草、牛犢. 牙山場, 距郡十里川下面, 二、七日設.

김산의 장시(《1872년 지방지도》)

---

177 중매장(中梅場) : 미상. 이 지도에서는 확인되지 않는다.
178 김천장(金泉場) : 경상북도 김천시에서 열렸던 5일장. 현재는 '김천황금시장'이라는 이름으로 김천시 황금동에 상설시장이 있고, 5일장은 매달 5·10이 든 날에 선다.
179 아산장(牙山場) : 경상북도 김천시 어모면에서 열렸던 5일장.

추풍장(秋風場)[180]은 김산군과 거리가 30리인 금소면(金所面)에서 4·9가 든 날에 선다.

영덕(盈德)

[금화경독기] 읍내장(邑內場)[181]은 관문 밖 2리에서 2·7이 든 날에 선다. 미곡·면포·삼베·방어·청어·넙치·상어·대구·도미·문어·은어·대게·말린 전복·해삼·미역·김·소금·석류·유자·유기(鍮器)·철기·목물·담배·소가 풍부하다.

秋風場, 距郡三十里金所面, 四、九日設.

盈德

[又] 邑內場, 在官門外二里, 二、七日設. 饒米穀、綿布、麻布、魴魚、靑魚、廣魚、鯊魚、大口魚、禿尾魚、八梢魚、銀口魚、紫蟹、乾鰒、海蔘、海菜、海衣、鹽、石榴、柚子、鍮器、鐵器、木物、煙草、牛犢.

영덕의 장시((광여도))

---

180 추풍장(秋風場): 충청북도 영동군 추풍령면에서 열렸던 5일장.
181 읍내장(邑內場): 경상북도 영덕군 영덕읍에서 열렸던 5일장. 현재는 '영덕시장'이라는 이름으로 영덕읍 남석리에 상설시장이 있고, 5일장은 매달 4·9가 든 날에 선다.

장사장(長沙場)¹⁸²은 영덕군과 거리가 40리인 외남면(外南面)에서 4·9가 든 날에 선다.

고성(固城)
[금화경독기] 읍내장(邑內場)¹⁸³은 1·6이 든 날에 선다. 미곡·면포·생선·소금·죽물·소가 풍부하다.

배둔장(背屯場)¹⁸⁴은 고성현 북쪽 30리 회현면(會賢面)에서 4·9가 든 날에 선다.

춘원장(春元場)¹⁸⁵은 고성현 남쪽 40리 원문(轅門)¹⁸⁶ 안에서 2·7이 든 날에 선다.

의성(義城)
[금화경독기] 읍내장(邑內場)¹⁸⁷은 2·7이 든 날에 선다. 쌀·콩·맥류·참깨·들깨·면포·면화·모시·삼베·생선·소금·유기(鍮器)·철물·자기·토기·담배·소가 풍부하다.

도리원장(桃李院場)¹⁸⁸은 의성현과 거리가 35리인

長沙場, 距郡四十里外南面, 四、九日設.

固城
[又] 邑內場, 一、六日設. 饒米穀、綿布、魚鹽、竹物、牛犢.

背屯場, 在縣北三十里會賢面, 四、九日設.

春元場, 在縣南四十里轅門內, 二、七日設.

義城
[又] 邑內場, 二、七日設. 饒米荳、麰麥、脂麻、水蘇、綿布、綿花、苧布、麻布、魚鹽、鍮器、鐵物、磁器、土器、煙草、牛犢.

桃李院場, 距縣三十五里

---

182 장사장(長沙場): 경상북도 영덕군 남정면 장사리에서 열렸던 5일장.
183 읍내장(邑內場): 경상남도 고성군 고성읍에서 열렸던 5일장. 현재는 '고성시장'이라는 이름으로 고성읍 서외리에 상설시장이 있고, 5일장은 매달 1·6이 든 날에 선다.
184 배둔장(背屯場): 경상남도 고성군 회화면 배둔리에서 열렸던 5일장. 현재는 '배둔시장'이라는 이름으로 상설시장이 있고, 5일장은 매달 4·9가 든 날에 선다.
185 춘원장(春元場): 경상남도 통영시 용남면 장문리에서 열렸던 5일장.
186 원문(轅門): 통제영(統制營)으로의 출입을 위한 군영 문.
187 읍내장(邑內場): 경상북도 의성군 의성읍에서 열렸던 5일장. 현재는 '의성전통시장'이라는 이름으로 의성읍 도동리에서 매달 2·7이 든 날에 선다.
188 도리원장(桃李院場): 경상북도 의성군 봉양면에서 열렸던 5일상. 현재는 '봉양전통시장'이라는 이름으로 봉양면 화전리에 상설시장이 있고, 5일장은 매달 4·9가 든 날에 선다.

고성의 장시(《광여도》)

의성의 징시(《광여도》)

하천면(下川面)에서 4·9가 든 날에 선다.

　육일장(六日場)[189]은 의성현과 거리가 30리인 소보
면(召父面)에서 6이 든 날에 선다.

　이혜장(泥兮場)[190]은 의성현과 거리가 30리인 점곡
면(點谷面)에서 4·9가 든 날에 선다.

경산(慶山)

[금화경독기] 읍내장(邑內場)[191]은 5·10이 든 날에 선
다. 쌀·콩·맥류·참깨·들깨·면포·면화·김·다시
마·미역·해삼·말린 전복·홍합·소금·철물·목물·

下川面, 四、九日設.

六日場, 距縣三十里召父
面, 六日設.

泥兮場, 距縣三十里點谷
面, 四、九日設.

慶山

[又] 邑內場, 五、十日設.
饒米荳、麰麥、脂麻、水蘇、
綿布、綿花、海衣、海帶、海

---

189 육일장(六日場) : 미상. 이 지도에서는 확인되지 않는다.
190 이혜장(泥兮場) : 경상북도 의성군 점곡면에서 열렸던 5일장.
191 읍내장(邑內場) : 경상북도 경산시 삼남동에서 열렸던 5일장. 현재는 '경산시장'이라는 이름으로 경산시 중
　방동에 상설시장이 있고, 5일장은 매달 5·10이 든 날에 선다.

죽물·토기·자기·종이·대추·밤·배·감·석류·모
과·담배·자리가 풍부하다.

반야촌장(磻野村場)[192]은 경산현과 거리가 15리인
북면(北面)에서 1·6이 든 날에 선다.

菜、海蔘、乾鰒、淡菜、鹽、
鐵物、木物、竹物、土器、磁
器、紙地、棗栗、梨柿、石
榴、木瓜、煙草、茵席.

磻野村場，距縣十五里北
面，一、六日設.

경산의 장시((광여도))

남해(南海)

[금화경독기] 읍내장(邑內場)[193]은 4·9가 든 날에 선
다. 미곡·면화·면포·모시·삼베·갑오징어·문어·

南海

[又] 邑內場，四、九日設.
饒米穀、綿花、綿布、苧布、

---

192 반야촌장(磻野村場) : 대구광역시 동구에서 열렸던 5일장.
193 읍내장(邑內場) : 경상남도 남해군 남해읍에서 열렸던 5일장. 현재는 '남해전통시장'이라는 이름으로 남해
    읍 북변리에 상설시장이 있고, 5일장은 매달 2·7이 든 날에 선다.

조기·상어·숭어·해삼·미역·전복·소금·표고버섯·치자(梔子)·비자(榧子)·석류·유자·담배·소가 풍부하다.

麻布、烏賊魚、八梢魚、石首魚、鯊魚、鯔魚、海蔘、海菜、生鰒、鹽、蔈古、梔子、榧子、石榴、柚子、煙草、牛犢.

개령(開寧)

[금화경독기] 이수천장(梨水川場)[194]은 개령읍과 거리가 10리인 곡송면(谷松面)에서 3·8이 든 날에 선다. 미곡·면포·삼베·생선·소금·죽물·담배·소가 풍부히다.

開寧

[又] 梨水川場, 距邑十里谷松面, 三、八日設. 饒米穀、綿布、麻布、魚鹽、竹物、煙草、牛犢.

남해의 장시(《광여도》)

개령의 장시(《여지도》)

---

194 이수천장(梨水川場) : 미상.

의령(宜寧)

[금화경독기] 읍내장(邑內場)[195]은 관문 밖 1리 풍덕면(豐德面)에서 3·8이 든 날에 선다. 쌀·콩·맥류·면포·생선·소금·유기(鍮器)·담배·대추·밤·배·감이 풍부하다.

신반장(新返場)[196]은 의령현과 거리가 50리인 보림면(寶林面)에서 4·9가 든 날에 선다.

宜寧

[又] 邑內場, 在官門外一里豐德面, 三、八日設. 饒米荳、麰麥、綿布、魚鹽、鍮器、煙草、棗栗、梨柿.

新返場, 距縣五十里寶林面, 四、九日設.

의령의 장시(《광여도》)

---

195 읍내장(邑內場) : 경상남도 의령군 의령읍에서 열렸던 5일장. 현재는 '의령전통시장'이라는 이름으로 의령읍 중동리에 상설시장이 있고, 5일장은 매달 3·8이 든 날에 선다.

196 신반장(新返場) : 경상남도 의령군 부림면에서 열렸던 5일장. 현재는 '신반시장'이라는 이름으로 부림면 신반리에 상설시장이 있고, 5일장은 매달 4·9가 든 날에 선다.

중교장(中橋場)197은 의령현과 거리가 20리인 화곡면(禾谷面)에서 2·7이 든 날에 선다.

마산장(馬山場)198은 의령현과 거리가 40리인 정여면(正餘面)에서 1·6이 든 날에 선다.

中橋場, 距縣二十里禾⑥谷面, 二、七日設.

馬山場, 距縣四十里正餘面, 一、六日設.

하양(河陽)

[금화경독기] 읍내장(邑內場)199은 4·9가 든 날에 선다. 미곡·면포가 풍부하다.

河陽

[又] 邑內場, 四、九日設. 饒米穀、綿布.

하양의 장시(《광여도》)

---

197 중교장(中橋場) : 경상남도 의령군 정곡면 중교리에서 열렸던 5일장.

198 마산장(馬山場) : 미상. 이 지도에서는 확인되지 않는다.

199 읍내장(邑內場) : 경상북도 경산시 하양읍에서 열렸던 5일장. 현재는 '하양시장'이라는 이름으로 하양읍 금락리에 상설시장이 있고, 5일장은 매달 4·9가 든 날에 선다.

⑥ 禾 : 저본에는 "木". 오사카본에 근거하여 수정.

용궁의 장시(《광여도》)

봉화의 장시(《광여도》)

용궁(龍宮)

[금화경독기] 읍내장(邑內場)[200]은 관문 밖에서 4·9가 든 날에 선다. 쌀·콩·맥류·참깨·들깨·생선·소금· 담배가 풍부하다.

　지보장(知保場)[201]은 용궁현과 거리가 30리인 현남 면(縣南面)에서 1·6이 든 날에 선다.

봉화(奉化)

[금화경독기] 가수장(椵樹場)[202]은 봉화현과 거리가 40리인 남면(南面)에서 1·6이 든 날에 선다. 미곡·생

龍宮

［又］<u>邑內場</u>, 在官門外, 四、九日設. 饒米荳、麰麥、 脂麻、水蘇、魚鹽、煙草. <u>知保場</u>, 距縣[7]三十里縣南 面, 一、六日設.

奉化

［又］<u>椵樹場</u>, 距縣四十里 <u>南面</u>, 一、六日設. 饒米穀、

---

200 읍내장(邑內場) : 경상북도 예천군 용궁면에서 열렸던 5일장. 현재는 '용궁시장'이라는 이름으로 용궁면 읍 부리에 상설시장이 있고, 5일장은 매달 4·9가 든 날에 선다.
201 지보장(知保場) : 경상북도 예천군 지보면에서 열렸던 5일장.
202 가수장(椵樹場) : 확인 안 됨.
[7] 縣 : 저본에는 "府". 오사카본·규장각본에 근거하여 수정.

선·소금·종이·죽물·담배가 풍부하다.

　창평장(昌坪場)203은 봉화현과 거리가 10리인 북면(北面)에서 5·10이 든 날에 선다.

청하(淸河)

[금화경독기] 읍내장(邑內場)204은 6이 든 날에 선다.
동문외장(東門外場)205은 1이 든 날에 선다. 쌀·콩·맥류·면포·면화·황저·명주·대구·청어·넙치·문어·상어·공어(鮬魚)·해삼·미역·김·전복·방어·소금·도라지·대추·밤·죽물·소기 풍부하다.

魚鹽、紙地、竹物、煙草.

昌坪場, 距縣[8]十里北面,
五、十[9]日設.

淸河

[又] 邑內場, 六日設. 東門外場, 一日設. 饒米荳、麰麥、綿布、綿花、黃芋、明紬、大口魚、靑魚、廣魚、八梢魚、鯊魚、鮬魚、海蔘、海菜、海衣、生鰒、魴魚、鹽、桔梗、棗栗、竹物、牛犢.

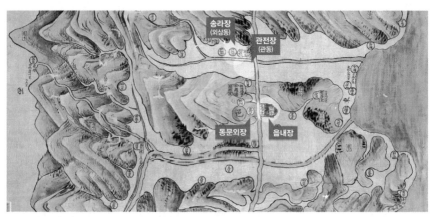

청하의 장시((1872년 지방지도))

---

203 창평장(昌坪場) : 경상북도 봉화군 봉성면 창평리에서 열렸던 5일장.

204 읍내장(邑內場) : 경상북도 포항시 북구 청하면에서 열렸던 5일장. 현재는 '청하시장'이라는 이름으로 청하면 미남리에서 매달 1·6이 든 날에 선다.

205 동문외장(東門外場) : 확인 안 됨.

[8] 縣 : 저본에는 없음. 오사카본에 근거하여 보충.

[9] 五十 : 오사카본에는 "五".

송라장(松羅場)206은 청하현과 거리가 5리인 역면(驛面) 외삼동(外三洞)에서 3이 든 날에 선다.

관전장(館前場)207은 청하현과 거리가 3리인 역면(驛面) 관동(館洞)에서 8이 든 날에 선다.

松羅場, 距縣五里驛面 外三洞, 三日設.

館前場, 距縣三里驛面 館洞, 八日設.

언양(彦陽)

[금화경독기] 읍내장(邑內場)208은 상북면(上北面) 동부리(東部里)에서 2·7이 든 날에 선다. 쌀·콩·맥류·참깨·들깨·면포·삼베·소금·당귀(當歸)·도라지·석류·고비·고사리·자초·담배·왕골자리·유기(鍮器)·농

彦陽

[又] 邑內場, 在上北面 東部里, 二、七日設. 饒米荳、麨麥、脂麻、水蘇、綿布、麻布、鹽10、當歸、桔梗、石榴、

언양의 장시(《광여도》)

---

206 송라장(松羅場) : 경상북도 포항시 북구 송라면에서 열렸던 5일장. 현재는 '송라오일장'이라는 이름으로 송라면 광천리에서 매달 1·6이 든 날에 선다.

207 관전장(館前場) : 경상북도 포항시 북구 청하면 덕천리에서 열렸던 5일장.

208 읍내장(邑內場) : 울산광역시 울주군 언양읍에서 열렸던 5일장. 현재는 '언양알프스시장'이라는 이름으로 언양읍 남천로에 상설시장이 있고, 5일장은 매달 2·7이 든 날에 선다.

10 鹽 : 오사카본에는 "魚鹽".

기·꿩·닭·소가 풍부하다.

薇蕨、紫草、煙草、莞席、鉥器、農器、雉鷄、牛犢.

진해(鎭海)

[금화경독기] 읍내장(邑內場)[209]은 관문 밖에서 4·9가 든 날에 선다.

상령리장(常令里場)[210]은 진해현과 거리가 5리인 북면(北面)에서 1·6이 든 날에 선다.

창포리장(倉浦里場)[211]은 진해현과 거리가 15리인

鎭海

[又] 邑內場, 在官門外, 四[11]、九日設.

常令里場, 距縣五里北面, 一、六日設.

倉浦里場, 距縣十五里西

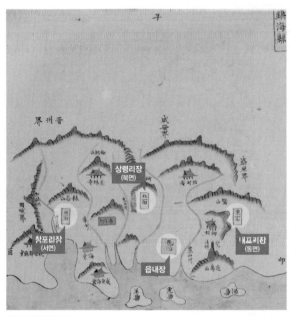

진해의 장시(《광여도》)

---

209 읍내장(邑內場): 경상남도 창원시 마산합포구 진동면에서 열렸던 5일장. 현재는 '경화시장'이라는 이름으로 진해구 경화동에서 매달 3·8이 든 날에 선다.

210 상령리장(常令里場): 경상남도 창원시 마산합포구 진북면에서 열렸던 5일장.

211 창포리장(倉浦里場): 경상남도 창원시 마산합포구 진전면 창포리에서 열렸던 5일장.

[11] 四: 오사카본에는 없음.

서면(西面)에서 2가 든 날에 선다.

내포리장(內浦里場)212은 진해현과 거리가 5리인 동면(東面)에서 7이 든 날에 선다. 쌀·콩·맥류·면포·삼베·대구·문어·은어·도미·농어·상어·청어·조기·해삼·굴·석류·감·꿀이 풍부하다.

面, 二日設.

內浦里場, 距縣五里東面, 七日設. 饒米荳、麰麥、綿布、麻布、大口魚、八梢魚、銀口魚、禿尾魚、鱸魚、鯊魚、靑魚、石首魚、海蔘、石花、石榴、柿子、蜂蜜.

진보(眞寶)

[금화경독기] 읍내장(邑內場)213은 관문 밖에서 2·7이 든 날에 선다. 쌀·콩·맥류·면포·삼베·생선·소금·

眞寶

[又] 邑內場, 在官門外, 二、七日設. 饒米荳、麰麥、

진보의 장시(《광여도》)

---

212 내포리장(內浦里場) : 경상남도 창원시 마산합포구 구산면 내포리에서 열렸던 5일장.
213 읍내장(邑內場) : 경상북도 청송군 진보면에서 열렸던 5일장. 현재는 '진보전통시장'이라는 이름으로 진보면 진안리에 상설시장이 있고, 5일장은 매달 3·8이 든 날에 선다.

대추·밤·자초·도라지·꿩·닭·소가 풍부하다.

綿布、麻布、魚鹽、棗栗、紫
草、桔梗、雉鷄、牛犢.

함창(咸昌)

[금화경독기] 읍내의 구향장(舊鄕場)[214]은 1·6이 든
날에 선다.

구아장(舊衙場)[215]은 4·9가 든 날에 선다. 쌀·콩·
맥류·면포·면화·명주·대추·밤·배·감·유기(鍮器)·
토기·담배·꿩·닭이 풍부하다.

서지장(赤支場)[216]은 함창현과 거리가 20리인 남면
(南面)에서 3·8이 든 날에 선다.

咸昌

[又] 邑內舊鄕場, 一、六日
設.

舊衙場, 四、九日設. 饒米
荳、麰麥、綿布、綿花、明
紬、棗栗、梨柹、鍮器、土
器、煙草、雉鷄.

赤支場, 距縣二十里南面,
三、八日設.

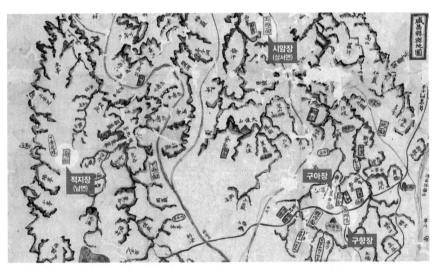

함창의 장시(《1872년 지방지도》)

---

[214] 구향장(舊鄕場):경상북도 상주시 함창읍 구향리에서 열렸던 5일장. 현재는 '함창전통시장'이라는 이름으로
　　매달 1·6이 든 날에 선다.
[215] 구아장(舊衙場):경상북도 상주시 함창읍 구향리에서 열렸던 5일장.
[216] 적지장(赤支場):경상북도 상주시 공검면에서 열렸던 5일장.

시암장(柿巖場)²¹⁷은 함창현과 거리가 20리인 상서면(上西面)에서 2·7이 든 날에 선다.

柿巖場, 距縣二十里<u>上西面</u>, 二、七日設.

지례(知禮)

[금화경독기] 읍내장(邑內場)²¹⁸은 교동리(校洞里)에서 4·9가 든 날에 선다. 쌀·콩·맥류·면포·삼베·생선·소금·목물·대추·밤·배·감·담배·자리·나막신·소가 풍부하다.

남면장(南面場)²¹⁹은 지례현과 거리가 30리인 관기리(館基里)에서 2·7이 든 날에 선다.

知禮

[又] <u>邑內場</u>⑫, 在校洞里, 四、九日設. 饒米荳、麳麥、綿布、麻布、魚鹽、木物、棗栗、梨柿、煙草、茵席、木屐、牛犢.

<u>南面場</u>, 距縣三十里<u>館基里</u>, 二、七日設.

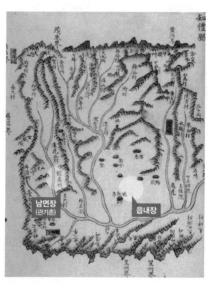

지례의 장시(《여지도》)

---

217 시암장(柿巖場): 경상북도 상주시 이안면 아천리에서 열렸던 5일장.
218 읍내장(邑內場): 경상북도 김천시 지례면 교리에서 열렸던 5일장.
219 남면장(南面場): 경상북도 김천시 대덕면 관기리에서 열렸던 5일장.
⑫ 場: 저본에는 없음. 오사카본에 근거하여 보충.

고령(高靈)

[금화경독기] 읍내장(邑內場)²²⁰은 관문 밖 1리에서 4·9가 든 날에 선다. 쌀·콩·맥류·면포·면화·삼베·명주·유기(鍮器)·토기·유기(柳器)·목물·왕골자리·대추·밤·곶감·담배·소가 풍부하다.

高靈

[又] 邑內場, 在官門外一里, 四, 九日設. 饒米荳, 麰麥, 綿布, 綿花, 麻布, 明紬, 鍮器, 土器, 柳器, 木物, 莞席, 棗栗, 乾柿, 煙草, 牛犢.

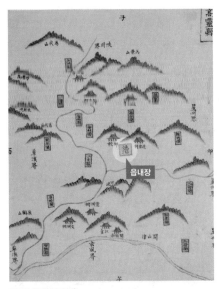

고령의 장시(《광여도》)

현풍(玄風)

[금화경독기] 읍내장(邑內場)²²¹은 관문 밖에서 2·7이 든 날에 선다. 쌀·콩·맥류·면포·삼베·생선·소금·

玄風

[又] 邑內場, 在官門外, 二⑬, 七日設. 饒米荳, 麰麥,

---

220 읍내장(邑內場): 경상북도 고령군 대가야읍에서 열렸던 5일장. 현재는 '고령대가야시장'이라는 이름으로 대가야읍 지산리에 상설시장이 있고, 5일장은 매달 4·9가 든 날에 선다.
221 읍내장(邑內場): 대구광역시 달성군 현풍면에서 열렸던 5일장. 현재는 '현풍백년도깨비시장'이라는 이름으로 현풍면 원교리에 상설시장이 있고, 5일장은 매달 5·10이 든 날에 선다.
⑬ 二: 오사카본에는 없음.

죽물·소가 풍부하다.

차천장(車川場)²²²은 현풍현 남쪽 10리 마산면(馬山面)에서 5·10이 든 날에 선다.

綿布、麻布、魚鹽、竹物、牛犢.

車川場, 在縣南十里馬山面, 五、十日設.

현풍의 장시(《광여도》)

산청(山淸)

[금화경독기] 읍내장(邑內場)²²³은 1·6이 든 날에 선다. 미곡·면포·생선·소금·자기·죽물·소가 풍부하다.

생림장(生林場)²²⁴은 산청현과 거리가 20리인 생림

山淸

[又] 邑內場, 一、六日設. 饒米穀、綿布、魚鹽、磁器、竹物、牛犢.

生林場, 距縣二十里生林

---

222 차천장(車川場): 대구광역시 달성군 현풍면에서 열렸던 5일장.
223 읍내장(邑內場): 경상남도 산청군 산청읍에서 열렸던 5일장. 현재는 '산청시장'이라는 이름으로 산청읍 산청리에 상설시장이 있고, 5일장은 매달 1·6이 든 날에 선다.
224 생림장(生林場): 경상남도 산청군 생초면에서 열렸던 5일장.

면(生林面)에서 3이 든 날에 선다.

어외장(於外場)[225]은 산청현과 거리가 25리인 초곡면(草谷面)에서 8이 든 날에 선다.

面, 三日設.

於外場, 距縣二十五里草谷面, 八日設.

산청의 장시(《광여도》)

단성(丹城)

[금화경독기] 적성장(赤城場)[226]은 단성현과 거리가 5리인 현남면(縣南面)에서 5·10이 든 날에 선다. 쌀·콩·맥류·참깨·들깨·면포·삼베·생선·소금·자기·

丹城

[又] 赤城場, 距縣五里縣南面, 五、十日設. 饒米荳、麰麥、脂麻、水蘇、綿布、麻

---

225 어외장(於外場) : 경상남도 산청군 생초면에서 열렸던 5일장.
226 적성장(赤城場) : 경상남도 산청군 단성면에서 열렸던 5일장.

토기·목물·죽물·담배·소가 풍부하다.

布、魚鹽、磁器、土器、木
物、竹物、煙草、牛犢.

단계장(丹溪場)[227]은 단성현과 거리가 30리인 신등면(新等面)에서 4·9가 든 날에 선다.

丹溪場, 距縣三十里新等面, 四、九日設.

단성의 장시((광여도))

군위(軍威)

[금화경독기] 읍내장(邑內場)[228]은 관문 밖에서 2·7이

軍威

[又] 邑內場, 在官門外, 二、

---

227 단계장(丹溪場): 경상남도 산청군 신등면 단계리에서 열렸던 5일장. 현재는 '단계시장'이라는 이름으로 신등면 단계리에 상설시장이 있고, 5일장은 매달 4·9가 든 날에 선다.

228 읍내장(邑內場): 경상북도 군위군 군위읍에서 열렸던 5일장. 현재는 '군위시장'이라는 이름으로 군위읍 서부리에 상설시장이 있고, 5일장은 매달 3·8이 든 날에 선다.

든 날에 선다. 쌀·콩·맥류·면포·삼베·생선·소금·
솥·소가 풍부하다.

효령장(孝令場)[229]은 군위현과 거리가 30리인 효령면
(孝令面) 장군당리(將軍堂里)에서 3·8이 든 날에 선다.

화곡장(花谷場)[230]은 군위현과 거리가 20리인 돌본
면(突本面) 상원리(上院里)에서 1·6이 든 날에 선다.

七日設. 饒米荳、麰麥、綿
布、麻布、魚鹽、釜鼎、牛犢.

孝令場, 距縣三十里孝令面
將軍堂里, 三、八日設.

花谷場, 距縣二十里突本面
上院里, 一、六日設.

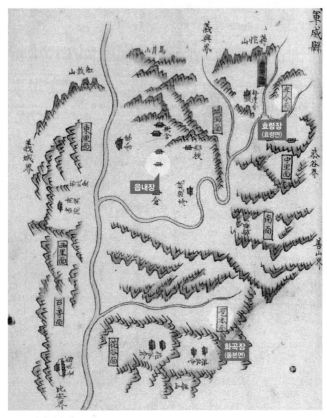

군위의 장시(《여지도》)

---

229 효령장(孝令場): 경상북도 군위군 효령면에서 열렸던 5일장.
230 화곡장(花谷場): 경상북도 군위군 소보면 송원리에서 열렸던 5일장.

의흥(義興)

[금화경독기] 읍내장(邑內場)²³¹은 남천(南川) 가에서 5·10이 든 날에 선다. 쌀·콩·맥류·참깨·들깨·면포·면화·생선·소금·담배·소가 풍부하다.

신원장(薪院場)²³²은 의흥현 남쪽 20리 현내면(縣內面) 신원리(薪院里)에서 1·6이 든 날에 선다.

義興

[又] 邑內場, 在南川邊, 五、十日設. 饒米荳、麰麥、脂麻、水蘇、綿布、綿花⑭、魚鹽、煙草、牛犢.

薪院場, 在縣南二十里縣內面 薪院里, 一、六日設.

의흥의 장시((광여도))

신녕(新寧)

[금화경독기] 읍내장(邑內場)²³³은 관문 밖 1리에서

新寧

[又] 邑內場, 在官門外一

---

231 읍내장(邑內場): 경상북도 군위군 의흥면 읍내리에서 열렸던 5일장. 현재는 '의흥전통시장'이라는 이름으로 의흥면 읍내리에 상설시장이 있고, 5일장은 매달 5·10이 든 날에 선다.

232 신원장(薪院場): 경상북도 군위군 부계면 창평리에서 열렸던 5일장.

233 읍내장(邑內場): 경상북도 영천시 신녕면에서 열렸던 5일장. 현재는 '신바람신녕공설시장'이라는 이름으로 신녕면 화성리에 상설시장이 있고, 5일장은 매달 3·8이 든 날에 선다.

⑭ 綿花: 오사카본에는 "綿花生麻".

3·8이 든 날에 선다. 쌀·콩·맥류·참깨·들깨·면포·면화·생선·소금·유기(鍮器)·유기(柳器)·왕골자리·자초·담배·소가 풍부하다.

황지원장(黃地院場)[234]은 신녕현 남쪽 20리 남면(南面)에서 1·6이 든 날에 선다.

고현장(古縣場)[235]은 신녕현 동쪽 30리 지곡면(知谷面)에서 5·10이 든 날에 선다.

里, 三、八日設. 饒米荳、麰麥、脂麻、水蘇、綿布、綿花、魚鹽、鍮器、柳器、莞席、紫草、煙草、牛犢.

<u>黃地院場</u>, 在縣南二十里<u>南面</u>, 一、六日設.

<u>古縣場</u>, 在縣東三十里<u>知谷面</u>, 五、十日設.

신녕의 장시((광여도))

---

234 황지원장(黃地院場) : 경상북도 경산시 와촌면에서 열렸던 5일장.

235 고현장(古縣場) : 경상북도 영천시 화남면에서 열렸던 5일장.

신촌장(新村場)은 신녕현 북쪽 60리 신촌면(新村面)에서 2·7이 든 날에 선다.

新村場, 在縣北六十里新村面, 二、七日設.

예안(禮安)

[금화경독기] 읍내장(邑內場)[236]은 관문 밖에서 1·6이 든 날에 선다. 쌀·콩·참깨·들깨·면포·면화·삼베·명주·생선·소금·유기(鍮器)·자기·토기·대추·밤·배·감·꿩·닭·도라지·담배·소가 풍부하다.

禮安

[又] 邑內場, 在官門外, 一、六日設. 饒米荳、脂麻、水蘇、綿布、綿花、麻布、明紬、魚鹽、鍮器、磁器、土器、棗栗、梨柿、雉鷄、桔梗、煙草、牛犢.

예안의 장시(《광여도》)

---

236 읍내장(邑內場): 경상북도 안동시 예안면에서 열렸던 5일장. 현재는 '예안정산시장'이라는 이름으로 예안면 정산리에서 매달 4·9가 든 날에 선다.

영일(迎日)

[금화경독기] 읍내장(邑內場)[237]은 3·8이 든 날에 선다. 쌀·콩·맥류·면화·면포·삼베·생선·소금·소가 풍부하다.

　부조장(扶助場)[238]은 영일현과 거리가 10리인 서면(西面)에서 5·10이 든 날에 선다.

　포항장(浦項場)[239]은 영일현과 거리가 20리인 곳에서 1·6이 든 날에 선다.

迎日

[又] 邑內場, 三、八日設.
饒米荳、麰麥、綿花、綿布、
麻布、魚鹽、牛犢.

扶助場, 距縣十里西面,
五⑮、十日設.

浦項場, 距縣二十里, 一、
六⑯日設.

영일의 장시(《광여도》)

---

237 읍내장(邑內場) : 경상북도 포항시 남구 연일읍 생지리에서 열렸던 5일장.
238 부조장(扶助場) : 경상북도 포항시 남구 연일읍 중명리에서 열렸던 5일장.
239 포항장(浦項場) : 경상북도 포항시 북구 대흥동에서 열렸던 5일장. 이 지도에서는 확인되지 않는다..
⑮ 五 : 오사카본에는 없음.
⑯ 六 : 오사카본에는 없음.

연화장(蓮花場)[240]은 영일현과 거리가 30리인 부산면(夫山面)에서 2·7이 든 날에 선다.

蓮花場, 距縣三十里夫山面, 二、七日設.

장기(長鬐)

[금화경독기] 하성북장(下城北場)[241]은 장기현 동쪽 2리 현내면(縣內面)에서 1·6이 든 날에 선다. 쌀·콩·맥류·면포·삼베·대구·넙치·청어·말린 전복·미역·홍합·해삼·소가 풍부하다.

長鬐

[又] 下城北場, 在縣東二里縣內面, 一、六日設. 饒米荳、麰麥、綿布、麻布、大口魚、廣魚、靑魚、乾鰒、海菜、淡菜、海蔘、牛犢.

장기의 장시(《광여도》)

---

240 연화장(蓮花場): 미상.

241 하성북장(下城北場): 경상북도 포항시 남구 장기면 읍내리에서 열렸던 5일장.

영산(靈山)

[금화경독기] 읍내장(邑內場)242은 관문 밖 1리에서 5·10이 든 날에 선다. 쌀·콩·맥류·참깨·들깨·면포·삼베·소가 풍부하다.

건천장(乾川場)243은 영산현과 거리가 10리인 계성면(溪城面) 지동리(池洞里)에서 1·6이 든 날에 선다.

상포장(上浦場)244은 영산현과 거리가 20리인 도사면(道沙面) 남지리(南旨里)에서 2·7이 든 날에 선다.

임해장(臨海場)245은 영산현과 거리가 30리인 부곡

靈山

[又] 邑內場, 在官門外一里, 五、十日設. 饒米荳、麰麥、脂麻、水蘇、綿布、麻布、牛犢.

乾川場, 距縣十里溪城面池洞里, 一、六日設.

上浦場, 距縣二十里道沙面南旨里, 二、七⑰日設.

臨海場, 距縣三十里釜谷

영산의 장시(《광여도》)

---

242 읍내장(邑內場) : 경상남도 창녕군 영산면에서 열렸던 5일장. 현재는 '영산시장'이라는 이름으로 영산면 성내리에서 매달 5·10이 든 날에 선다.

243 건천장(乾川場) : 경상남도 창녕군 계성면에서 열렸던 5일장.

244 상포장(上浦場) : 경상남도 창녕군 남지읍 남지리에서 열렸던 5일장.

245 임해장(臨海場) : 경상남도 창녕군 부곡면 청암리에서 열렸던 5일장.

⑰ 七 : 오사카본에는 없음.

면(釜谷面) 청암리(青巖里)에서 4·9가 든 날에 선다.

창녕(昌寧)

[금화경독기] 읍내장(邑內場)[246]은 관문 밖 5리에서 3이 든 날에 선다. 쌀·콩·맥류·참깨·들깨·면포·면화·삼베·명주·견사·생선·소금·석류·대추·밤·유기(鍮器)·자기·왕골자리·소가 풍부하다.

대견장(大見場)[247]은 창녕현과 거리가 10리인 지포면(池浦面)에서 8이 든 날에 선다.

연암장(燕巖場)[248]은 창녕현과 거리가 30리인 성산

面 青巖里, 四、九日設.

昌寧

[又] 邑內場, 在官門外五里, 三日設. 饒米荳、麰麥、脂麻、水蘇、綿布、綿花、麻布、明紬、繭絲、魚鹽、石榴、棗栗、鍮器、磁器、莞席、牛犢.

大見場, 距縣十里池浦面, 八日設.

燕巖場, 距縣三十里城山

창녕의 장시(《광여도》)

---

[246] 읍내장(邑內場): 경상남도 창녕군 창녕읍에서 열렸던 5일장. 현재는 '창녕상설시장'이라는 이름으로 창녕읍 술정리에 상설시장이 있고, 5일장은 매달 3·8이 든 날에 선다.

[247] 대견장(大見場): 경상남도 창녕군 대지면에서 열렸던 5일장.

[248] 연암장(燕巖場): 경상남도 창녕군 성산면에서 열렸던 5일장.

면(城山面)에서 4·9가 든 날에 선다.

마수원장(馬首院場)[249]은 창녕현과 거리가 20리인 유장면(遊長面)에서 2·7이 든 날에 선다.

사천(泗川)

[금화경독기] 읍내장(邑內場)[250]은 5·10이 든 날에 선다. 쌀·콩·맥류·면포·삼베·생선·소금·담배·소가 풍부하다.

팔장포장(八場浦場)[251]은 사천현과 거리가 40리인 삼천리면(三千里面)에서 3·8이 든 날에 선다. 전복·홍합·미역·해삼이 풍부하다.

面, 四、九日設.

馬首院場, 距縣二十里遊長面, 二、七日設.

泗川

[又] 邑內場, 五、十日設. 饒米荳、麰麥、綿布、麻布、魚鹽、煙草、牛犢.

八場浦場, 距縣四十里三千里面, 三[18]、八日設. 饒生鰒、淡菜、海菜、海蔘.

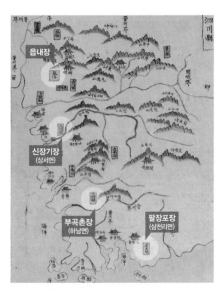

사천의 장시(《광여도》)

---

249 마수원장(馬首院場):경상남도 창녕군 유어면에서 열렸던 5일장.
250 읍내장(邑內場):경상남도 사천시 사천읍에서 열렸던 5일장. 현재는 '사천읍시장'이라는 이름으로 사천읍 정의리에 상설시장이 있고, 5일장은 매달 5·10이 든 날에 선다.
251 팔장포장(八場浦場):경상남도 사천시 서금동에서 열렸던 5일장.
[18] 三:오사카본에는 없음.

부곡촌장(釜谷村場)252은 사천현과의 거리가 20리인 하남면(下南面)에서 2·7이 든 날에 선다.

신장기장(新場基場)253은 사천현과의 거리가 10리인 상서면(上西面)에서 1·6이 든 날에 선다.

釜谷村場, 距縣二十里下南面, 二、七日設.

新場基場, 距縣十里上西面, 一、六日設.

기장(機張)

[금화경독기] 읍내장(邑內場)254은 5·10이 든 날에 선다. 쌀·콩·맥류·면포·삼베·넙치·조기·전복·미역·홍합·해삼·소금·종이·담배·왕골자리가 풍부

機張[19]

[又] 邑內場, 五、十日設. 饒米荳、麰麥、綿布、麻布、廣魚、石首魚、生鰒、海菜、

기장의 장시(《여지도》)

---

252 부곡촌장(釜谷村場): 미상.

253 신장기장(新場基場): 경상남도 사천시 사남면 방지리에서 열렸던 5일장.

254 읍내장(邑內場): 부산광역시 기장군 기장읍에서 열렸던 5일장. 현재는 '기장시장'이라는 이름으로 기장읍 대라리에 상설시장이 있다.

[19] 張: 저본에는 "長". 오사카본·규장각본에 근거하여 수정.

하다.

좌촌장(佐村場)[255]은 기장현과 거리가 20리인 중북면(中北面) 좌촌리(佐村里)에서 4·9가 든 날에 선다.

삼가(三嘉)

[금화경독기] 읍내장(邑內場)[256]은 삼가현 남쪽 2리 현내면(縣內面)에서 2·7이 든 날에 선다. 쌀·콩·맥류·면포·면화·삼베·명주·생선·소금·유기(柳器)·농기·토기·담배·왕골자리·닭·돼지·소가 풍부하다.

고현장(古縣場)[257]은 삼가현 북쪽 50리 고현면(古縣面)에서 4·9가 든 날에 선다.

淡菜、海蔘、鹽、紙地、煙草、莞席.

佐村場, 距縣二十里中北面佐村里, 四、九日設.

三嘉

[又] 邑內場, 在縣南二里縣內面, 二、七日設. 饒米荳、麰麥、綿布、綿花、麻布、明紬、魚鹽、柳器、農器、土器、煙草、莞席、鷄豚、牛犢.古縣場, 在縣北五十里古縣面, 四、九日設.

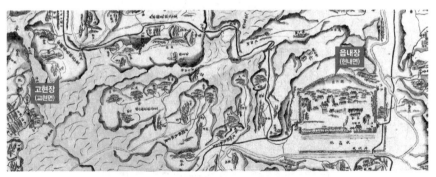

삼가의 장시(《1872년 지방지도》)

---

255 좌촌장(佐村場):부산광역시 기장군 상안읍 좌천리에서 열렸던 5일장. 현재는 '좌천재래시장'이라는 이름으로 상설시장이 있고, 5일장은 매달 4·9가 든 날에 선다.
256 읍내장(邑內場):경상남도 합천군 삼가면에서 열렸던 5일장. 현재는 '삼가시장'이라는 이름으로 삼가면 일부 리에 상설시장이 있고, 5일장은 매달 2·7이 든 날에 선다.
257 고현장(古縣場):경상남도 합천군 대병면에서 열렸던 5일장.

비안(比安)

[금화경독기] 읍내장(邑內場)²⁵⁸은 관문 밖에서 2·7이
든 날에 선다. 쌀·콩·맥류·면포·면화·생선·소금·
대추·밤·배·감·유기(鍮器)·자기·토기·소가 풍부
하다.

안계장(安溪場)²⁵⁹은 비안현 서쪽 30리 정서면(定西
面)에서 1·6이 든 날에 선다.

比安

[又] 邑內場, 在官門外, 二、
七日設. 饒米荳、麰麥、綿
布、綿花、魚鹽、棗栗、梨柹、
鍮器、磁器、土器、牛犢.

安溪場, 在縣西三十里定
西面, 一、六日設.

비안의 장시(《광여도》)

---

258 읍내장(邑內場) : 경상북도 의성군 비안면에서 열렸던 5일장.
259 안계장(安溪場) : 경상북도 의성군 안계면에서 열렸던 5일장. 현재는 '안계전통시장'이라는 이름으로 안계면
    용기리에 상설시장이 있고, 5일장은 매달 1·6이 든 날에 선다.

칠원(漆原)

[금화경독기] 성내장(城內場)은 3이 든 날에 선다. 성외장(城外場)260은 8이 든 날에 선다. 쌀·콩·맥류·면포·모시·삼베·주단·조기·도미·문어·말린 전복·홍합·미역·해삼·자기·토기·삿자리·솥·유기(鍮器)가 풍부하다.

상포장(上浦場)261은 칠원현과 거리가 20리인 진동촌(津洞村)에서 7이 든 날에 선다.

漆原

[又] 城內場, 三日設.

城外場, 八日設. 饒米荳、麰麥、綿布、苧布、麻布、緞紬、石首魚、禿尾魚、八梢魚、乾鰒、淡菜、海菜、海蔘、磁器、土器、蘆席、釜鼎、鍮器.

上浦場, 距縣二十里津洞村, 七日設.

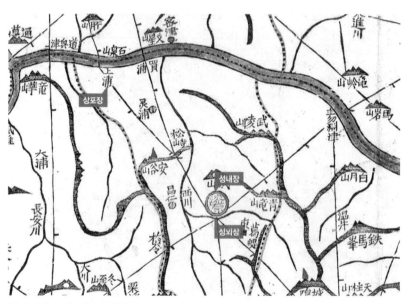

칠원의 장시(《대동여지도(大東輿地圖)》)

---

260 성내장(城內場)……성외장(城外場): 경상남도 함안군 칠원읍에서 열렸던 5일장. 현재는 '칠원공설시장'이라는 이름으로 칠원읍 구성리에서 매달 3·8이 든 날에 선다.
261 상포장(上浦場): 경상남도 함안군 칠서면 계내리에서 열렸던 5일장.

자인(慈仁)

[금화경독기] 읍내장(邑內場)²⁶²은 관문 밖에서 3·8이 든 날에 선다. 쌀·콩·맥류·참깨·들깨·면포·면화·생선·소금·철물·유기(鍮器)·자기·대자리·목물·유기(柳器)·대추·밤·배·감·담배가 풍부하다.

송림장(松林場)²⁶³은 자인현과 거리가 20리인 하동면(下東面) 송림리(松林里)에서 1·6이 든 날에 선다.

慈仁

[又] 邑內場, 在官門外, 三、八日設. 饒米豆、麰麥、脂麻、水蘇、綿布、綿花、魚鹽、鐵物、鍮器、磁器、簟席、木物、柳器、棗栗、梨柹、煙草.

松林場, 距縣二十里下東面松林里, 一、六日設.

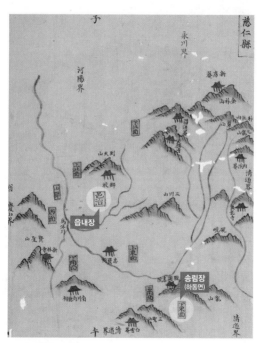

자인의 장시《광여도》

---

²⁶² 읍내장(邑內場) : 경상북도 경산시 자인면에서 열렸던 5일장. 현재는 '자인공설시장'이라는 이름으로 자인면 서부리에 상설시장이 있고, 5일장은 매달 3·8이 든 날에 선다.

²⁶³ 송림장(松林場) : 경상북도 경산시 용성면 송림리에서 열렸던 5일장.

문경(聞慶

[금화경독기] 읍내상장(邑內上場)264은 4·9가 든 날에 선다.

읍내하장(邑內下場)265은 2·7이 든 날에 선다. 쌀·콩·맥류·참깨·들깨·면포·삼베·생선·소금·자기·토기·곶감·호두·담배·소가 풍부하다.

농암장(籠巖場)266은 문경현과 거리가 50리인 가서

聞慶

[又] 邑內上場, 四、九日設.

下場, 二、七日設. 饒米荳、麰麥、脂麻、水蘇、綿布、麻布、魚鹽、磁器、土器、乾枾、胡桃、煙草、牛犢.

籠巖場, 距縣五十里加西

문경의 장시(《여지도》)

_____

264 읍내상장(邑內上場) : 경상북도 문경시 문경읍 상리에서 열렸던 5일장.
265 읍내하장(邑內下場) : 경상북도 문경시 문경읍 하리에서 열렸던 5일장. 현재는 '문경시장'이라는 이름으로 상설시장이 있고, 5일장은 매달 2·7이 든 날에 선다.
266 농암장(籠巖場) : 경상북도 문경시 농암면에서 열렸던 5일장. 현재는 '농암시장'이라는 이름으로 농암면 농암리에서 매달 5·10이 든 날에 선다.

면(加西面)에서 5·10이 든 날에 선다.

　가은장(加恩場)[267]은 문경현과 거리가 40리인 가동면(加東面)에서 3·8이 든 날에 선다.

　유곡장(幽谷場)[268]은 문경현과 거리가 40리인 호서면(戶西面)에서 2·7이 든 날에 선다.

안의(安義)

[금화경독기] 읍내장(邑內場)[269]은 관문 밖 2리 현내면(縣內面)에서 2·7이 든 날에 선다. 쌀·콩·맥류·참깨·들깨·면포·면화·삼베·생선·소금·자기·토기·

面, 五、十日設.

加恩場, 距縣四十里加東面, 三、八日設.

幽谷場, 距縣四十里戶西面, 二、七日設.

安義

[又] 邑內場, 在官門外二里縣內面, 二、七日設. 饒米荳、麰麥、脂麻、水蘇、綿

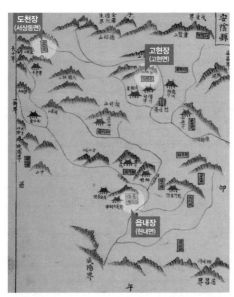

안의의 장시(《광여도》)

267 가은장(加恩場): 경상북도 문경시 가은읍에서 열렸던 5일장. 현재는 '가은아자개시장'이라는 이름으로 가은읍 왕능리에 상설시장이 있고, 5일장은 매달 4·9가 든 날에 선다.
268 유곡장(幽谷場): 경상북도 문경시 유곡동에서 열렸던 5일장.
269 읍내장(邑內場): 경상남도 함양군 안의면에서 열렸던 5일장. 현재는 '안의시장'이라는 이름으로 안의면 석천리에서 매달 5·10이 든 날에 선다.

담배·소가 풍부하다.

도천장(道川場)[270]은 안의현과 거리가 40리인 서상
동면(西上洞面)에서 4·9가 든 날에 선다.

고현장(古縣場)[271]은 안의현과 거리가 40리인 고현
면(古縣面)에서 5·10이 든 날에 선다.

영양(英陽)

[금화경독기] 읍내장(邑內場)[272]은 관문 밖에서 4·9가
든 날에 선다. 맥류·기장·조·면포·삼베·생선·소
금·자초·담배·꿩·닭·소가 풍부하다.

布、綿花、麻布、魚鹽、磁
器、土器、煙草、牛犢.

道川場, 距縣四十里西上
洞面, 四、九日設.

古縣場, 距縣四十里古縣
面, 五、十日設.

英陽

[又] 邑內場, 在官門外,
四、九日設. 饒麰麥、黍粟、
綿布、麻布、魚鹽、紫草、煙
草、雉鷄、牛犢.

영양의 장시((광여도))

---

270 도천장(道川場) : 경상남도 함양군 서상면에서 열렸던 5일장.

271 고현장(古縣場) : 경상남도 거창군 위천면에서 열렸던 5일장.

272 읍내장(邑內場) : 경상북도 영양군 영양읍에서 열렸던 5일장. 현재는 '영양전통시장'이라는 이름으로 영양읍
서부리에 상설시장이 있고, 5일장은 매달 4·9가 든 날에 선다.

웅천(熊川)

[금화경독기] 읍내장(邑內場)[273]은 4·9가 든 날에 선다. 쌀·맥류·면포·모시·삼베·도미·문어·대구·상어·홍합·미역·해삼·굴이 풍부하다.

　원리장(院里場)[274]은 웅천현과 거리가 20리인 동면(東面)에서 2·7이 든 날에 선다.

　풍덕리장(豐德里場)[275]은 웅천현과 거리가 20리인 중면(中面)에서 3·8이 든 날에 선다.

熊川

[又] 邑內場, 四、九日設. 饒米麪、綿布、苧布、麻布、禿尾魚、八梢魚、大口魚、鯊魚、淡菜、海菜、海蔘、石花.

院里場, 距縣二十里東面, 二、七日設.

豐德里場, 距縣二十里中面, 三、八日設.

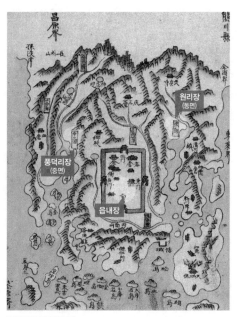

웅천의 장시(《여지도》)

273 읍내장(邑內場): 경상남도 창원시 진해구 웅천동에서 열렸던 5일장. 현재는 '웅천시장'이라는 이름으로 진해구 성내동에서 매달 4·9가 든 날에 선다.
274 원리장(院里場): 경상남도 창원시 진해구 용원동에서 열렸던 5일장.
275 풍덕리장(豐德里場): 경상남도 창원시 진해구에서 열렸던 5일장.

5) 강원도

원주(原州)

[금화경독기] 주내장(州內場)[1]은 2·7이 든 날에 선다. 미곡·면화·면포·삼베·자주·생선·소금·종이[紙地]·자초·담배·철물·토기·미투리·소가 풍부하다.

주천장(酒泉場)[2]은 원주와 거리가 80리인 곳에서 1·6이 든 날에 선다.

흥원상(興原場)[3]은 원주와 거리가 60리인 곳에서

關東

原州

[金華耕讀記] 州內場, 二、七日設. 饒米穀、綿花、綿布、麻布、紫紬、魚鹽、紙地、紫草、煙草、鐵物、土器、麻鞋、牛犢.

酒泉場, 距州八十里, 一、六日設.

興原場, 距州六丨里, 三、

원주의 장시《광여도》

---

1 주내장(州內場):강원도 원주시 중앙로에서 열렸던 5일장. 현재까지 계속 열린다.
2 주천장(酒泉場):강원도 영월군 주천면 주천리에서 열렸던 5일장. 1770년대에는 3·8이 든 날에 서다가 1830년대부터 1·6이 든 날에 섰다.
3 흥원장(興原場):강원도 원주시 부론면 흥호리에서 열렸던 5일장.

3·8이 든 날에 선다.

단정장(端亭場)4은 원주와 거리가 80리인 곳에서 1·6이 든 날에 선다.

강릉(江陵)

[금화경독기] 부내장(府內場)5은 2·7이 든 날에 선다. 미곡·면화·면포·삼베·명주·미역·생선·소금·모과·배·밤·대추·감·소가 풍부하다.

우계장(羽溪場)6은 강릉부와 거리가 60리인 남면

八日設.

端亭場, 距州八十里, 一、六日設.

江陵

[又] 府內場, 二、七日設. 饒米穀、綿花、綿布、麻布、明紬、海菜、魚鹽、木瓜、梨栗、棗柹、牛犢.

羽溪場, 距府六十里南面,

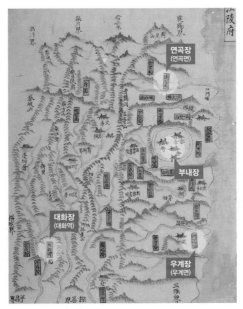

강릉의 장시(《광여도》)

---

4 단정장(端亭場): 강원도 원주시 부론면 단강리에서 열렸던 5일장. 1830년대에 신설되었다가 1912년 전후에 폐쇄되었다.
5 부내장(府內場): 강원도 강릉시 성남동에서 열렸던 5일장. 현재까지 계속 열린다.
6 우계장(羽溪場): 강원도 강릉시 옥계면 현내리에서 열렸던 5일장.

(南面)에서 4·9가 든 날에 선다.

연곡장(連谷場)[7]은 강릉부와 거리가 30리인 북면 (北面)에서 3·8이 든 날에 선다.

대화장(大化場)[8]은 강릉부와 거리가 150리인 서면 (西面)에서 4·9가 든 날에 선다.

四、九日設.

連谷場, 距府三十里北面, 三、八日設.

大化場, 距府一百五十里西面, 四、九日設.

회양(淮陽)

[금화경독기] 부내장(府內場)[9]은 3·8이 든 날에 선다. 삼베·잣·꿀·열목어[餘項魚][10]가 풍부하다.

淮陽

[又] 府內場, 三、八日設. 饒麻布、海松子、蜂蜜、餘項魚.

회양의 장시(《광여도》)

양양의 장시(《광여도》)

---

7 연곡장(連谷場) : 강원도 강릉시 연곡면 동덕리에서 열렸던 5일장.
8 대화장(大化場) : 강원도 평창군 대화면 대화리에서 열렸던 5일장으로 현재까지 계속 열린다. 전국에서 가장 큰 15개 시장 가운데 강원도에서는 유일하게 대화장이 포함되어 있다.
9 부내장(府內場) : 강원도 회양군에서 열렸던 5일장.
10 열목어[餘項魚] : 연어목 연어과의 민물고기.

양양(襄陽)

[금화경독기] 부내장(府內場)[11]은 관문 밖 임두리(林頭里)에서 4·9가 든 날에 선다. 미곡·면포·삼베·방어·북어·대구·소금·과일·종이·소가 풍부하다.

물치리장(勿淄里場)[12]은 양양부와 거리가 20리인 곳에서 5·10이 든 날에 선다.

춘천(春川)

[금화경독기] 부내장(府內場)[13]은 관문 밖 5리에서 2·7이 든 날에 선다. 미곡·면포·명주·생선·소금·

襄陽

[又] 府內場, 在官門外林頭里, 四、九日設. 饒米穀, 綿布、麻布、魴魚、北魚、大口魚、鹽、果物、紙地、牛犢.

勿淄里場, 距府二十里, 五、十日設.

春川

[又] 府內場, 在官門外五里, 二、七日設. 饒米穀, 綿

춘천의 장시(《광여도》)

---

11 부내장(府內場) : 강원도 양양군 양양읍 군행리에서 열렸던 5일장. 현재 양양군에 유일하게 남아 있는 장이다.
12 물치리장(勿淄里場) : 강원도 양양군 강현면 물치리에서 열렸던 5일장. 1970년대 이후 폐쇄되었다.
13 부내장(府內場) : 강원도 춘천시 중앙로에서 열렸던 5일장. 현재에도 계속 열린다.

종이·담배가 풍부하다.

천전장(泉田場)[14]은 춘천부와 거리가 15리인 북중면(北中面)에서 3·8이 든 날에 선다.

철원(鐵原)

[금화경독기] 부내장(府內場)[15]은 2·7이 든 날에 선다. 미곡·면포·꿀·송이버섯이 풍부하다.

삼척(三陟)

[금화경독기] 부내장(府內場)[16]은 2·7이 든 날에 선다. 삼베·생선·소금·소가 풍부하다.

布、明紬、魚鹽、紙地、煙草.

泉田場, 距府十五里北中面, 三、八日設.

鐵原

[又] 府內場, 二、七日設. 饒米穀、綿布、蜂蜜、松茸.

三陟

[又] 府內場, 二、七日設. 饒麻布、魚鹽、牛犢.

철원의 장시(《광여도》)

삼척의 장시(《광여도》)

14 천전장(泉田場): 강원도 춘천시 신북읍 율문리에서 열렸던 5일장. 1970년대 이후 폐쇄되었다.
15 부내장(府內場): 강원도 철원군 갈말읍 신철원리에서 열렸던 5일장.
16 부내장(府內場): 강원도 삼척시 남양동에서 열렸던 5일장. 현재에도 계속 열린다.

교가장(交柯場)[17]은 근덕면(近德面)에서 1·6이 든 날에 선다.

북평장(北坪場)[18]은 견박면(見朴面)에서 3·8이 든 날에 선다.

交柯場, 在近德面, 一、六日設.

北坪場, 在見朴面, 三、八日設.

영월(寧越)

[금화경독기] 부내장(府內場)[19]은 5·10이 든 날에 선다. 면화·면포·삼베·자초·대추·담배가 풍부하다.

寧越

[又] 府內場, 五、十日設. 饒綿花、綿布、麻布、紫草、大棗、煙草.

영월의 장시(《광여도》)

---

17 교가장(交柯場) : 강원도 삼척시 근덕면 교가리에서 열렸던 5일장. 삼척의 옛 읍지인 《진주지(眞珠誌)》에 따르면 "옛 운교 남쪽에 있다가 1639년에 이곳으로 옮겼는데, 1·6이 든 날에 장이 열렸다."라 전해진다. 현재 규모가 축소된 채 정기시장으로 명맥을 유지하고 있다.

18 북평장(北坪場) : 강원도 동해시 북평동에서 열렸던 5일장. 현재에도 계속 열린다.

19 부내장(府內場) : 강원도 영월군 영월읍 하송리에서 열렸던 5일장.

토교리장(土橋里場)[20]은 남면(南面)에서 1·6이 든 날에 선다.

이천(伊川)

[금화경독기] 흑석장(黑石場)[21]은 이천부와 거리가 80리인 북면(北面)에서 3·8이 든 날에 선다. 미곡·면포·삼베·미역·북어·소금·소가 풍부하다.

지석장(支石場)[22]은 이천부와 거리가 70리인 서면(西面)에서 4·9가 든 날에 선다.

土橋里場, 在南面, 一、六日設.

伊川

[又] 黑石場, 距府八十里北面, 三、八日設. 饒米穀、綿布、麻布、海菜、北魚、鹽、牛犢.

支石場, 距府七十里西面, 四、九日設.

이천의 장시((광여도))

---

20 토교리장(土橋里場) : 강원도 영월군 남면 토교리에서 열렸던 5일장.
21 흑석장(黑石場) : 강원도 판교군 판교읍에서 열렸던 5일장. 원래는 강원도 이천군 방장면 흑석리였으나 1953년에 현재 지명으로 개편되었다.
22 지석장(支石場) : 강원도 판교군 지하리에서 열렸던 5일장. 원래는 강원도 이천군 낙양면 지석리.

평해(平海)

[금화경독기] 군내장(郡內場)[23]은 2·7이 든 날에 선다. 미곡·면포·삼베·생선·소금·소가 풍부하다.

전명장(傳命場)[24]은 북면에서 1·6이 든 날에 선다.

通海

[又] 郡內場, 二、七日設. 饒米穀、綿布、麻布、魚鹽、牛犢.

傳命場, 在北面, 一、六日設.

통천(通川)

[금화경독기] 군내장(郡內場)[25]은 2·7이 든 날에 선다. 고저장(庫底場)[26]은 3·8이 든 날에 선다. 면화·면포가 풍부하다.

通川

[又] 郡內場, 二、七日設. 庫底場, 三、八日設. 饒綿花、綿布.

평해의 장시(《광여도》)

통천의 장시(《광여도》)

---

23 군내장(郡內場) : 경상북도 울진군 평해읍 평해리에서 열렸던 5일장.
24 전명장(傳命場) : 경상북도 울진군 평해읍 평해리에서 열렸던 5일장.
25 군내장(郡內場) : 강원도 통천군 통천면에서 열렸던 5일장.
26 고저장(庫底場) : 강원도 통천군 통천면에서 열렸던 5일장.

정선(旌善)

[금화경독기] 군내장(郡內場)[27]은 4·9가 든 날에 선다. 면포·삼베·생선·소금·배·자초·미투리가 풍부하다.

고성(高城)

[금화경독기] 군내장(郡內場)[28]은 3·8이 든 날에 선다. 면포·삼베·미역·생선·소금·짚신이 풍부하다.

旌善

[又] 郡內場, 四、九日設. 饒綿布、麻布、魚鹽、生梨、紫草、麻鞋.

高城

[又] 郡內場, 三、八日設. 饒綿布、麻布、海菜、魚鹽、草鞋.

정선의 장시(《광여도》)

고성의 장시(《광여도》)

---

27 군내장(郡內場) : 강원도 정선군 정선읍 봉양리에서 열렸던 5일장. 현재에도 계속 열린다.
28 군내장(郡內場) : 강원도 고성군 동면에서 열렸던 5일장.

간성(杆城)

[금화경독기] 군내장(郡內場)[29]은 2·7이 든 날에 선다. 면포·삼베가 풍부하다.

괘진장(掛津場)[30]은 간성군과 거리가 30리인 곳에서 1·6이 든 날에 선다.

杆城

[又] 郡內場, 二、七日設. 饒綿布、麻布.

掛津場, 距郡三十里, 一、六日設.

간성의 장시(《광여도》)

평창(平昌)

[금화경독기] 군내장(郡內場)[31]은 5·10이 든 날에 선다. 미곡·면포·삼베·명주·미역·생선·소금·소가

平昌

[又] 郡內場, 五、十日設. 饒米穀、綿布、麻布、明紬、

---

29 군내장(郡內場) : 강원도 고성군 간성읍 하리에서 열렸던 5일장. 현재에도 계속 열린다.
30 괘진장(掛津場) : 강원도 고성군 죽왕면 문암진리에서 열렸던 5일장.
31 군내장(郡內場) : 강원도 평창군 평창읍 천변리에서 열렸던 5일장. 현재에도 계속 열린다.

풍부하다.

노일장(魯一場)[32]은 평창군과 거리가 120리인 동면
(東面)에서 4·9가 든 날에 선다.

금성(金城)

[금화경독기] 현내장(縣內場)[33]은 5·10이 든 날에 선
다. 면포·삼베·생선·소금이 풍부하다.

창도장(昌道場)[34]은 금성현과 거리가 30리인 곳에
서 4·9가 든 날에 선다.

海菜、魚鹽、牛犢.

魯一場, 距郡一百二十里東
面, 四、九日設.

金城

[又] 縣內場, 五、十日設.
饒綿布、麻布、魚鹽.

昌道場, 距縣三十里, 四、
九日設.

평창의 장시((광여도))

금성의 장시((광여도))

---

32 노일장(魯一場) : 강원도 평창군 미탄면 창리에서 열렸던 5일장.
33 현내장(縣內場) : 강원도 김화군 금성면에서 열렸던 5일장.
34 창도장(昌道場) : 강원도 김화군 서면 창도리에서 열렸던 5일장.

울진(蔚珍)

[금화경독기] 현내장(縣內場)35은 2·7이 든 날에 선
다. 면포·삼베·생선·소금이 풍부하다.

　흥부장(興富場)36은 울진현 북쪽에서 3·8이 든 날
에 선다.

　매야장(梅野場)37은 울진현 남쪽에서 1·6이 든 날
에 선다.

蔚珍①

[又] 縣內場, 二、七日設.
饒綿布、麻布、魚鹽.

興富場, 在縣北, 三、八日
設.

梅野場, 在縣南, 一、六日
設.

울진의 장시(《광여도》)

35　현내장(縣內場) : 경상북도 울진군 울진읍 읍내리에서 열렸던 5일장. 현재에도 계속 열린다.
36　흥부장(興富場) : 경상북도 울진군 북면 부구리에서 열렸던 5일장. 현재에도 계속 열린다.
37　매야장(梅野場) : 경상북도 울진군 매화면 매화리에 열렸던 5일장.
①　珍 : 저본에는 "津". 일반적인 용례에 근거하여 수정.

흡곡(歙谷)

[금화경독기] 현내장(縣內場)38은 1·6이 든 날에 선다.
고저장(庫底場)39은 5·10이 든 날에 선다. 면화·면포
가 풍부하다.

흡곡(平康)

[금화경독기] 현내장(縣內場)40은 5·10이 든 날에 선
다. 미곡·면포·삼베·명주·생선·소금·과일·철물·
미투리·소가 풍부하다.

歙谷

[又] <u>縣內場</u>, 一、六日設.
<u>庫底場</u>, 五、十日設. 饒綿
花、綿布.

平康

[又] <u>縣內場</u>, 五、十日設.
饒米穀、綿布、麻布、明紬、
魚鹽、果物、鐵物、麻鞋、牛
犢.

흡곡의 장시(《광여도》)

평강의 장시(《광여도》)

---

38 현내장(縣內場): 강원도 통천군 흡곡면 화통리에서 열렸던 5일장.
39 고저장(庫底場): 강원도 통천군 고저읍 하고저리에서 열렸던 5일장.
40 현내장(縣內場): 강원도 평강군 평강읍 동변리에서 열렸던 5일장.

김화(金化)

[금화경독기] 현내장(縣內場)[41]은 1·6이 든 날에 선다. 면포·삼베·생선·소금·소가 풍부하다.

낭천(狼川)

[금화경독기] 구만리장(九萬里場)[42]은 낭천현과 거리가 20리인 곳에서 1·6이 든 날에 선다.

원천장(原泉場)[43]은 낭천현과 거리가 15리인 곳에서 2·7이 든 날에 선다. 면포·삼베·명주·생선·소금이 풍부하다.

金化

[又] 縣內場, 一、六日設. 饒綿布、麻布、魚鹽、牛犢.

狼川

[又] 九萬里場, 距縣二十里, 一、六日設.

原泉場, 距縣十五里, 二、七日設. 饒綿布、麻布、明紬、魚鹽.

김화의 장시(《광여도》)

낭천의 장시(《광여도》)

41 현내장(縣內場) : 강원도 김화군 김화읍 읍내리에서 열렸던 5일장.
42 구만리장(九萬里場) : 강원도 화천군 간동면 구만리에서 열렸던 5일장.
43 원천장(原泉場) : 강원도 화천군 하남면 원천리에서 열렸던 5일장.

홍천(洪川)

[금화경독기] 현내장(縣內場)⁴⁴은 4·9가 든 날에 선다. 천감장(泉甘場)⁴⁵은 3·8이 든 날에 선다. 미곡·면포·삼베·명주·생선·소금·소가 풍부하다.

洪川

[又] 縣內場, 四、九日設. 泉甘場, 三、八日設. 饒米穀、綿布、麻布、明紬、魚鹽、牛犢.

양구(楊口)

[금화경독기] 현내장(縣內場)⁴⁶은 5·10이 든 날에 선다. 면화·면포·삼베·생선·소금·사기·미투리·소가 풍부하다.

楊口

[又] 縣內場, 五、十日設. 饒綿花、綿布、麻布、魚鹽、沙器、麻鞋、牛犢,

홍천의 장시《광여도》

양구의 장시《광여도》

---

44 현내장(縣內場):강원도 홍천군 홍천읍 희망리에서 열렸던 5일장. 현재에도 계속 열린다.
45 천감장(泉甘場):강원도 홍천군 두촌면 역내리에서 열렸던 5일장.
46 현내장(縣內場):강원도 양구군 양구읍 상리에서 열렸던 5일장. 현재에도 계속 열린다.

우망리장(牛望里場)47은 양구현과 거리가 10리인 곳에서 1·6이 든 날에 선다.

牛望里場, 距縣十里, 一、六日設.

인제(麟蹄)

[금화경독기] 현내장(縣內場)48은 2·7이 든 날에 선다. 면포·삼베·미역·생선·소금·짚신이 풍부하다.

麟蹄

[又] 縣內場, 二、七日設. 饒綿布、麻布、海菜、魚鹽、草鞋.

인제의 장시(《광여도》)

---

47 우망리장(牛望里場) : 강원도 양구군에서 열렸던 5일장. 1912년의 조사에서는 존재했지만 1923년의 조사에서는 사라졌다. 이 지도에서는 확인되지 않는다.

48 현내장(縣內場) : 강원도 인제군 인제읍(麟蹄邑) 상동리(上東里)에서 열렸던 5일장. 현재에도 계속 열린다.

횡성(橫城)

[금화경독기] 현내장(縣內場)[49]은 1·6이 든 날에 선다. 면포·삼베·명주가 풍부하다.

방내리장(坊內里場)[50]은 횡성현과 거리가 60리인 둔동면(屯洞面)에서 4·9가 든 날에 선다.

橫城

[又] 縣內場, 一、六日設. 饒綿布、麻布、明紬.
坊內里場, 距縣六十里屯洞面, 四、九日設.

횡성의 장시(《광여도》)

---

49 현내장(縣內場):강원도 횡성군 횡성읍(橫城邑) 읍상리(邑上里)에서 열렸던 5일장. 현재에도 계속 열린다.
50 방내리장(坊內里場):강원도 횡성군 둔내면(屯內面) 둔방내리(屯坊內里)에서 열렸던 5일장.

안협(安峽)

[금화경독기] 변산장(邊山場)[51]은 안협현과 거리가 5리인 거성리(擧城里)에서 5·10이 든 날에 선다.

다읍리장(多邑里場)[52]은 안협현과 거리가 30리인 곳에서 2·7이 든 날에 선다. 미곡·면포·명주·생선·소금·배·담배가 풍부하다.

安峽

[又] 邊山場, 距縣五里擧城里, 五、十日設.

多邑里場, 距縣三十里, 二、七日設. 饒米穀、綿布、明紬、魚鹽、生梨、煙草.

안협의 장시(《광여도》)

---

51 변산장(邊山場) : 강원도 이천군 안협면(安峽面) 거성리(擧城里)에서 열렸던 5일장.
52 다읍리장(多邑里場) : 강원도 이천군 안협면(安峽面)에서 열렸던 5일장.

6) 황해도[海西]

해주(海州)

[금화경독기] 남문외장(南門外場)[1]은 해주 동쪽 5리에서 2가 든 날에 선다.

소동문외장(小東門外場)[2]은 해주 동쪽 3리에서 7이 든 날에 선다. 쌀·콩·맥류·면포·면화·삼베·생선·소금·담배·피마자·삿자리·소가 풍부하다.

청단장(靑丹場)[3]은 해주 동쪽 60리 추이동면(秋伊東面)에서 1·6이 든 날에 선다.

석장장(石牆場)[4]은 해주 동쪽 80리 일신면(日新面)에서 3·8이 드는 날에 선다.

석장생장(石長柱場)[5]은 해주 동쪽 40리 내성면(來城面)에서 4·9가 든 날에 선다.

취야장(翠野場)[6]은 해주 서쪽 35리 가좌동(茄佐洞)에서 3·8이 든 날에 선다.

지경장(地境場)[7]은 해주 남쪽 70리 송림면(松林面)에서 2·7이 든 날에 선다.

서창장(西倉場)[8]은 해주 서쪽 10리 대진면(代陳面)에서 8이 든 날에 선다.

海西

海州

[金華耕讀記] 南門外場, 在州東五里, 二日設.

小東門外場, 在州東三里, 七日設. 饒米荳、麪麥、綿布、綿花、麻布、魚鹽、煙草、萆麻子、簟席、牛犢.

青丹場, 在州東六十里秋伊東面, 一、六日設.

石牆場, 在州東八十里日新面, 三、八日設.

石長柱場, 在州東四十里來城面, 四、九日設.

翠野場, 在州西三十五里茄佐洞, 三、八日設.

地境場, 在州南七十里松林面, 二、七日設.

西倉場, 在州西十里代陳面, 八日設.

---

1 남문외장(南門外場) : 황해남도 해주시에서 열렸던 5일장.
2 소동문외장(小東門外場) : 황해남도 해주시에서 열렸던 5일장.
3 청단장(靑丹場) : 황해남도 벽성군 추화면에서 열렸던 5일장. 1942년 현재 1·6이 든 날에 섰다.
4 석장장(石牆場) : 황해남도 청단군에서 열렸던 5일장.
5 석장생장(石長柱場) : 황해남도 청단군에서 열렸던 5일장.
6 취야장(翠野場) : 황해남도 벽성군 가좌면에서 열렸던 5일장. 1942년 현재 3·8이 든 날에 섰다. 이 지도에서는 확인되지 않는다.
7 지경장(地境場) : 황해남도 벽성군 송림면에서 열렸던 5일장. 1942년 현재 1·6이 든 날에 섰다.
8 서창장(西倉場) : 황해남도 태탄군에서 열렸던 5일장.

해주의 장시(《여지도》)

광탄장(廣灘場)[9]은 해주 서쪽 95리 어걸면(於傑面)에서 3이 든 날에 선다.

죽천장(竹川場)[10]은 해주 서쪽 80리 삼곡면(三谷面)에서 1·6이 든 날에 선다.

廣灘場, 在州西九十五里
於傑面, 三日設.

竹川場, 在州西八十里三谷
面, 一、六日設.

---

9 광탄장(廣灘場): 황해남도 대탄군에서 열렸던 5일장. 이 지도에서는 확인되지 않는다.

10 죽천장(竹川場): 황해남도 벽성군 장곡면에서 열렸던 5일장. 1942년 현재 2·7이 든 날에 섰다.

오담장(鰲潭場)[11]은 해주 서쪽 80리 백운상면(白雲上面)에서 10이 든 날에 선다.

검창장(檢倉場)[12]은 해주 서쪽 60리 율지하면(栗枝下面)에서 5가 든 날에 선다.

청암장(靑巖場)[13]은 해주 서쪽 70리 마산면(馬山面)에서 2·7이 든 날에 선다.

황주(黃州)

[금화경독기] 남천장(南川場)[14]은 황주성 밖 2리에서 1·6이 든 날에 선다.

서문외소장(西門外小場)[15]은 4·9가 든 날에 선다. 쌀·콩·맥류·기장·피·면포·면화·산누에고치실·명주·모시·유기(鍮器)·철물·목물·자기·토기·미역·생선·소금·대추·밤·배·감·담배·닭·돼지·소가 풍부하다.

가우장(加隅場)[16]은 황주 동쪽 40리 귀락방(龜洛坊) 잉어리[鯉魚里]에서 2·7이 든 날에 선다.

동산장(東山場)[17]은 황주 서쪽 20리 청원방(靑源坊) 동산리(東山里)에서 2·7이 든 날에 선다.

고현장(古縣場)[18]은 황주 서쪽 40리 모성방(慕聖坊)

鰲潭場, 在州西八十里白雲上面, 十日設.

檢倉場, 在州西六十里栗枝下面, 五日設.

靑巖場, 在州西七十里馬山面, 二、七日設.

黃州

[又] 南川場, 在州城外二里, 一、八日設.

西門外小場, 四、九日設. 饒米豆、麳麥、黍稗、綿布、綿花、野繭絲、明紬、苧布、鍮器、鐵物、木物、磁器、土器、海菜、魚鹽、棗栗、梨柹、煙草、鷄豚、牛犢.

加隅場, 在州東四十里龜洛坊 鯉魚里, 二、七日設.

東山場, 在州西二十里靑源坊 東山里, 二、七日設.

古縣場, 在州西四十里慕

11　오담장(鰲潭場): 황해남도 태탄군 지촌리에서 열렸던 5일장.
12　검창장(檢倉場): 황해남도 벽성군에서 열렸던 5일장.
13　청암장(靑巖場): 확인 안 됨.
14　남천장(南川場): 황해북도 황주군 황주읍에서 열렸던 5일장.
15　서문외소장(西門外小場): 황해북도 황주군 황주읍에서 열렸던 5일장.
16　가우장(加隅場): 미상.
17　동산장(東山場): 황해북도 황주군 청운리에서 열렸던 5일장.
18　고현장(古縣場): 미상.

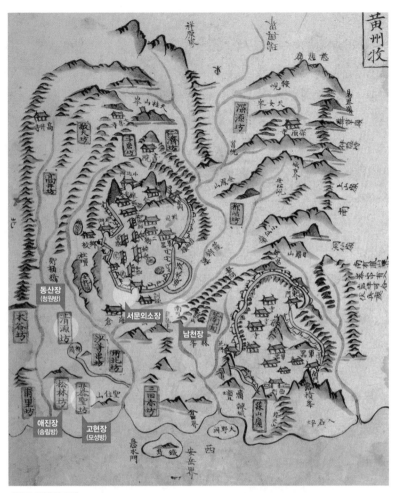

황주의 장시《여지도》

고현리(古縣里)에서 5·10이 든 날에 선다.	聖坊 古縣里, 五、十日設.
애진장(艾陳場)[19]은 황주 서쪽 40리 송림방(松林坊)	艾陳場, 在州西四十里松
애진포(艾陳浦)에서 3·8이 든 날에 선다.	林坊 艾陳浦, 三、八日設.

---

19 애진장(艾陳場): 미상.

연안(延安)

[금화경독기] 부내장(府內場)[20]은 2·7일이 든 날에 선다. 쌀·콩·맥류·참깨·들깨·면포·면화·삼베·생선·소금·대추·밤·배·감·토기·유기(柳器)·삿자리·담배·소가 풍부하다.

신장(新場)[21]은 연안부 남쪽 20리 지촌방(池村坊)에서 5·10이 든 날에 선다.

소야장(小野場)[22]은 연안부 남쪽 20리 대산방(大山坊)에서 4·9기 든 날에 선다.

延安

[又] 府內場, 二、七日設. 饒米荳、麰麥、脂麻、水蘇、綿布、綿花、麻布、魚鹽、棗栗、梨枾、土器、柳器、簟席、煙草、牛犢.

新場, 在府南二十里池村坊, 五·十日設.

小野場, 在府南二十里大山坊, 四、九日設.

연안의 장시(《여지도》)

---

20 부내장(府內場):황해남도 연안군 연안읍에서 열렸던 5일장.
21 신장(新場):황해남도 연안군에서 열렸던 5일장. 이 지도에서는 확인되지 않는다.
22 소야장(小野場):황해남도 연안군에서 열렸던 5일장.

배오현장(排吾峴場)[23]은 연안부 북쪽 30리 삼둔방(三屯坊)에서 1·6이 든 날에 선다.

평산(平山)

[금화경독기] 부내장(府內場)[24]은 1·6이 든 날에 선다. 쌀·콩·맥류·면포·면화·삼베·생선·소금·대추·밤·배·감·담배·소가 풍부하다.

보산장(寶山場)[25]은 평산부 서북쪽 20리 보산방(寶山坊)에서 5·10이 든 날에 선다.

안성장(安城場)[26]은 평산부 서쪽 50리 안성방(安城坊)에서 1·6이 든 날에 선다.

누천장(漏川場)[27]은 평산부 서쪽 40리 세곡방(細谷坊)에서 2·7이 든 날에 선다.

한천장(漢川場)[28]은 평산부 남쪽 80리 마산방(馬山坊)에서 1·6이 든 날에 선다.

탁영대장(濯纓臺場)[29]은 평산부 남쪽 100리 궁위방(弓位坊)에서 5·10이 든 날에 선다.

문구장(文區場)[30]은 평산부 서쪽 70리 문구방(文區坊)에서 3·8이 든 날에 선다.

排吾峴場, 在府北三十里三屯坊, 一、六日設.

平山

[又] 府內場, 一、六日設. 饒米荳、麰麥、綿布、綿花、麻布、魚鹽、棗栗、梨柹、煙草、牛犢.

寶山場, 在府西北二十里寶山坊, 五、十日設.

安城場, 在府西五十里安城坊, 一、六日設.

漏川場, 在府西四十里細谷坊, 二、七日設.

漢川場, 在府南八十里馬山坊, 一、六日設.

濯纓臺場, 在府南一百里弓位坊, 五、十日設.

文區場, 在府西七十里文區坊, 三、八日設.

---

23 배오현장(排吾峴場) : 황해남도 연안군에서 열렸던 5일장.

24 부내장(府內場) : 황해북도 평산군 평산읍에서 열렸던 5일장.

25 보산장(寶山場) : 황해북도 평산군에서 열렸던 5일장. 이 지도에서는 확인되지 않는다.

26 안성장(安城場) : 황해북도 평산군에서 열렸던 5일장.

27 누천장(漏川場) : 황해북도 평산군 세곡면에서 열렸던 5일장. 1942년 현재에도 섰으며 해산물을 주로 거래했다.

28 한천장(漢川場) : 황해북도 평산군 마산면에서 열렸던 5일장. 1942년 현재에도 섰다.

29 탁영대장(濯纓臺場) 황해남도 연안군 아현리에서 열렸던 5일장.

30 문구장(文區場) : 황해북도 평산군 문무면에시 열렸던 5일장. 1942년 당시에는 문무장이라 했으며 축산물을 주로 거래했다.

석교장(石橋場)31은 평산부 서쪽 100리 상월방(上月坊)에서 1·6이 든 날에 선다.

배천기리장(白川巨里場)32은 평산부 서쪽 70리 신읍방(新邑坊)에서 5·10이 든 날에 선다.

기린장(麒麟場)33은 평산부 서쪽 90리 인산방(麟山坊)에서 4·9가 든 날에 선다.

石橋場, 在府西一百里上月坊, 一、六日設.

白川巨里場, 在府西七十里新邑坊, 五、十日設.

麒麟場, 在府西九十里麟山坊, 四、九日設.

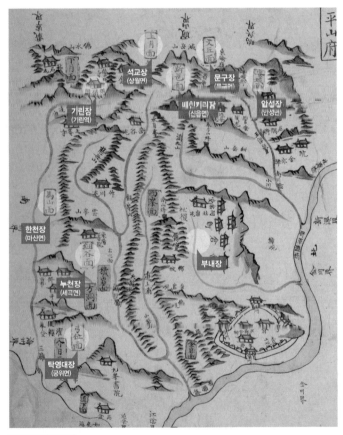

평산의 장시((여지도))

---

31 석교장(石橋場): 황해북도 인산군에서 열렸던 5일장.
32 배천거리장(白川巨里場): 황해북도 평산군 신암면에서 열렸던 5일장. 1942년 현재에는 배천장이라 했다.
33 기린장(麒麟場): 황해북도 평산군 이산면에서 열렸던 5일장. 1942년 현재에도 섰다.

서흥(瑞興)

[금화경독기] 부내상장(府內上場)[34]은 2가 든 날에 서고, 부내하장(府內下場)[35]은 7이 든 날에 선다. 쌀·콩·맥류·면포·면화·명주·삼베·생선·소금·자기·토기·담배·닭·돼지·소가 풍부하다.

흥수내장(興水內場)[36]은 서흥부 서쪽 30리 목감방(木甘坊)에서 4·9가 든 날에 선다.

능리내장(陵里內場)[37]은 서흥부 북쪽 70리 도하방(道下坊)에서 4·9가 든 날에 선다.

瑞興

[又] 府內上場, 二日設；下場, 七日設. 饒米荳、麰麥、綿布、綿花、明紬、麻布、魚鹽、磁器、土器、煙草、鷄豚、牛犢.

興水內場, 在府西三十里木甘坊, 四、九日設.

陵里內場, 在府北七十里道下坊, 四、九日設.

서흥의 장시(《여지도》)

---

34 부내상장(府內上場) : 황해북도 서흥군 서흥읍에서 열렸던 5일장.
35 부내하장(府內下場) : 황해북도 서흥군 서흥읍에서 열렸던 5일장.
36 흥수내장(興水內場) : 미상.
37 능리내장(陵里內場) : 황해북도 서흥군에서 열렸던 5일장. 이 지도에서는 확인되지 않는다.

포막장(浦幕場)[38]은 서흥부 동쪽 30리 매양방(梅陽坊)에서 4·9가 든 날에 선다.

신당장(新塘場)[39]은 서흥부 북쪽 50리 구정방(九井坊)에서 1·6이 든 날에 선다.

浦幕場, 在府東三┃里梅陽坊, 四、九日設.

新塘場, 在府北五十里九井坊, 一、六日設.

풍천(豊川)

[금화경독기] 성상장(城上場)[40]은 풍천부 동북쪽 1리에서 11·26일에 선다.

옥가장(獄街場)[41]은 풍천부 남쪽 1리에서 6·21일에 선다.

남천교장(南川橋場)[42]은 풍천부 남쪽 1리에서 1·16

豊川

[又] 城上場, 在府東北一里, 十一日、二十六日設.

獄街場, 在府南一里, 初六日、二十一日設.

南川橋場, 在府南一里, 初

풍천의 장시((여지도))

---

38 포막장(浦幕場) : 황해북도 서흥군에서 열렸던 5일장. 이 지도에서는 확인되지 않는다.
39 신당장(新塘場) : 황해북도 서흥군 신당리에서 열렸던 5일장.
40 성상장(城上場) : 미상.
41 옥가장(獄街場) : 미상.
42 남천교장(南川橋場) : 미상.

에 선다. 쌀·콩·맥류·참깨·들깨·면포·면화·생선·
소금·삿자리·담뱃대·소가 풍부하다.

석탄장(石灘場)43은 풍천부 동북쪽 30리 천동면(泉
洞面)에서 2·7이 든 날에 선다.

곡산(谷山)
[금화경독기] 부내장(府內場)44은 남천교 근처에서 3
이 든 날에 선다.

관전장(館前場)45은 8이 든 날에 선다. 쌀·콩·맥
류·면포·면화·주단·삼베·생선·소금·유기(鍮器)·
자기·토기·유기(柳器)·가래나무껍질·감탕나무껍질·

一日、十六日設. 饒米荳、麰
麥、脂麻、水蘇、綿布、綿花、
魚鹽、簟席、煙杯、牛犢.
石灘場，在府東北三十里
泉洞面，二、七日設.

谷山
[又] 府內場，在南川橋邊，
三日設.

館前場，八日設. 饒米荳、
麰麥、綿布、綿花、緞紬、麻
布、魚鹽、鍮器、磁器、土器、

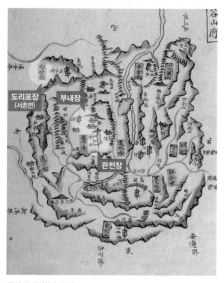

곡산의 장시(《여지도》)

---

43 석탄장(石灘場) : 미상.
44 부내장(府內場) : 황해북도 곡산군 곡산읍에서 열렸던 5일장.
45 관전장(館前場) : 황해북도 곡산군 곡산읍에서 열렸던 5일장.

느릅나무껍질·생삼·삿자리·종이[紙地]·담배·대추· 밤·배·감·닭·돼지·소가 풍부하다.

문성장(文城場)[46]은 곡산부 북쪽 30리 멱미방(覓美坊) 마가탄리(摩訶灘里)에서 4·9가 든 날에 선다.

도리포장(桃李浦場)[47]은 곡산부 서쪽 30리 서촌방(西村坊) 도리포리(桃李浦里)에서 2·7이 든 날에 선다.

옹진(甕津)

[임원경제지] 농림장(東林場)[48]은 옹진부 동쪽 10리 읍내면(邑內面) 고안리(古安里)에서 1·6이 든 날에 선다. 쌀·콩·맥류·면포·면화·모시·삼베·생선·

柳器、楸皮、杻皮、榆皮、生麻、簟席、紙地、煙草、棗栗、梨柹、鷄豚、牛犢.

文城場, 在府北三十里覓美坊 摩訶[1]灘里, 四、九日設. 桃李浦場, 在府西三十里西村坊 桃李浦里, 二、七日設.

甕津

「又」東林場 在府東十里邑內面 古安里, 一、六日設. 饒米荳、麰麥、綿布、

옹진의 장시(《여지도》)

---

46 문성장(文城場) : 황해북도 곡산군에서 열렸던 5일장. 이 지도에서는 확인되지 않는다.
47 도리포장(桃李浦場) : 미상.
48 동림장(東林場) : 황해남도 옹진군 옹진읍에서 열렸던 5일장.
[1] 訶 : 규장각본에는 "訏".

소금·삿자리·담배·담뱃대·피마자·석유황·소가 풍부하다.

염불리장(念佛里場)49은 옹진부 서쪽 25리 서면(西面)에서 5·10이 든 날에 선다.

綿花、苧布、麻布、魚鹽、簞席、煙草、煙杯、萆麻子、石硫黃、牛犢.

念佛里場, 在府西二十五里西面, 五、十日設.

장연(長淵)

[금화경독기] 부북장(府北場)50은 5가 든 날에 서고, 부남장(府南場)51은 10이 든 날에 선다. 쌀·콩·맥류·참깨·들깨·면포·면화·삼베·생선·소금·대추·밤·배·감·유기(鍮器)·자기·토기·유기(柳器)·삿자리·피

長淵

[又] 府北場, 五日設;府南場, 十日設. 饒米荳、麰麥、脂麻、水蘇、綿布、綿花、麻布、魚鹽、棗栗、梨柹、鍮器、

장연의 장시(《여지도》)

49 염불리장(念佛里場):황해남도 옹진군에서 열렸던 5일장.
50 부북장(府北場):황혜남도 장연군 장연읍에서 열렸던 5일장.
51 부남장(府南場):황해남도 장연군 장연읍에서 열렸던 5일장.

마자·담배·소가 풍부하다.

磁器、土器、柳器、簟席、菓
麻子、煙草、牛犢.

포두원장(浦頭院場)[52]은 장연부 남쪽 50리 후선면
(朽船面)에서 2·7이 든 날에 선다.

浦頭院場, 在府南五十里
朽船面, 二、七日設.

원장(院場)[53]은 장연부 동쪽 40리 목감면(木甘面)에
서 4·9가 든 날에 선다.

院場, 在府東四十里木甘
面, 四、九日設.

봉산(鳳山)

[금화경독기] 군내상장(郡內上場)[54]은 2·17일에 서고,
군내중장(郡內中場)[55]은 7·22일에 서고, 군내하장(郡內

鳳山

[又] 郡內上場, 初二日、
十七日設;中場, 初七日、

봉산의 장시(《여지도》)

---

52 포두원장(浦頭院場) : 황해남도 장연군에서 열렸던 5일장.
53 원장(院場) : 황해남도 태탄군에서 열렸던 5일장.
54 군내상장(郡內上場) : 황해북도 봉산군 봉산읍에서 열렸던 5일장.
55 군내중장(郡內中場) : 황해북도 봉산군 봉산읍에서 열렸던 5일장.

下場)⁵⁶은 12·27일에 선다. 쌀·콩·맥류·참깨·면포·
면화·삼베·생선·소금·대추·밤·배·감·솥·자기·
토기·담배·소가 풍부하다.

남천장(南川場)⁵⁷은 봉산군 남쪽 15리 지황방(地黃
坊)에서 1·6이 든 날에 선다.

사리원장(沙里院場)⁵⁸은 봉산군 서쪽 15리 사원방
(沙院坊)에서 5·10이 든 날에 선다.

은파장(銀波場)⁵⁹은 봉산군 남쪽 30리 초구방(楚邱
坊)에서 3·8이 든 날에 선다.

산산장(蒜山場)⁶⁰은 봉산군 서쪽 40리 사인방(舍人
坊) 산산진(蒜山鎭)에서 2·7이 든 날에 선다.

석교장(石橋場)⁶¹은 봉산군 남쪽 70리 감당방(甘棠
坊)에서 1·6이 든 날에 선다.

검수장(劍水場)⁶²은 봉산군 동쪽 30리 산수방(山水
坊)에서 1·6이 든 날에 선다.

안악(安岳)

[금화경독기] 군내상상(郡內上場)⁶³은 7이 든 날에 서

二十二日設;下場, 十二日、
二十七日設. 饒米荳、麰麥、
脂麻、綿布、綿花、麻布、魚
鹽、棗栗、梨枾、釜鼎、磁器、
土器、煙草、牛犢.

南川場, 在郡南十五里地
黃坊, 一、六日設.

沙里院場, 在郡西十五里
沙院坊, 五、十日設.

銀波場, 在郡南三十里楚
邱坊, 三、八日設.

蒜山場, 在郡西四十里舍人
坊 蒜山鎭, 二、七日設.

石橋場, 在郡南七十里甘
棠坊, 一、六日設.

劍水場, 在郡東三十里山水
坊, 一、六日設.

安岳

[又] 郡內上場, 七日設;

---

56 군내하장(郡內下場) : 황해북도 봉산군 봉산읍에서 열렸던 5일장.
57 남천장(南川場) : 황해북도 봉산군에서 열렸던 5일장.
58 사리원장(沙里院場) : 황해북도 사리원시에서 열렸던 5일장.
59 은파장(銀波場) : 미상.
60 산산장(蒜山場) : 황해북도 봉산군 산산리에서 열렸던 5일장.
61 석교장(石橋場) : 미상.
62 검수장(劍水場) : 황해북도 봉산군에서 열렸던 5일장.
63 군내상장(郡內上場) : 황해남도 안악군 안악읍에서 열렸던 5일장.

안악의 장시(《여지도》)

고, 군내하장(郡內下場)⁶⁴은 2가 든 날에 선다. 쌀·
콩·맥류·참깨·들깨·면포·면화·모시·미역·생선·
소금·유기(鍮器)·자기·토기·유기(柳器)·대추·밤·배·
감·삿자리·담배·소가 풍부하다.

장자동장(莊子洞場)⁶⁵은 안악군 동쪽 30리 소곶방
(小串坊)에서 3·8이 든 날에 선다.

은태장(隱台場)⁶⁶은 안악군 북쪽 40리 행촌방(杏村
坊)에서 5·10이 든 날에 선다.

下場, 二日設. 饒米荳、
麰麥、脂麻、水蘇、綿布、
綿花、苧布、海菜、魚鹽、
鍮器、磁器、土器、柳器、
[棗栗梨柿][柿席]、煙草、
牛犢.

莊子洞場, 在郡東三十里小
串坊, 三、八日設.

隱台場, 在郡北四十里杏村
坊, 五、十日設.

---

64 군내하장(郡內下場): 황해남도 안악군 안악읍에서 열렸던 5일장.
65 장자동장(莊子洞場): 황해남도 안악군에서 열렸던 5일장.
66 은태장(隱台場): 황해남도 안악군에서 열렸던 5일장.

재령(載寧)

[금화경독기] 동부장(東部場)[67]은 재령군 동쪽 1리에서 7이 든 날에 서고, 서부장(西部場)[68]은 재령군 서쪽 1리에서 2가 든 날에 선다. 쌀·콩·맥류·면포·면화·미역·생선·소금·유기(鍮器)·자기·목물·자리·담배·소가 풍부하다.

載寧

[又] 東部場, 在郡東一里, 七日設 ; 西部場, 在郡西一里, 二日設. 饒米荳、麰麥、綿布、綿花、海菜、魚鹽、鍮器、磁器、木物、茵席、煙草、牛犢.

재령의 장시(《여지도》)

---

67 동부장(東部場) : 황해남도 재령군 재령읍에서 열렸던 5일장.
68 서부장(西部場) : 황해남도 재령군 재령읍에서 열렸던 5일장.

산천장(蒜川場)[69]은 재령군 남쪽 30리 청수면(淸水面)에서 4·9가 든 날에 선다.

태자원장(太慈院場)[70]은 재령군 남쪽 40리 방동면(方洞面)에서 1·6이 든 날에 선다.

신원장(新院場)[71]은 재령군 남쪽 50리 유등동면(柳等洞面)에서 5·10이 든 날에 선다.

문암장(門巖場)[72]은 재령군 남쪽 60리 유등동면(柳等洞面)에서 3·8이 든 날에 선다.

청석두장(靑石頭場)[73]은 재령군 남쪽 90리 성당면(聖堂面)에서 2·7이 든 날에 선다.

해창장(海倉場)[74]은 새령군 북쪽 20리 율곶면(栗串面)에서 4·9가 든 날에 선다.

수안(遂安)

[금화경독기] 군내장(郡內場)[75]은 1·6이 든 날에 선다. 쌀·콩·맥류·면포·면화·명주·배·삿자리·담배·소가 풍부하다.

위라장(位羅場)[76]은 수안군과 거리가 20리인 성동방(城洞坊)에서 2·7이 든 날에 선다.

蒜川場, 在郡南三十里淸水面, 四、九日設.

太慈院場, 在郡南四十里方洞面, 一、六日設.

新院場, 在郡南五十里柳等洞面, 五、十日設.

門巖場, 在郡南六十里柳等洞面, 三、八日設②.

靑石頭場, 在郡南九十里聖堂面, 二、七日設.

海倉場, 在郡北二十里栗串面, 四、九日設.

遂安

[又] 郡內場, 一、六日設. 饒米荳、麰麥、綿布、綿花、明紬、生梨、簟席、煙草、牛犢.

位羅場, 距郡二十里城洞坊, 二、七日設.

---

69 산천장(蒜川場): 황해남도 재령군에서 열렸던 5일장.
70 태자원장(太慈院場): 황해남도 재령군에서 열렸던 5일장.
71 신원장(新院場): 황해남도 재령군에서 열렸던 5일장.
72 문암장(門巖場): 황해남도 재령군에서 열렸던 5일장.
73 청석두장(靑石頭場): 황해남도 재령군에서 열렸던 5일장.
74 해창장(海倉場): 황해남도 재령군에서 열렸던 5일장.
75 군내장(郡內場): 황해북도 수안군 수안읍에서 열렸던 5일장.
76 위라장(位羅場): 황해북도 수안군에서 열렸던 5일장.
② 設: 저본에는 없음. 오사카본에 근거하여 보충.

율시장(栗市場)77은 수안군과 거리가 60리인 연암방(延巖坊)에서 2·7이 든 날에 선다.

栗市場, 距郡六十里延巖坊, 二、七日設.

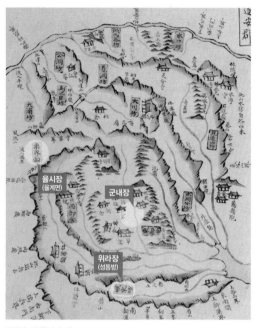

수안의 장시(《여지도》)

배천(白川)

[금화경독기] 군내장(郡內場)78은 1·6이 든 날에 선다. 쌀·콩·맥류·면포·면화·생선·소금·담배·소가 풍부하다.

남장(南場)79은 배천군 남쪽 20리 유천방(柳川坊)에서 3·8이 든 날에 선다.

白川

[又] 郡內場, 一、六日設. 饒米荳、麴麥、綿布、綿花、魚鹽、煙草、牛犢.

南場, 在郡南二十里柳川坊, 三、八日設.

---

77 율시장(栗市場) : 황해북도 연산군에서 열렸던 5일장.
78 군내장(郡內場) : 황해남도 배천군 배천읍에서 열렸던 5일장.
79 남장(南場) : 황해남도 배천군 유천리에서 열렸던 5일장.

성두장(城頭場)[80]은 배천군 서쪽 40리 하금산면(下今山面)에서 4·9가 든 날에 선다.

城頭場, 在郡西四十里下今山面, 四、九日設.

배천의 장시(《여지도》)

신천(信川)

[금화경독기] 군내사리장(郡內四里場)[81]은 6이 든 날에 서고, 군내오리장(郡內五里場)[82]은 1이 든 날에 선다. 쌀·콩·맥류·참깨·들깨·면포·면화·생선·소금·솥·토기·담배·소가 풍부하다.

信川

[又] 郡內四里場, 六日設 ; 五里場, 一日設. 饒米荳、麰麥、脂麻、水蘇、綿布、綿花、魚鹽、釜鼎、土器、煙草、牛犢.

---

80 성두장(城頭場) : 황해남도 배천군에서 열렸던 5일장. 1910년 현재에는 1·6이 든 날에 섰다.
81 군내사리장(郡內四里場) : 황해남도 신천군 신천읍에서 열렸던 5일장.
82 군내오리장(郡內五里場) : 황해남도 신천군 신천읍에서 열렸던 5일장.

신천의 장시(《여지도》)

조양장(棗陽場)[83]은 신천군 남쪽 25리 가개면(加介面)에서 4·9가 든 날에 선다.

금천(金川)
[금화경독기] 관전장(館前場)[84]은 10이 든 날에 서고, 탄막장(炭幕場)[85]은 5가 든 날에 선다. 쌀·콩·맥류·면포·삼베·담배·소가 풍부하다.

고강음장(古江陰場)[86]은 금천군 서쪽 20리 강북면

棗陽場, 在郡南二十五里加介面, 四、九日設.

金川
[又] 館前場, 十日設；炭幕場, 五日設. 饒米荳、麰麥、綿布、麻布、煙草、牛犢.

古江陰場, 在郡西二十里江

---

83 조양장(棗陽場) : 황해남도 신천군에서 열렸던 5일장.
84 관전장(館前場) : 황해북도 금천군 금천읍에서 열렸던 5일장.
85 탄막장(炭幕場) : 황해북도 금천군 금천읍에서 열렸던 5일장. 이 지도에서는 확인되지 않는다.
86 고강음장(古江陰場) : 황해북도 금천군 강북리에서 열렸던 5일장.

금천의 장시(《여지도》)

(江北面)에서 1·6이 든 날에 선다.

신장(新場)[87]은 금천군 서북쪽 40리 산외면(山外面)에서 3·8이 든 날에 선다.

신계(新溪)

[금화경독기] 읍내장(邑內場)[88]은 2·7이 든 날에 선다. 쌀·콩·맥류·면포·삼베·조기·북어·미역·대추·밤·배·감·담배·피마자·삿자리·소가 풍부하다.

北面, 一、六日設.

新場, 在郡西北四十里山外面, 三、八日設.

新溪

[又] 邑內場, 二、七日設. 饒米荳、麰麥、綿布、麻布、石首魚、北魚、海菜、棗栗、梨柹、煙草、蓖麻子、簟席、牛犢.

---

87 신장(新場):미상.
88 읍내장(邑內場):황해북도 신계군 신계읍에서 열렸던 5일장.

신계의 장시(《여지도》)

지석장(支石場)[89]은 신계현 동쪽 5리 채촌방(菜村坊)에서 4·9가 든 날에 선다.

고신은장(古新恩場)[90]은 신계현 남쪽 30리 수회방(水回坊)에서 3·8이 든 날에 선다.

대평장(大坪場)[91]은 신계현 서쪽 30리 적암방(赤巖坊)에서 1·6이 든 날에 선다.

보음장(甫音場)[92]은 신계현 북쪽 50리 사이곡방(沙伊谷坊)에서 3·8이 든 날에 선다.

支石場, 在縣東五里菜村坊, 四、九日設.

古新恩場, 在縣南三十里水回坊, 三、八日設.

大坪場, 在縣西三十里赤巖坊, 一、六日設.

甫音場, 在縣北五十里沙伊谷坊, 三、八日設.

---

89 지석장(支石場) : 황해북도 곡산군에서 열렸던 5일장.
90 고신은장(古新恩場) : 황해북도 신계군에서 열렸던 5일장.
91 대평장(大坪場) : 황해북도 신계군에서 열렸던 5일장.
92 보음장(甫音場) : 미상.

문화(文化)

[금화경독기] 읍내상장(邑內上場)[93]은 5가 든 날에 서고, 읍내하장(邑內下場)[94]은 10이 든 날에 선다. 쌀·콩·맥류·참깨·들깨·면포·면화·삼베·생선·소금·솥·철물·목물·유기(柳器)·대추·밤·배·감·피마자·담배·소가 풍부하다.

고암장(蠱巖場)[95]은 문화현 서쪽 40리 흥왕방(興旺坊)에서 1·6이 든 날에 선다.

文化

[又] 邑內上場, 五日設；下場, 十日設. 饒米荳·麰麥·脂麻·水蘇·綿布·綿花·麻布·魚鹽·釜鼎·鐵物·木物·柳器·棗栗·梨柹·萆麻子·煙草·牛犢.

蠱巖場, 在縣西四十里興旺坊, 一·六日設.

문화의 장시(《여지도》)

종달장(從達場)[96]은 문화현 서쪽 30리 초리방(草里坊)에서 4·9가 든 날에 선다.

전산장(錢山場)[97]은 문화현 북쪽 20리 용진방(用珍坊)에서 3·8이 든 날에 선다.

장련(長連)

[금화경독기] 읍내상리장(邑內上里場)[98]은 1이 든 날에 서고, 읍내하리장(邑內下里場)[99]은 6이 든 날에 선다. 쌀·콩·맥류·면포·면화·생선·소금·피마자·담배·삿자리·소가 풍부하다.

從達場, 在縣西三十里草里坊, 四、九日設.

錢山場, 在縣北二十里用珍坊, 三、八日設.

長連

[又] 邑內上里場, 一日設; 下里場, 六日設. 饒米荳、麰麥、綿布、綿花、魚鹽、蓖麻子、煙草、簟席、牛犢.

장련의 장시《여지도》

---

96 종달장(從達場) : 미상.
97 전산장(錢山場) : 미상.
98 읍내상리장(邑內上里場) : 황해남도 은률군 장련리에서 열렸던 5일장.
99 읍내하리장(邑內下里場) : 황해남도 은률군 장련리에서 열렸던 5일장.

송화(松禾)

[금화경독기] 읍내장(邑內場)[100]은 4·9가 든 날에 선다. 쌀·콩·맥류·면포·삼베·생선·소금·담배·삿자리·소가 풍부하다.

조천장(鳥川場)[101]은 송화현 동쪽 20리 방죽방(芳竹坊)에서 1·6이 든 날에 선다.

전산장(錢山場)[102]은 송화현 동쪽 70리 용문방(龍門坊)에서 3·8이 든 날에 선다.

공세장(貢稅場)[103]은 송화현 남쪽 60리 도원방(桃源坊)에서 2·7이 든 날에 선다.

[又] 邑內場, 四、九日設. 饒米荳、麰麥、綿布、麻布、魚鹽、煙草、簟席、牛犢.

鳥川場, 在縣東二十里芳竹坊, 一、六日設.

錢山場, 在縣東七十里龍門坊, 三、八日設.

貢稅場, 在縣南六十里桃源坊, 二、七日設.

송화의 장시(《여지도》)

---

100 읍내장(邑內場) : 황해남도 송화군 송화읍에서 열렸던 5일장. 1942년 현재에도 있다.
101 조천장(鳥川場) : 황해남도 송화군에서 열렸던 5일장.
102 전산장(錢山場) : 황해남도 송화군에서 열렸던 5일장.
103 공세장(貢稅場) : 황해남도 송화군에서 열렸던 5일장. 이 지도에서는 확인되지 않는다.

강령(康翎)

[금화경독기] 용연방장(龍淵坊場)[104]은 강령현 남쪽 10리에서 선다. 미곡·면포·삼베·생선·소금·담배·삿자리·소가 풍부하다.

康翎

[又] 龍淵坊場, 在縣南十里. 饒米穀、綿布、麻布、魚鹽、煙草、簟席、牛犢.

강령의 장시(《여지도》)

은률(殷栗)

[금화경독기] 읍내장(邑內場)[105]은 2·7이 든 날에 선다. 쌀·콩·맥류·참깨·들깨·면포·면화·삼베·생선·소금·유기(鍮器)·토기·유기(柳器)·삿자리·피마자·담배·소가 풍부하다.

殷栗

[又] 邑內場, 二、七日設. 饒米荳、麰麥、脂麻、水蘇、綿布、綿花、麻布、魚鹽、鍮器、土器、柳器、簟席、萆麻子、煙草、牛犢.

---

104 용연방장(龍淵坊場): 황해남도 강령군에서 열렸던 5일장.
105 읍내장(邑內場): 황해남도 은률군(殷栗郡) 은률읍에서 열렸던 5일장. 1942년 현재에도 섰다.

운성장(雲城場)[106]은 은률현 서쪽 20리 서면방(西面坊)에서 3·8이 든 날에 선다.

관광장(觀光場)[107]은 은률현 북쪽 20리 북면방(北面坊)에서 4·9가 든 날에 선다.

雲城場, 在縣西二十里西面坊, 三、八日設.

觀光場, 在縣北二十里北面坊, 四、九日設.

은률의 장시(《여지도》)

도산(兔山)

[금화경독기] 이구장(梨邱場)[108]은 토산현 서쪽 30리 천동방(泉洞坊)에서 선다. 쌀·콩·맥류·면포·면화·삼베·명주·생선·소금·철물·유기(柳器)·자기·토기·삿자리·생삼·피마자·담배·꿩·닭·소가 풍부

兔山

[又] 梨邱場, 在縣西三十里泉洞坊. 饒米荳、麰麥、綿布、綿花、麻布、明紬、魚鹽、鐵物、柳器、磁器、土

---

106 운성장(雲城場) : 황해남도 은률군 운성리에서 열렸던 5일장. 1942년 현재에는 폐장되었다.
107 관광장(觀光場) : 황해남도 은률군에서 열렸던 5일장.
108 이구장(梨邱場) : 황해북도 토산군에서 열렸던 5일장.

하다.

태평장(太平場)[109]은 토산현 남쪽 10리 숙인방(宿仁坊)에서 1·6이 든 날에 선다.

器、簟席、生麻、草麻子、煙草、雉鷄、牛犢.

太平場, 在縣南十里宿仁坊, 一、六日設.

토산의 장시(《여지도》)

---

109 태평장(太平場) : 황해북도 토산군에서 열렸던 5일장.

7) 평안도

평양(平壤)

[금화경독기] 관전장(館前場)[1]은 성안 종로(鐘路)에서 매달 1·6이 든 날에 선다. 쌀·콩·맥류·조[稷粟][2]·참깨·들깨·피마자·면포·모시·주단·민어[鮸魚][3]·조기·잉어·뱅어·문어·밴댕이·쏘가리·농어·붕어·메기[鮎魚]·말린 전복·다시마·소금·대추·밤·배·감·호두·잣·개암[榛子][4]·치자·유기(鍮器)·철물·옹기·사기·사슴가죽·노루가죽·수달가죽·지물·붓·먹·황밀(黃蜜)[5]·백랍(白蠟)[6]·삿자리[蘆][7]·대자리[簟][8]·자리·돼지·닭·소가 풍부하다

적교원장(狄橋院場)[9]은 평양부 서쪽 30리 용산방(龍山坊)과 5리 떨어진 곳에서 매달 4·9가 든 날에 선다.

關西

平壤

[金華耕讀記] 館前場, 在城內鐘路, 每月一、六日設. 饒米荳、牟麥、稷粟、脂麻、水蘇、萆麻子、綿布、苧布、緞紬、鮸魚、石首魚、鯉魚、白魚、八梢魚、蘇魚、鱖魚、鱸魚、鮒魚、鮎魚、乾鰒、海帶、鹽、棗栗、梨枾、胡桃、海松子 棒子 梔子、鍮器、鐵物、甕器、沙器、鹿皮、獐皮、水獺皮、紙物、筆墨、黃蜜、白蠟、蘆簟、茵席、猪、鷄、牛犢.

狄橋院場, 在府西三十里龍山坊五里, 每月四、九日設.

---

1 관전장(館前場) : 평양직할시에서 열렸던 5일장.
2 조[稷粟] : 《본리지》 권7 〈곡식 이름 고찰〉 "밭곡식" '조'(서유구 지음, 정명현·김정기 역주, 《임원경제지 본리지(林園經濟志 本利志)》 2, 소와당, 2008, 499~500쪽) 참조.
3 민어[鮸魚] : 외어(鮸魚)는 면어(鮸魚) 즉 민어를 가리킨다.
4 개암[榛子] : 개암나무의 열매로, 날것으로 먹으면 밤 맛이 난다.
5 황밀(黃蜜) : 벌통에서 떠낸 그대로의 꿀.
6 백랍(白蠟) : 표백한 밀랍.
7 삿자리[蘆] : 갈대를 엮어서 만든 자리.
8 대자리[簟] : 대오리로 엮어 만든 자리.
9 적교원장(狄橋院場) : 평양직할시 만경대구역 서산동에서 열렸던 5일장. 적교는 순화강에 있는 순화다리인데 옛날 외적들이 다니던 다리라 하여 적교 또는 되다리, 대다리라고도 하였다.

태평장(太平場)10은 평양부 서쪽 50리 반포방(反浦坊)과 4리 떨어진 곳에서 매달 5·10이 든 날에 선다.

둔전기장(屯田機場)11은 평양부 서쪽 40리 금려대방(金呂垈坊)과 4리 떨어진 곳에서 매달 2·7이 든 날에 선다.

장현장(長峴場)12은 평양부 서쪽 60리 서제산방(西祭山坊)과 2리 떨어진 곳에서 매달 4·9가 든 날에 선다.

太平場, 在府西五十里反浦坊四里, 每月五、十日設.

屯田機場, 在府西四十里金呂垈坊四里, 每月二、七日設.

長峴場, 在府西六十里西祭山坊二里, 每月四、九日設.

평양의 장시(《광여도》)

---

10 태평장(太平場): 평안남도 평원군에서 열렸던 5일장.
11 둔전기장(屯田機場): 평안남도 대동군 금제면에서 열렸던 5일장.
12 장현장(長峴場): 평안남도 대동군에서 열렸던 5일장.

한천장(漢川場)[13]은 평양부 서쪽 110리 초곡방(草谷坊)과 2리 떨어진 곳에서 매달 1·6이 든 날에 선다.

장수원장(長水院場)[14]은 평양부 동북쪽 30리 운곡방(雲谷坊)과 5리 떨어진 곳에서 매달 4·9가 든 날에 선다.

이목장(梨木場)[15]은 평양부 동쪽 40리 추울미방(秋鬱美坊)과 5리 떨어진 곳에서 매달 3·8이 든 날에 선다.

무진장(戊辰場)[16]은 평양부 동남쪽 40리 율리방(栗里坊)과 4리 떨어진 곳에서 매달 2·7이 는 날에 선다.

원암장(猿巖場)[17]은 평양부 남쪽 30리 남제산방(南祭山坊)과 5리 떨어진 곳에서 매달 4·9가 든 날에 선다.

안주(安州)

[금화경독기] 염전동장(鹽廛洞場)[18]은 안주 남쪽 3리에서 매달 4·9가 든 날에 선다. 쌀·콩·맥류·조·참깨·들깨·벼포·면화·명주·민어·조기·배서·넣이·미역·소금·대추·밤·배·감·잣·개암·오미자·꿀·유기(鍮器)·철물·옹기·사기·유기(柳器)·목기·지물·담

漢川場, 在府西一百十里草谷坊二里, 每月一、六設.

長水院場, 在府東北三十里雲谷坊五里, 每月四、九日設.

梨木場, 在府東四十里秋鬱美坊五里, 每月三、八日設.

戊辰場, 在府東南四十里栗里坊四里, 每月二、七日設.

猿巖場, 在府南三十里南祭山坊五里, 每月四、九日設.

安州

[又] 鹽廛洞場, 在州南三里, 每月四、九日設. 饒米［1］、牟麥、慢菜、脂麻、水蘇、綿布、綿花、明紬、鮑魚、石首魚、鮎魚、鮒魚、海

---

13 한천장(漢川場): 평안남도 평원군 한천노동자구에서 열렸던 5일장. 오랜 옛날부터 큰 강처럼 보이는 넓은 포구 옆 거리에서 5일장이 섰다.
14 장수원장(長水院場): 평안남도 운곡지구에서 열렸던 5일장.
15 이목장(梨木場): 평양직할시 승호구역 이목마을에서 열렸던 5일장.
16 무진장(戊辰場): 평양직할시 역포구역 무진장마을에서 열렸던 5일장.
17 원암장(猿巖場): 평양직할시 낙랑구역 원암동에서 열렸던 5일장.
18 염전동장(鹽廛洞場): 평양직할시 중구역 대동문동에서 열렸던 5일장.
［1］ 米: 저본에는 없음. 오사카본에 근거하여 보충.

안주의 장시(《광여도》)

배·삿자리·대자리·돼지·닭·소가 풍부하다.

茱、鹽、棗栗、梨柿、海松子、榛子、五味子、蜂蜜、鍮器、鐵物、甕器、沙器、柳器、木器、紙物、煙草、蘆簟、猪鷄、牛犢.

입석장(立石場)[19]은 안주 남쪽 60리 남면(南面)에서 매달 2·7이 든 날에 선다.

대교장(大橋場)[20]은 안주 서쪽 30리 문곡면(文谷面)에서 매달 1·6이 든 날에 선다.

立石場, 在州南六十里南面, 每月二、七日設.

大橋場, 在州西三十里文谷面, 每月一、六日設.

---

19 입석장(立石場) : 평안남도 안주시에서 열렸던 5일장.
20 대교장(大橋場) : 평안남도 안주시에서 열렸던 5일장.

정주(定州)

[금화경독기] 상장(上場)²¹은 정주 북쪽 1리에서 매달 6이 든 날에 선다.

하장(下場)²²은 읍저(邑底)²³에서 매달 1이 든 날에 선다. 쌀·콩·맥류·참깨·들깨·피마자·면포·면화·주단·민어·조기·농어·홍어·밴댕이·소금·배·밤·유기(鍮器)·철물·옹기·사기·목기·총건(驄巾)²⁴·담배·돼지·닭·소가 풍부하다.

定州

[又] 上場, 在州北一里, 每月六日設.

下場, 在邑底, 每月一日設. 饒米荳、牟麥、脂麻、水蘇、萆麻子、綿布、綿花、紬緞、鮸魚、石首魚、鱸魚、洪魚、蘇魚、鹽、梨栗、鍮器、

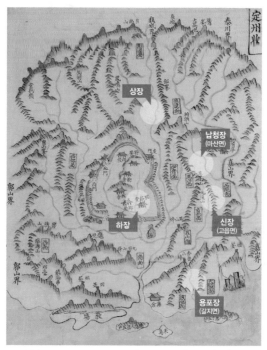

정주의 장시《광여도》

---

21 상장(上場) : 평안북도 정주시에서 열렸던 10일장.
22 하장(下場) : 평안북도 정주시에서 열렸던 10일장.
23 읍저(邑底) : '읍저'는 일반적으로 '읍내(邑內)'와 같은 의미로 사용되나, 여기서는 좀 더 구체적인 장소를 지칭하는 것으로 보아 그대로 두었다.
24 총건(驄巾) : 말총으로 만든 망건.

신장(新場)[25]은 정주 동남쪽 40리 고읍방(古邑坊)에서 매달 7이 든 날에 선다.

용포장(龍浦場)[26]은 정주 남쪽 40리 갈지방(葛池坊)에서 매달 2가 든 날에 선다.

납청장(納淸場)[27]은 정주 동쪽 40리 마산방(馬山坊)에서 매달 3·8이 든 날에 선다.

영변(寧邊)

[금화경독기] 부내장(府內場)[28]은 성안에서 매달 2·7이 든 날에 선다. 쌀·콩·맥류·면포·명주·민어·조기·밴댕이·배·밤·철물·목기·옹기·사기·황정(黃精)[29]·꿀·총건·담배·돼지·닭·소가 풍부하다.

수우원장(脩隅院場)[30]은 영변부 남쪽 30리 연산면(延山面)에서 매달 3·8이 든 날에 선다.

개평장(開平場)[31]은 영변부 북쪽 95리 개평면(開平面)에서 매달 1·6이 든 날에 선다.

무창장(撫倉場)[32]은 영변부 서쪽 50리 무산면(撫山

鐵物、甕器、沙器、木器、聽巾、煙草、猪鷄、牛犢.

新場, 在州東南四十里古邑坊, 每月七日設.

龍浦場, 在州南四十里葛池坊, 每月二日設.

納淸場, 在州東四十里馬山坊, 每月三、八日設.

寧邊

[又] 府內場, 在城內, 每月二、七日設. 饒米荳、牟麥、綿布、明紬、鮰魚、石首魚、蘇魚、梨栗、鐵物、木器、甕器、沙器、黃精、蜂蜜、聽巾、煙草、猪鷄、牛犢.

脩隅院場, 在府南三十里延山面, 每月三、八日設.

開平場, 在府北九十五里開平面, 每月一、六日設.

撫倉場, 在府西五十里撫

---

25 신장(新場) : 평안북도 정주시에서 열렸던 10일장.
26 용포장(龍浦場) : 평안북도 정주시에서 열렸던 10일장.
27 납청장(納淸場) : 평안북도 정주시에서 열렸던 5일장.
28 부내장(府內場) : 평안북도 영변군에서 열렸던 5일장.
29 황정(黃精) : 백합과 식물인 낚시둥굴레의 뿌리줄기를 말린 것.
30 수우원장(脩隅院場) : 평안북도 영변군에서 열렸던 5일장.
31 개평장(開平場) : 평안북도 영변군에서 열렸던 5일장.
32 무창장(撫倉場) : 평안북도 영변군에서 열렸던 5일장.

영변의 장시(《광여도》)

面)에서 매달 1·6이 든 날에 선다.

표북원장(標北院場)[33]은 영변부 동쪽 70리 검산면 (檢山面)에서 매달 4·9가 든 날에 선다.

구장(舊場)[34]은 영변부 동쪽 50리 검산면에서 매 달 5·10이 든 날에 선다.

山面, 每月一、六日設.

標北院場, 在府東七十里 檢山面, 每月四、九日設.

舊場, 在府東五十里檢山 面, 每月五、十日設.

---

33 표북원장(標北院場) : 평안북도 영변군에서 열렸던 5일장.
34 구장(舊場) : 평안북도 영변군에서 열렸던 5일장.

성천(成川)

[금화경독기] 관문전장(官門前場)35은 매달 1이 든 날에 선다.

관전장(館前場)36은 매달 6이 든 날에 선다. 쌀·콩·맥류·면포·면화·명주·어물·배·밤·산사(山査)37·송이버섯·철물·목기·피물·지물·꿀·담배·꿩·닭·소가 풍부하다.

成川

[又] 官門前場, 每月一日設.

館前場, 每月六日設. 饒米荳、牟麥、綿布、綿花、明紬、魚物、梨栗、山査、松茸、鐵物、木器、皮物、紙物、蜂蜜、煙草、雉鷄、牛犢.

성천의 장시(《광여도》)

---

35 관문전장(官門前場) : 평안남도 성천군에서 열렸던 10일장.
36 관전장(館前場) : 평안남도 성천군에서 열렸던 10일상.
37 산사(山査) : 장미과의 산사나무 및 동속식물의 익은 열매를 말린 약재.

남전장(藍田場)[38]은 성천부 동쪽 60리 남전방(藍田坊)에서 매달 5·10이 든 날에 선다.

온정장(溫井場)[39]은 성천부 서쪽 50리 온수방(溫水坊)에서 매달 3·8이 든 날에 선다.

기창장(岐倉場)[40]은 성천부 북쪽 30리 삼기방(三岐坊)에서 매달 5·10이 든 날에 선다.

요파장(了波場)[41]은 성천부 서쪽 40리 유동방(柳洞坊)에서 매달 4·9가 든 날에 선다.

창성(昌城)

[금화경독기] 관전장(館前場)[42]은 매달 4·9가 든 날에 선다. 쌀·콩·맥류·면포·면화·생선·소금·유기(鍮器)·철물·목기·옹기·사기·꿀·담배·삿자리·대자리가 풍부하다.

청산면장(靑山面場)[43]은 창성부 동쪽 180리에서 매달 1·6이 든 날에 선다.

삭주(朔州)

[금화경독기] 부내장(府內場)[44]은 성안에서 매달 3·8이 든 날에 선다. 쌀·콩·맥류·면포·면화·철물·목

藍田場, 在府東六十里藍田坊, 每月五、十日設.

溫井場, 在府西五十里溫水坊, 每月三、八日設.

岐倉場, 在府北三十里三岐坊, 每月五、十日設.

了波場, 在府西四十里柳洞坊, 每月四、九日設.

昌城

[又] 館前場, 每月四、九日設. 饒米荳、牟麥、綿布、綿花、魚鹽、鍮器、鐵物、木器、甕器、沙器、蜂蜜、煙草、蘆簟.

靑山面場, 在府東一百八十里, 每月一、六日設.

朔州

[又] 府內場, 在城內, 每月三、八日設. 饒米荳、牟麥、

---

38 남전장(藍田場) : 평안남도 회창군에서 열렸던 5일장.
39 온정장(溫井場) : 평안남도 성천군 온정리에서 열렸던 5일장.
40 기창장(岐倉場) : 평안남도 성천군 기창리에서 열렸던 5일장.
41 요파장(了波場) : 평안남도 성천군 영천면(광복 당시)에서 열렸던 5일장.
42 관전장(館前場) : 평안북도 창성군에서 열렸던 5일장.
43 청산면장(靑山面場) : 평안북도 동창군에서 열렸던 5일장.
44 부내장(府內場) : 평안북도 삭주군에서 열렸던 5일장.

창성의 장시(《광여도》)　　　　　　삭주의 장시(《광여도》)

기·담배·돼지·닭·소가 풍부하다.

대관장(大館場)[45]은 삭주부 남쪽 60리 백려자면(白
呂字面)에서 매달 1·6이 든 날에 선다.

구성(龜城)

[금화경독기] 관전장(館前場)[46]은 매달 4·9가 든 날에
선다. 쌀·콩·맥류·참깨·들깨·면포·면화·생선·소
금·배·밤·유기(鍮器)·철물·목기·옹기·사기·꿀·담
배·삿자리·대자리·돼지·닭·소가 풍부하다.

綿布、綿花、鐵物、木器、煙
草、猪鷄、牛犢.

大館場, 在府南六十里白呂
字面, 每月一、六日設.

龜城

[又] 館前場, 每月四、九日
設. 饒米荳、牟麥、脂麻、
水蘇、綿布、綿花、魚鹽、梨
栗、鍮器、鐵物、木器、甕

45　대관장(大館場)：평안북도 삭주군에서 열렸던 5일장.
46　관전장(館前場)：평안북도 구성시에서 열렸던 5일장.

器、沙器、蜂蜜、煙草、蘆

簟、猪鷄、牛犢.

남장(南場)[47]은 구성부 남쪽 30리 방현방(方峴坊)에　　南場, 在府南三十里<u>方峴</u>

서 매달 5·10이 든 날에 선다.　　<u>坊</u>, 每月五、十日設.

신장(新場)[48]은 구성부 서쪽 80리 사기방(沙器坊)에　　新場, 在府西八十里<u>沙器</u>

서 매달 2·7이 든 날에 선다.　　<u>坊</u>, 每月二、七日設.

구성의 장시(《광여도》)

---

47 남장(南場) : 평안북도 구성시에서 열렸던 5일장.
48 신장(新場) : 평안북도 천마군에서 열렸던 5일장.

숙천(肅川)

[금화경독기] 아사전장(衙舍前場)[49]은 숙천부 남쪽 1리에서 매달 13·28일에 선다.

입석장(立石場)[50]은 숙천부 남쪽 2리에서 매달 3·18일에 선다.

관전장(館前場)[51]은 숙천부 서쪽 3리에서 매달 8·23일에 선다. 쌀·콩·맥류·참깨·들깨·피마자·면포·면화·생선·소금·배·밤·대추·감·잣·치자·유기(鍮器)·철물·목기·옹기·사기·피물·삿자리·대자리·담배가 풍부하다.

해창장(海倉場)[52]은 숙천부 서쪽 30리 평리면(坪里面)에서 매달 1·6이 든 날에 선다.

강계(江界)

[금화경독기] 하청장(河淸場)[53]은 강계부 서쪽 110리 어뢰방(漁雷坊)에서 매달 1·6이 든 날에 선다.

전평장(錢平場)[54]은 강계부 서쪽 95리 시상면(時上面)에서 매달 3·8이 든 날에 선다. 쌀·콩·맥류·

肅川

[又] 衙舍前場, 在府南一里, 每月十三日、二十八日設.

立石場, 在府南二里, 每月初三日、十八日設.

館前場, 在府西三里, 每月初八日、二十三日設. 饒米荳、牟麥、脂麻、水蘇、萆麻子、綿布、綿花、魚鹽、梨栗、棗栜、海松子、梔子、鍮器、鐵物、木器、甕器、沙器、皮物、蘆簟、煙草.

海倉場, 在府西三十里坪里面, 每月一、六日設.

江界

[又] 河淸場, 在府西一百十里漁雷坊, 每月一、六日設.

錢平場, 在府西九十五里時上面, 每月三、八日設. 饒

---

49 아사전장(衙舍前場): 평안남도 숙천군 숙천읍에서 열렸던 5일장.
50 입석장(立石場): 평안남도 숙천군 숙천읍에서 열렸던 5일장.
51 관전장(館前場): 평안남도 숙천군 숙천읍에서 열렸던 5일장.
52 해창장(海倉場): 평안남도 숙천군에서 열렸던 5일장.
53 하청장(河淸場): 자강도 강계시에서 열렸던 5일장.
54 전평장(錢平場): 자강도 강계시에서 열렸던 5일장.

숙천의 장시(《광여도》)

강계의 장시(《광여도》)

참깨·들깨·면포·면화·주단·조기·밴댕이·배·밤·
잣·유기(鍮器)·철물·옹기·사기·목기·송판·꿀·담
배·삿자리·대자리·사슴가죽·노루가죽·산양가
죽·족제비털[黃獷毛]·꿩·닭·소가 풍부하다.

米荳、牟麥、脂麻、水蘇、綿
布、綿花、紬緞、石首魚、蘇
魚、梨栗、海松子、鍮器、鐵
物、甕器、沙器、木器、松
板、蜂蜜、煙草、蘆簟、鹿
皮、獐皮、山羊皮、黃獷毛、
雉鷄、牛犢.

삼화(三和)
[금화경독기] 관전장(館前場)[55]은 삼화부 서쪽 1리에
서 매달 4가 든 날에 선다.

三和
[又] 館前場, 在府西一里,
每月四日設.

---

55 관전장(館前場):평안남도 용강군 용강읍 삼화리에서 열렸던 10일장.

하장[56]은 삼화부 남쪽 1리에서 매달 9가 든 날에 선다. 쌀·콩·맥류·면포·면화·생선·소금·배·밤·유기(鍮器)·철물·옹기·사기·삿자리·대자리·담배가 풍부하다.

갈매장(葛梅場)[57]은 삼화부 남쪽 30리 대대방(大代坊)에서 매달 2·7이 든 날에 선다.

가증리장(加甑里場)[58]은 삼화부 동쪽 20리 원당방(元唐坊)에서 매달 1·6이 든 날에 선다.

下場, 在府南一里, 每月九日設. 饒米荳、牟麥、綿布、綿花、魚鹽、梨栗、鍮器、鐵物、甕器、沙器、蘆簟、煙草.

葛梅場, 在府南三十里大代坊, 每月二、七日設.

加甑里場, 在府東二十里元唐②坊, 每月一、六日設.

삼화의 장시((광여도))

---

56 하장 : 평안남도 용강군 삼화리에서 열렸던 10일장.
57 갈매장(葛梅場) : 평안남도 용강군에서 열렸던 5일장.
58 가증리장(加甑里場) : 평안남도 용강군에서 열렸던 5일장.
② 唐 : 오사카본에는 "塘".

중화(中和)

[금화경독기] 관전장(館前場)[59]은 중화부 북쪽 2리에서, 훈련후장(訓鍊後場)[60]은 중화부 남쪽 2리에서, 사창저장(司倉底場)[61]은 중화부 동쪽 1리에서, 구향교장(舊鄉校場)[62]은 읍저에서, 옥가장(獄街場)[63]은 읍저에서 매달 1·15일에 돌아가면서 선다[64]. 쌀·콩·맥류·면포·면화·명주·민어·조기·숭어·웅어·배·밤·대추·감·잣·오미자·석이버섯·포도·유기(鍮器)·철물·목기·옹기·사기·담배·돼지·닭·소가 풍부하다.

간동장(看東場)[65]은 중화부 동쪽 50리 간동방(看東坊)에서 매달 5·10이 든 날에 선다.

장교장(長橋場)[66]은 중화부 서쪽 30리 양무대방(楊武岱坊)에서 매달 5·10이 든 날에 선다.

곤양장(昆陽場)[67]은 중화부 서쪽 40리 양무대방(楊武岱坊)에서 매달 2·7이 든 날에 선다.

中和

[又] 館前場, 在府北二里; 訓鍊後場, 在府南二里; 司倉底場, 在府東一里; 舊鄉校場③, 在邑底; 獄街場, 在邑底, 每月一、望輪設. 饒米荳、牟麥、綿布、綿花、明紬、鮸魚、石④首魚、秀魚、葦魚、梨栗、棗柿、海松子、五味子、石耳、葡萄、鍮器、鐵物. 木器、甕器、沙器、煙草. 猪鷄. 牛犢

看東場, 在府東五十里看東坊, 每月五、十日設.

長橋場, 在府西三十里楊武岱坊, 每月五、十日設.

昆陽場, 在府西四十里楊武岱坊, 每月二、七日設.

---

59 관전장(館前場) : 평양직할시 중화군 중화읍에서 열렸던 정기 장시.
60 훈련후장(訓鍊後場) : 평양직할시 중화군에서 열렸던 정기 장시.
61 사창저장(司倉底場) : 평양직할시 중화군에서 열렸던 정기 장시.
62 구향교장(舊鄉校場) : 평양직할시 중화군에서 열렸던 정기 장시.
63 옥가장(獄街場) : 평양직할시 중화군에서 열렸던 정기 장시.
64 관전장(館前場)은……선다 : 5개 장이 15일 간격으로 장소를 옮겨 가며 열렸다.
65 간동장(看東場) : 평양직할시 중화군에서 열렸던 5일장.
66 장교장(長橋場) : 평양직할시 중화군에서 열렸던 5일장.
67 곤양장(昆陽場) : 평양직할시 중화군에서 열렸던 5일장.
③ 舊鄉校場 : 오사카본에는 "舊鄉校洞場".
④ 石 : 저본에는 없음. 오사카본에 근거하여 보충.

요포외장(腰浦外場)[68]은 중화부 서쪽 45리 석호방(石好坊)에서 매달 16일[後望]에 선다.

요포내장(腰浦內場)[69]은 중화부 서쪽 50리 석호방(石好坊)에서 매달 14일[先望]에 선다.

腰浦外場, 在府西四十五里石好坊, 每月後望設.

腰浦內場, 在府西五十里石好坊, 每月先望設.

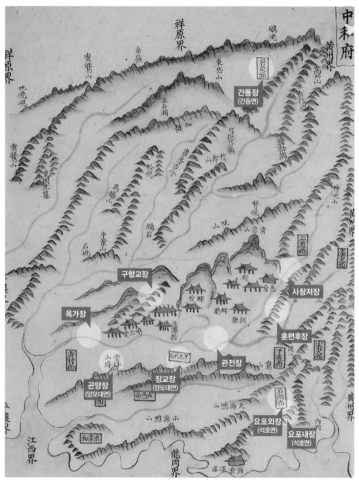

중화의 장시((광여도))

---

68 요포외장(腰浦外場) : 평양직할시 중화군에서 열렸던 30일장.
69 요포내장(腰浦內場) : 평양직할시 중화군에서 열렸던 30일장.

I. 전국의 시장   299

철산(鐵山)

[금화경독기] 관전장(館前場)[70]은 매달 1·6이 든 날에 선다. 쌀·콩·매류·면포·면화·민어·조기·홍어·미역·배·밤·유기(鍮器)·철물·목기·옹기·사기·삿자리·대자리·담배·돼지·닭·소가 풍부하다.

참장(站場)[71]은 철산부 북쪽 30리 차련관(車輦館) 앞에서 매달 4·9가 든 날에 선다.

鐵山

[又] 館前場, 每月一、六日設. 饒米荳、牟麥、綿布、綿花、鮸魚、石首魚、洪魚、海菜、梨栗、鍮器、鐵物、木器、甕器、沙器、蘆簟、煙草、猪鷄、牛犢.

站場, 在府北三十里車輦館前, 每月四、九日設.

철산의 장시(《광여도》)

---

70 관전장(館前場):평안북도 철산군에서 열렸던 5일장.
71 참장(站場):평안북도 동림군에서 열렸던 5일장.

용천(龍川)

[금화경독기] 부내장(府內場)72은 용천부 동쪽 1리 동문동(東門洞)에서 매달 1·6이 든 날에 선다. 미곡·면포·생선·소금·배·밤·유기(鍮器)·철물·목기·옹기·사기·삿자리·대자리·담배·돼지·닭·소가 풍부하다.

　남장(南場)73은 용천부 동쪽 20리 외상면(外上面)에서 매달 5·10이 든 날에 선다.

　서장(西場)74은 용천부 서쪽 30리 서면(西面)에서 매달 4·9가 든 날에 선다.

龍川

[又] 府內場，在府東一里⑤東門洞，每月一、六日設．饒米穀、綿布、魚鹽、梨栗、鍮器、鐵物、木器、甕器、沙器、蘆簟、煙草、猪鷄、牛犢．

南場，在府東二十里外上面，每月五、十日設．

西場，在府西三十里西面，每月四、九日設．

용천의 장시(《광여도》)

72　부내장(府內場) : 평안북도 용천군에서 열렸던 5일장.

73　남장(南場) : 평안북도 염주군에서 열렸던 5일장.

74　서장(西場) : 평안북도 용천군에서 열렸던 5일장.

⑤　東一里 : 저본에는 없음. 오사카본에 근거하여 보충.

선천의 상시(《광여도》)

지산의 장시(《광여도》)

선천(宣川)

[금화경독기] 부내장(府內場)[75]은 매달 3·8이 든 날에 선다. 쌀·콩·맥류·참깨·들깨·피마자·면포·면화·주단·민어·조기·붕어·밴댕이·게(蟹)·조개(蛤)·미역·소금·배·밤·잣·유기(鍮器)·철물·목기·옹기·사기·담배·삿자리 돼지고기 닭고기 닭·소가 풍부하다.

자산(慈山)

[금화경독기] 관전장(館前場)[76]은 매달 3이 든 날에 서

宣川

[又] 府內場, 每月三、八日設. 饒米荳、牟麥、脂麻、水蘇、萆麻子、綿布、綿花、紬緞、鮸魚、石首魚、鮒魚、鰟魚、蟹蛤、海菜、鹽、梨栗、海松子、鍮器、鐵物、木器、甕器、沙器、煙草、蘆簟、猪鷄、牛犢.

慈山

[又] 館前場, 每月三日設 ;

---

75 부내장(府內場) : 평안북도 선천군에서 열렸던 5일장.
76 관전장(館前場) : 평안남도 순천시에서 열렸던 10일장.

고, 하장[77]은 자산부 동쪽 2리에서 매달 8이 든 날에 선다. 미곡·면포·면화·조기·미역·소금·유기(鍮器)·철물·목기·옹기·사기·담배·돼지·닭·소가 풍부하다.

사인장(舍人場)[78]은 자산부 남쪽 30리 용곡방(龍谷坊)에서 매달 5·10이 든 날에 선다.

초산(楚山)

[금화경독기] 관전장(館前場)[79]은 매달 1·6이 든 날에 선다. 쌀·콩·맥류·면포·유기(鍮器)·철물·목

下場, 在府東二里, 每月八日設. 饒米穀、綿布、綿花、石首魚、海菜、鹽、鍮器、鐵物、木器、甕器、沙器、煙草、猪鷄、牛犢.

舍人場, 在府南三十里龍谷坊, 每月五、十日設.

楚山

[又] 館前場, 每月一、六日設. 饒米荳、麰麥、綿布、

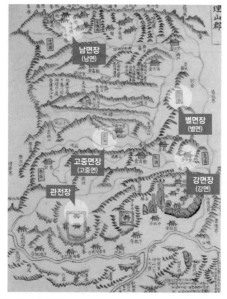

초산의 장시(《광여도》)

---

77 하장 : 평안남도 순천시에서 열렸던 10일장.
78 사인장(舍人場) : 평안남도 순천시에서 열렸던 5일장.
79 관전장(館前場) : 자강도 초산군에서 열렸던 5일장.

기·옹기·사기·꿀·담배·삿자리·대자리가 풍부
하다.

남면장(南面場)[80]은 초산부 남쪽 50리 남면에서 매
달 2·7이 든 날에 선다.

강면장(江面場)[81]은 초산부 서쪽 100리 강면(江面)
에서 매달 4·9가 든 날에 선다.

별면장(別面場)[82]은 초산부 서쪽 120리 별면(別面)
에서 매달 5·10이 든 날에 선다.

고중면장(古中面場)[83]은 초산부 남쪽 100리 고중면
(古中面)에서 매달 3·8이 든 날에 선다.

함종(咸從)
[금화경독기] 관문외장(官門外場)[84]은 매달 1이 든 날
에 선다.

향교동장(鄕校洞場)[85]은 함종부 동쪽 1리에서 매달
6이 든 날에 선다. 쌀·콩·맥류·면화·면포·생선·소
금·유기(鍮器)·철물·목기·옹기·사기·담배·대자리·
돼지·닭·소가 풍부하다.

당점장(堂岾場)[86]은 함종부 남쪽 15리에서 매달
2·7이 든 날에 선다.

鍮器、鐵物、木器、甕器、沙
器、蜂蜜、煙草、蘆簟.

南面場，在府南五十里南
面，每月二、七日設.

江面場，在府西一百里江
面，每月四、九日設.

別面場，在府西一百二十里
別面，每月五、十日設.

古中面場，在府南一百里古
中面，每月三、八日設.

咸從
[又] 官門外場，每月一日
設.

鄕校洞場，在府東一里，每
月六日設. 饒米荳、牟麥、
綿花、綿布、魚鹽、鍮器、鐵
物、木器、甕器、沙器、煙
草、簟席、猪鷄、牛犢，

堂岾場，在府南十五里，每
月二、七日設.

---

80 남면장(南面場) : 자강도 초산군에서 열렸던 5일장.
81 강면장(江面場) : 자강도 고풍군에서 열렸던 5일장.
82 별면장(別面場) : 자강도 고풍군에서 열렸던 5일장.
83 고중면장(古中面場) : 자강도 고풍군에서 열렸던 5일장.
84 관문외장(官門外場) : 평안남도 강서군에서 열렸던 10일장.
85 향교동장(鄕校洞場) : 평안남도 강서군에서 열렸던 10일장.
86 당점장(堂岾場) : 평안남도 강서군에서 열렸던 5일장.

운산(雲山)

[금화경독기] 관전장(館前場)[87]은 매달 5·10이 든 날에 선다. 쌀·콩·맥류·참깨·들깨·면포·면화·민어·조기·밴댕이·대추·밤·배·감·유기(鍮器)·철물·옹기·사기·꿀·담배·소가 풍부하다.

雲山

[又] 館前場, 每月五, 十日設. 饒米荳, 牟麥, 脂麻, 水蘇, 綿布, 綿花, 鮑魚, 石首魚, 蘇魚, 棗栗, 梨杮, 鍮器, 鐵物, 甕器, 沙器, 蜂蜜, 煙草, 牛犢.

함종의 장시(《광여도》)

운산의 장시(《광여도》)

희천(熙川)

[금화경독기] 관전장(館前場)[88]은 매달 7이 든 날에 선다.

熙川

[又] 館前場, 每月七日設.

---

87 관전장(館前場):평안북도 운산군에서 열렸던 5일장.
88 관전장(館前場):자강도 희천시에서 열렸던 10일장.

하장(下場)[89]은 희천군 동쪽 3리에서 매달 2가 든 날에 선다. 쌀·콩·맥류·참깨·들깨·면포·면화·생선·소금·유기(鍮器)·철물·목기·옹기·사기·꿀·삿자리·대자리·담배가 풍부하다.

下場, 在郡東三里, 每月二日設. 饒米荳、麰麥、脂麻、水蘇、綿布、綿花、魚鹽、鍮器、鐵物、木器、甕器、沙器、蜂蜜、蘆簟、煙草.

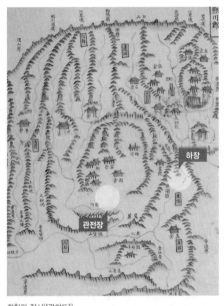

희천의 장시《광여도》

박천(博川)

[금화경독기] 군내장(郡內場)[90]은 매달 3·8이 든 날에 선다. 쌀·콩·맥류·참깨·들깨·면포·면화·민어·조기·농어·배·밤·대추·감·잣·유기(鍮器)·철기·목기·옹기·사기·꿀·담배·삿자리·대자리·돼지·닭·

博川

[又] 郡內場, 每月三、八日設. 饒米荳、麰麥、脂麻、水蘇、綿布、綿花、鮸魚、石首魚、鱸魚、梨栗、棗柹、海

---

89 하장(下場): 자강도 희천시에서 열렸던 10일장.
90 군내장(郡內場): 평안북도 박천군에서 열렸던 5일장.

소가 풍부하다.

松子、鋤器、鐵器、木器、甕器、沙器、蜂蜜、煙草、蘆簟、猪鷄、牛犢.

진두장(津頭場)⁹¹은 박천군 남쪽 20리 진두리에서 매달 5·10이 든 날에 선다.

津頭場, 在郡南二十里津頭里, 每月五、十日設.

양비탈장(兩飛頉場)⁹²은 박천군 남쪽 40리 덕안면(德安面)에서 매달 1·6이 든 날에 선다.

兩飛頉場, 在郡南四十里德安面, 每月一、六日設.

박천의 장시(《광여도》)

---

91 진두장(津頭場) : 평안북도 박천군에서 열렸던 5일장.
92 양비탈장(兩飛頉場) : 평안북도 박천군에서 열렸던 5일장.

덕천(德川)

[금화경독기] 읍저내장(邑底內場)[93]은 매달 2가 든 날에 선다.

외장(外場)[94]은 매달 7이 든 날에 선다. 쌀·콩·맥류·조[黍稷]·면포·생선·소금·철물·목기·옹기·사기·모밀잣밤나무껍질·가래나무껍질·꿀·담배·돼지·닭·소가 풍부하다.

德川

[又] 邑底內場, 每月二日設.

外場, 每月七日設. 饒米荳、牟麥、黍稷、綿布、魚鹽、鐵物、木器、甕器、沙器、柯皮、楸皮、蜂蜜、煙草、猪鷄、牛犢.

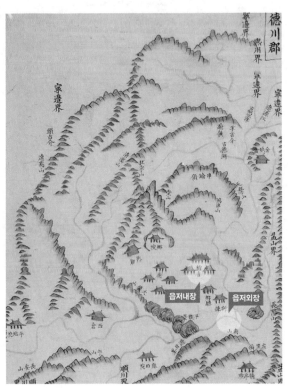

덕천의 장시(《광여도》)

---

93 읍저내장(邑底內場): 평안남도 덕천시에서 열렸던 10일장.
94 외장(外場): 평안남도 덕천시에서 열렸던 10일장.

개천(价川)

[금화경독기] 관전장(館前場)[95]은 매달 6이 든 날에 선다.

신흥장(新興場)[96]은 매달 1이 든 날에 선다. 쌀·콩·맥류·조[黍稷]·참깨·들깨·면포·면화·조기·미역·소금·배·밤·유기(鍮器)·철물·목기·옹기·사기·생삼·모밀잣밤나무껍질·가래나무껍질·담배·삿자리·대자리·돼지·닭·소가 풍부하다.

价川

[又] 館前場, 每月六日設.

新興場, 每月一日設. 饒米荳、麰麥、黍稷、脂麻、水蘇、綿布、綿花、石首魚、海菜、鹽、梨栗、鍮器、鐵物、木器、甕器、沙器、生麻、柯皮、楸皮、煙草、蘆簟、猪鷄、牛犢.

개천의 장시(《광여도》)

---

95 관전장(館前場): 평안남도 개천시에서 열렸던 10일장.
96 신흥장(新興場): 평안남도 개천시에서 열렸던 10일장. 이 지도에서는 확인되지 않는다.

무진장(無盡場)[97]은 개천군 남쪽 25리 중남면(中南面)에서 매달 5·10이 든 날에 선다.

굴장(窟場)[98]은 개천군 서남쪽 30리 중서면(中西面)에서 매달 2·7이 든 날에 선다.

서창장(西倉場)[99]은 개천군 서쪽 25리 외서면(外西面)에서 매달 4·9가 든 날에 선다.

북장(北場)[100]은 개천군 북쪽 35리 북면(北面)에서 매달 3·8이 든 날에 선다.

순천(順川)

[금화경독기] 관전장(館前場)[101]은 매달 4·19일에 선다.

외장(外場)[102]은 순천군 남쪽 2리에서 매달 14·29일에 선다.

창장(倉場)[103]은 순천군 동쪽 3리에서 매달 9·24일에 선다. 쌀·콩·맥류·참깨·들깨·면포·면화·생선·소금·유기(鍮器)·철물·목기·옹기·사기·담배·삿자리·대자리·돼지·닭·소가 풍부하다.

신창장(新倉場)[104]은 순천군 동쪽 50리 원하면(院下

無盡場, 在郡南二十五里中南面, 每月五、十日設.

窟場, 在郡西南三十里中西面, 每月二、七日設.

西倉場, 在郡西二十五里外西面, 每月四、九日設.

北場, 在郡北三十五里北面, 每月三、八日設.

順川

|X| 館前場, 每月初四日、十九日設.

外場, 在郡南二里, 每月十四日、二十九日設.

倉場, 在郡東三里, 每月初九日、二十四日設. 饒米荳、牟麥、脂麻、水蘇、綿布、綿花、魚鹽、鍮器、鐵物、木器、甕器、沙器、煙草、蘆簟、猪鷄、牛犢.

新倉場, 在郡東五十里院

---

97 무진장(無盡場) : 평안남도 개천시에서 열렸던 5일장.
98 굴장(窟場) : 평안남도 개천시에서 열렸던 5일장.
99 서창장(西倉場) : 평안남도 개천시에서 열렸던 5일장.
100 북장(北場) : 평안남도 개천시에서 열렸던 5일장.
101 관전장(館前場) : 평안남도 순천시에서 열렸던 15일장.
102 외장(外場) : 평안남도 순천시에서 열렸던 15일장.
103 창장(倉場) : 평안남도 순천시에서 열렸던 15일장.
104 신창장(新倉場) : 평안남도 순천시에서 열렸던 5일장.

순천의 장시(《광여도》)

面)에서 매달 1·6이 든 날에 선다.

북창장(北倉場)[105]은 순천군 북쪽 120리 옥정면(玉井面)에서 매달 1·6이 든 날에 선다.

동창장(東倉場)[106]은 순천군 동쪽 120리 학천면(鶴泉面)에서 매달 4·9가 든 날에 선다.

下面, 每月一、六日設.

北倉場, 在郡北一百二十里
玉井面, 每月一、六日設.

東倉場, 在郡東一百二十里
鶴泉面, 每月四、九日設.

---

105 북창장(北倉場) : 평안남도 순천시에서 열렸던 5일장.
106 동창장(東倉場) : 평안남도 순천시에서 열렸던 5일장.

상원(祥原)

[금화경독기] 관전장(館前場)[107]은 매달 9가 든 날에 선다.

　도평장(島坪場)[108]은 읍저에서 매달 4가 든 날에 선다. 쌀·콩·맥류·면포·면화·생선·소금·대추·밤·배·감·유기(鍮器)·철물·목기·옹기·사기·담배·삿자리·대자리·돼지·닭·소가 풍부하다.

祥原

[又] 館前場, 每月九日設.

島坪場, 在邑底, 每月四日設. 饒米荳、牟麥、綿布、綿花、魚鹽、棗栗、梨栃、鍮器、鐵物、木器、甕器、沙器、煙草、蘆簟、猪鷄、牛犢.

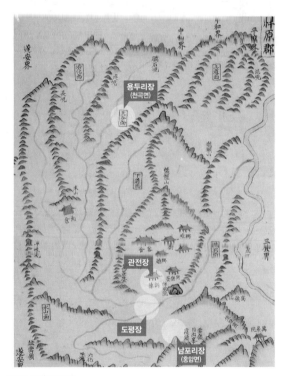

상원의 장시(《광여도》)

---

107 관전장(館前場) : 평양직할시 상원군에서 열렸던 10일장.
108 도평장(島坪場) : 평양직할시 상원군에서 열렸던 10일장.

남포리장(南浦里場)[109]은 상원군 남쪽 50리 홍암방(紅巖坊)에서 매달 3·8이 든 날에 선다.

용두리장(龍頭里場)[110]은 상원군 남쪽 50리 천곡방(天谷坊)에서 매달 1·6이 든 날에 선다.

벽동(碧潼)

[금화경독기] 우장(雩場)[111]은 벽동군 동쪽 70리 우면(雩面)에서 매달 3·8이 든 날에 선다. 쌀·콩·맥류·참깨·들깨·면포·쏘가리·잉어·소금·배·잣·유기(鍮器)·철물·목기·옹기·사기·담배·돼지·닭·소가 풍부하다.

南浦里場, 在郡南五十里紅巖坊, 每月三、八日設.

龍頭里場, 在郡南五十里天谷坊, 每月一、六日設.

碧潼

[又] 雩場, 在郡東七十里雩面, 每月三、八日設. 饒米荳、牟麥、脂麻、水蘇、綿布、錦鱗魚、鯉魚、鹽、生梨、海松子、鍮器、鐵物、木器、甕器、沙器、煙草、猪鷄、牛犢.

벽동의 장시(《광여도》)

---

109 남포리장(南浦里場) : 평양직할시 상원군에서 열렸던 5일장.
110 용두리장(龍頭里場) : 평양직할시 상원군에서 열렸던 5일장.
111 우장(雩場) : 자강도 우시군에서 열렸던 5일장.

위원(渭原)

[금화경독기] 월평장(越坪場)[112]은 위원군 서쪽 15리 군하면(郡下面)에서 매달 2·7이 든 날에 선다. 쌀·콩·맥류·참깨·들깨·면포·면화·유기(鍮器)·철물·목기·옹기·사기·꿀·삿자리·대자리·담배가 풍부하다.

동장(東場)[113]은 위원군 동쪽 40리 동면(東面)에서 매달 4·9가 든 날에 선다.

渭原

[又] 越坪場, 在郡西十五里郡下面, 每月二、七日設. 饒米荳、牟麥、脂麻、水蘇、綿布、綿花、鍮器、鐵物、木器、甕器、沙器、蜂蜜、蘆簟、煙草.

東場, 在郡東四十里東面, 每月四、九日設.

위원의 장시(《광여도》)

---

112 월평장(越坪場) : 자강도 위원군에서 열렸던 5일장.
113 동장(東場) : 자강도 위원군에서 열렸던 5일장.

영원(寧遠)

[금화경독기] 군내장(郡內場)[114]은 매달 1·6이 든 날에 선다. 미곡·면포·생선·소금·배·꿀·유기(鍮器)·철물·목기·옹기·사기·피물·담배·소가 풍부하다.

寧遠

[又] 郡內場, 每月一、六日設. 饒米穀、綿布、魚鹽、生梨、蜂蜜、鍮器、鐵物、木器、甕器、沙器、皮物、煙草、牛犢.

영원의 장시(《광여도》)

가산(嘉山)

[금화경독기] 관문전장(官門前場)[115]은 매달 9가 든 날에 선다.

관전장(館前場)[116]은 매달 4가 든 날에 선다. 쌀·

嘉山

[又] 官門前場, 每月九日設.

館前場, 每月四日設. 饒米

---

114 군내장(郡內場):평안남도 영원군에서 열렸던 5일장.
115 관문전장(官門前場):평안북도 박천군에서 열렸던 10일장.
116 관전장(館前場):평안북도 박천군에서 열렸던 10일장.

콩·맥류·면포·면화·민어·조기·미역·소금·배·밤·
유기(鍮器)·철물·목기·옹기·사기·담배·삿자리·대
자리·돼지·닭·소기 풍부하다.

신장(新場)117은 가산군 서쪽 20리 서면에서 매달
2·7이 든 날에 선다.

荳, 牟麥, 綿布, 綿花, 鮑魚,
石首魚, 海菜, 鹽, 梨栗, 鍮
器, 鐵物, 木器, 甕器, 沙器,
煙草, 蘆簟, 猪鷄, 牛犢.

新場, 在郡西二十里西面,
每月二、七日設.

가산의 장시(《광여도》)

곽산(郭山)

[금화경독기] 관문전장(官門前場)118은 매달 2·7이 든
날에 선다. 쌀·콩·맥류·면포·면화·민어·조기·농
어·메기·미역·소금·배·밤·오미자·꿀·유기(鍮器)·

郭山

[又] 官門前場, 每月二、七
日設. 饒米荳, 牟麥, 綿布,
綿花, 鮑魚, 石首魚, 鱸魚,

---

117 신장(新場): 평안북도 박천군에서 열렸던 5일장.
118 관문전장(官門前場): 평안북도 곽산군에서 열렸던 5일장.

철물·목기·옹기·사기·담배·삿자리·대자리·돼지·
닭·소가 풍부하다.

鮎魚、海菜、鹽、梨栗、五味
子、蜂蜜、鍮器、鐵物、木
器、甕器、沙器、煙草、蘆
簟、猪鷄、牛犢.

곽산의 장시《광여도》

순안(順安)

[금화경독기] 관전장(館前場)119은 매달 5·20일에
선다.

창고리장(倉庫里場)120은 관문 앞에서 매달 10·25
일에 선다.

창동리장(倉東里場)121은 순안현 동쪽에서 매달
15·30일에 선다. 쌀·콩·맥류·참깨·들깨·면포·면

順安

[又] 館前場, 每月初五日、
二十日設.

倉庫里場, 在官門前, 每月
初十日、二十五日設.

倉東里場, 在縣東, 每月
十五日、三十日設. 饒米荳、

---

119 관전장(館前場) : 평양직할시 순안구역에서 열렸던 15일장.
120 창고리장(倉庫里場) : 평양직할시 순안구역에서 열렸던 15일장.
121 창동리장(倉東里場) : 평양직할시 순안구역에서 열렸던 15일장.

화·명주·민어·조기·미역·소금·배·밤·잣·유기(鍮器)·철물·옹기·사기·담배·돼지·닭·소가 풍부하다.

牟麥、脂麻、水蘇、綿布、綿花、明紬、鮑魚、石首魚、海菜、鹽、梨栗、海松子、鍮器、鐵物、甕器、沙器、煙草、猪鷄、牛犢.

신교장(薪橋場)[122]은 순안현 북쪽 40리 공전면(公田面)에서 매달 1·6이 든 날에 선다.

암적원장(巖赤院場)[123]은 순안현 서쪽 15리 봉송면(峯松面)에서 매달 2·7이 든 날에 선다.

薪橋場, 在縣北四十里公田面, 每月一、六日設.

巖赤院場, 在縣西十五里峯松面, 每月二、七日設.

순안의 장시(《광여도》)

---

122 신교장(薪橋場) : 평양직할시 순안구역에서 열렸던 5일장.
123 암적원장(巖赤院場) : 평양직할시 순안구역에서 열렸던 5일장.

용강(龍岡)

[금화경독기] 관전장(館前場)[124]은 매달 3이 든 날에 선다.

하장(下場)[125]은 용강현 남쪽에서 매달 8이 든 날에 선다. 쌀·콩·맥류·면포·면화·민어·조기·붕어·미역·배·밤·대추·감·유기(鍮器)·철물·목기·옹기·사기·유기(柳器)·담배·돼지·닭·소가 풍부하다.

龍岡

[又] 館前場, 每月三日設.

下場, 在縣南, 每月八日設. 饒米荳, 牟麥, 綿布, 綿花, 鮸魚, 石首魚, 鮒魚, 海菜, 梨栗, 棗柹, 鍮器, 鐵物, 木器, 甕器, 沙器, 柳器, 煙草, 猪鷄, 牛犢.

용강의 장시(《광여도》)

---

124 관전상(館前場) : 평안남도 남포시에서 열렸던 10일장.
125 하장(下場) : 평안남도 남포시에서 열렸던 10일장.

성점장(城岾場)[126]은 용강현 서쪽 20리 얼동면(乻洞面)에서 매달 5·10이 든 날에 선다.

노동장(蘆洞場)[127]은 용강현 동남쪽 30리 오정면(吾井面)에서 매달 5·10이 든 날에 선다.

망해리장(望海里場)[128]은 용강현 동남쪽 60리 다미면(多美面)에서 매달 2·7이 든 날에 선다.

증산(甑山)

[금화경독기] 관문전장(官門前場)[129]은 매달 4가 든 날에 선다.

城岾場, 在縣西二十里乻洞面, 每月五、十日設.

蘆洞場, 在縣東南三十里吾井面, 每月五、十日設.

望海里場, 在縣東南六十里多美面, 每月二、七日設.

甑山

[又] 官門前場, 每月四日設.

증산의 장시(《광여도》)

---

126 성점장(城岾場) : 평안남도 남포시에서 열렸던 5일장.
127 노동장(蘆洞場) : 평안남도 남포시에서 열렸던 5일장.
128 망해리장(望海里場) : 평안남도 남포시에서 열렸던 5일장.
129 관문전장(官門前場) : 평안남도 증산군에서 열렸던 10일장.

관전장(館前場)[130]은 매달 9가 든 날에 선다. 쌀·콩·맥류·면포·면화·생선·소금·유기(鍮器)·철물·목기·옹기·사기·삿자리·대자리·담배가 풍부하다.

館前場, 每月九日設. 饒米荳、牟麥、綿布、綿花、魚鹽、鍮器、鐵物、木器、甕器、沙器、蘆簟、煙草.

강서(江西)

[금화경독기] 관전장(館前場)[131]은 매달 2가 든 날에 선다.

신장(新場)[132]은 동부방(東部坊) 하리(下里)에서 매달

江西

[又] 館前場, 每月二日設.

新場, 在東部坊 下里, 每

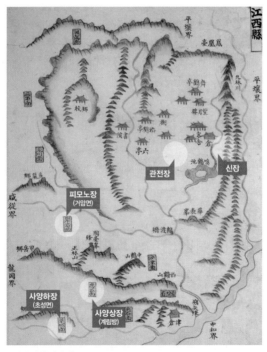

강서의 장시(《광여도》)

---

130 관전장(館前場) : 평안남도 증산군에서 열렸던 10일장.
131 관전장(館前場) : 평안남도 남포시 강서구역에서 열렸던 10일장.
132 신장(新場) : 평안남도 남포시 강서구역에서 열렸던 10일장.

7이 든 날에 선다. 쌀·콩·맥류·면포·면화·생선·소금·유기(鍮器)·철물·목기·버들상자·담배·삿자리·대자리·돼지·닭·소가 풍부하다.

사양상장(沙壤上場)[133]은 강서현 남쪽 25리 계림방(鷄林坊)에서 매달 1·6이 든 날에 선다.

사양하장(沙壤下場)[134]은 강서현 남쪽 30리 초성방(草城坊)에서 매달 4·9가 든 날에 선다.

피모노장(皮毛老場)[135]은 강서현 남쪽 15리 거암방(擧巖坊)에서 매달 4·9가 든 날에 선다.

영유(永柔)

[금화경독기] 관전장(館前場)[136]은 매달 4가 든 날에 선다.

하장(下場)[137]은 영유현 서쪽 2리에서 매달 9가 든 날에 선다. 쌀·콩·맥류·면포·면화·생선·소금·배·밤·담배가 풍부하다.

중교장(中橋場)[138]은 영유현 서쪽 20리 갈하면(葛下面)에서 매달 2·7이 든 날에 선다.

가흘원장(加屹院場)[139]은 영유현 서남쪽 30리 화산면(禾山面)에서 매달 5·10이 든 날에 선다.

月七日設. 饒米荳、牟麥、綿布、綿花、魚鹽、鍮器、鐵物、木器、柳笥、煙草、蘆簟、猪鷄、牛犢.

沙壤上場, 在縣南二十五里鷄林坊, 每月一、六日設.

沙壤下場, 在縣南三十里草城坊, 每月四、九日設.

皮毛老場, 在縣南十五里擧巖坊, 每月四、九日設.

永柔

[又] 館前場, 每月四日設.

下場, 在縣西二里, 每月九日設. 饒米荳、牟麥、綿布、綿花、魚鹽、梨栗、煙草.

中橋場, 在縣西二十里葛下面, 每月二、七日設.

加屹院場, 在縣西南三十里禾山面, 每月五、十日設.

---

133 사양상장(沙壤上場) : 평안남도 남포시 강서구역에서 열렸던 5일장.
134 사양하장(沙壤下場) : 평안남도 남포시 강서구역에서 열렸던 5일장.
135 피모노장(皮毛老場) : 평안남도 남포시 강서구역에서 열렸던 5일장.
136 관전장(館前場) : 평안남도 평원군에서 열렸던 10일장.
137 하장(下場) : 평안남도 평원군에서 열렸던 10일장.
138 중교장(中橋場) : 평안남도 평원군에서 열렸던 5일장.
139 가흘원장(加屹院場) : 평안남도 평원군에서 열렸던 5일장.

영유의 장시(《광여도》)

삼등(三登)

[금화경독기] 관전장(館前場)[140]은 매달 4가 든 날에
선다.

하장(下場)[141]은 삼등현 서쪽 2리에서 매달 9가 든
날에 선다. 쌀·콩·맥류·면포·면화·생선·소금·배·

三登

[又] 館前場, 每月四日設.

下場, 在縣西二里, 每月九
日設. 饒米荳, 牟麥、綿布、

---

140 관전장(館前場) : 평양직할시 강동군에서 열렸던 10일장.
141 하장(下場) : 평양직할시 강동군에서 열렸던 10일장.

밤·철물·담배·돼지·닭·소가 풍부하다.

綿花、魚鹽、梨栗、鐵物、煙
草、猪鷄、牛犢.

태천(泰川)

[금화경독기] 관전장(館前場)[142]은 매달 3·8이 든 날
에 선다. 쌀·콩·맥류·면포·면화·생선·소금·유기
(鍮器)·철물·목기·옹기·사기·꿀·담배·돼지·닭·
소가 풍부하다.

원장(院場)[143]은 태천현 남쪽 30리 원면(院面)에서
매달 2·7이 든 날에 선다.

泰川

[又] 館前場, 每月三、八日
設. 饒米荳、牟麥、綿布、綿
花、魚鹽、鍮器、鐵物、木
器、甕器、沙器、蜂蜜、煙
草、猪鷄、牛犢.

院場, 在縣南二十里院面,
每月二、七日設.

삼등의 장시(《광여도》)

태천의 장시(《광여도》)

142 관전장(館前場):평안북도 태천군에서 열렸던 5일장.
143 원장(院場):평안북도 태천군에서 열렸던 5일장.

양덕(陽德)

[금화경독기] 현내장(縣內場)144은 매달 1·6이 든 날에 선다. 쌀·콩·맥류·면포·명주·생선·소금·철물·목기·담배·꿀이 풍부하다.

별창장(別倉場)145은 양덕현 서쪽 130리에서 매달 4·9가 든 날에 선다.

陽德

[又] 縣內場, 每月一、六日設. 饒米荳、牟麥、綿布、明紬、魚鹽、鐵物、木器、煙草⑥、蜂蜜.

別倉場, 在縣西一百三十里, 每月四、九日設.

양덕의 장시(《광여도》)

---

144 현내장(縣內場) : 평안남도 양덕군에서 열렸던 5일장.
145 별창장(別倉場) : 평안남도 양덕군에서 열렸던 5일장.
⑥ 草 : 저본에는 없음. 오사카본에 근거하여 보충.

맹산(孟山)

[금화경독기] 현내장(縣內場)146은 매달 4·9가 든 날에 신다. 쌀·콩·맥류·면포·명주·생선·소금·유기(鍮器)·철물·목기·꿀·담배·돼지·닭·소가 풍부하다.

孟山

[又] 縣內場, 每月四、九日設. 饒米荳, 牟麥、綿布、明紬、魚鹽、鍮器、鐵物、木器、蜂蜜、煙草、猪鷄、牛犢.

맹산의 장시(《광여도》)

강동(江東)

[금화경독기] 관전장(館前場)147은 매달 8이 든 날에 선다.

관후장(館後場)148은 매달 3이 든 날에 선다. 쌀·콩·맥류·면포·면화·명주·생선·소금·배·밤·유기

江東

[又] 館前場, 每月八日設.

館後場, 每月三日設. 饒米荳, 牟麥、綿布、綿花、明紬、

---

146 현내장(縣內場) : 평안남도 맹산군에서 열렸던 5일장.
147 관전장(館前場) : 평양직할시 강동군에서 열렸던 10일장.
148 관후장(館後場) : 평양직할시 강동군에서 열렸던 10일장.

(鉏器)·철물·목기·옹기·사기·담배가 풍부하다.

열파장(閱波場)149은 강동현 서쪽 20리 고천방(高泉坊)에서 매달 2·7이 든 날에 선다.

관적장(串赤場)150은 강동현 남쪽 40리 추탄방(秋灘坊)에서 매달 4·9가 든 날에 선다.

魚鹽、梨栗、鉏器、鐵物、木器、甕器、沙器、煙草.

閱波場, 在縣西二十里高泉坊, 每月二、七日設.

串赤場, 在縣南四十里秋灘坊, 每月四、九日設.

강동의 장시(《광여도》)

은산(殷山)

[금화경독기] 관문전장(官門前場)151은 매달 2가 든 날에 선다.

殷山

［又］官門前場, 每月二日設.

---

149 열파장(閱波場) : 평양직할시 강동군에서 열렸던 5일장.
150 관적장(串赤場) : 평양직할시 강동군에서 열렸던 5일장.
151 관문전장(官門前場) : 평안남도 은산군에서 열렸던 10일장.

관전장(館前場)[152]은 매달 7이 든 날에 선다. 쌀· 콩·맥류·참깨·들깨·면포·면화·명주·조기·미역· 소금·유기(鍮器)·철물·목기·옹기·사기·버들상자· 황밀·담배·삿자리·대자리·돼지·닭·소가 풍부 하다.

북창장(北倉場)[153]은 은산현 북쪽 30리 진북방(鎭 北坊)에서 매달 3·8이 든 날에 선다.

館前場, 每月七日設. 饒米 荳、牟麥、脂麻、水蘇、綿 布、綿花、明紬、石首魚、海 菜、鹽、鍮器、鐵物、木器、 甕器、沙器、柳筍、黃蜜、煙 草、蘆簟、猪鷄、牛犢.

北倉場, 在縣北三十里鎭 北坊, 每月三、八日設.

은산의 장시(《광여도》)

의주(義州)

[금화경독기] 오목장(梧木場)[154]은 남문 밖에서 매달 1·6이 든 날에 선다. 쌀·콩·맥류·면포·주단·민

義州

[又] 梧木場, 在南門外, 每 月一、六日設. 饒米荳、麰

---

152 관전장(館前場) : 평안남도 은산군에서 열렸던 10일장.
153 북창장(北倉場) : 평안남도 은산군에서 열렸던 5일장.
154 오목장(梧木場) : 평안북도 의주군에서 열렸던 5일장.

어·조기·소금·배·밤·대추·감·유기(鍮器)·철물·목
기·옹기·사기·담배·삿자리·대자리·돼지·닭·소가
풍부하다.

인산장(麟山場)[155]은 의주부 서쪽 40리 광성면(光城
面)에서 매달 2·7이 든 날에 선다.
양하장(楊下場)[156]은 의주부 서남쪽 60리 양하면
(楊下面)에서 매달 3·8이 든 날에 선다.
체마장(替馬場)[157]은 의주부 남쪽 60리 비현면(批峴
面)에서 매달 2·7이 든 날에 선다.

麥、綿布、紬緞、鮑魚、石首
魚、鹽、梨栗、棗栭、鍮器、
鐵物、木器、甕器、沙器、煙
草、蘆簟、猪鷄、牛犢.

麟山場, 在府西四十里光
城面, 每月二、七日設.
楊下場, 在府西南六十里楊
下面, 每月三、八日設.
替馬場, 在府南六十里批
峴面, 每月二、七日設.

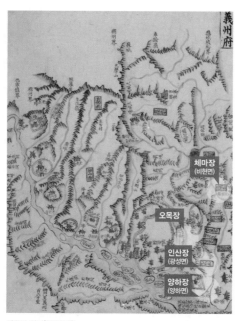

의주의 장시(《광여도》)

---

155 인산장(麟山場) : 평안북도 의주군에서 열렸던 5일장.
156 양하장(楊下場) : 평안북도 의주군에서 열렸던 5일장.
157 체마장(替馬場) : 평안북도 의주군에서 열렸던 5일장.

8) 함경도

함흥(咸興)

[금화경독기] 부내장(府內場)¹은 남문 밖에서 매달 2·7이 든 날에 선다. 쌀·콩·맥류·조·면포·삼베·반포(斑布)²·주단·방어·뱅어·황어·말린 넙치·말린 문어·대구·대합·홍합·해삼·다시마·명란(明卵)³·꼬막⁴·대추·밤·잣·개암·표고버섯·석이버섯·두충·도라지·오미자·호두·꿀·유기(鍮器)·철물·목기·옹기·사기·유기(柳器)·송판(松板)·추판(楸板)⁵·족제비가죽·담비가죽·범가죽·노루가죽·사슴가죽·삿자리·대자리·담배·꿩·닭·수가 풍부하다.

남지경장(南地境場)⁶은 함흥부와 거리가 30리인 탄막리(炭幕里)에서 매달 5·10이 든 날에 선다.

선덕장(宣德場)⁷은 함흥부와 거리가 40리인 신중리(新中里)에서 매달 3·8이 든 날에 선다.

關北

咸興

[金華耕讀記] 府內場, 在南門外, 每月二、七日設. 饒米荳、麰麥、稷粟、綿布、麻布、斑布、紬緞、魴魚、白魚、黃魚、乾廣魚、乾文魚、大口魚、大蛤、紅蛤、海蔘、海帶、明卵、江瑤珠、棗栗、海松子、榛子、藁古、石茸、杜沖、桔梗、五味子、胡桃、蜂蜜、鍮器、鐵物、木器、甕器、沙器、柳器、松板、楸板、鼠皮、獤皮、虎皮、獐皮、鹿皮、蘆簟、煙草、雉鷄、牛犢.

南地境場, 距府三十里炭幕里, 每月五、十日設.

宣德場, 距府四十里新中里, 每月三、八日設.

1　부내장(府內場) : 함경남도 함흥시에서 열렸던 5일장.
2　반포(斑布) : 반물빛의 실과 흰 실을 섞어 짠 띠나 수건 감의 폭이 좁은 무명.
3　명란(明卵) : 명태의 알이다. 일반적으로 소금에 절인 뒤 삭혀서 젓갈로 만들어 먹는다.
4　꼬막 : 원문의 '江瑤珠'를 풀이한 것으로, 허균(許筠, 1569~1618)의《성소부부고(惺所覆瓿藁)》卷1에 "강요주(江瑤珠)는 북청·홍원 지역에서 많이 난다. 크면서도 달고 연하다. 고려 때에는 원나라의 요구에 따라 모두 바쳐서 국내에서는 씨가 마를 지경이었다.[江瑤柱, 北靑·洪原多産之. 大而甘滑. 前朝因元之求, 殆至國匱.]"라는 기록이 보인다.
5　추판(楸板) : 가래나무로 만든 널빤지이다.
6　남지경장(南地境場) : 미상.
7　선덕장(宣德場) : 함경남도 정평군에서 열렸던 5일장.

함흥의 장시(《여지도》)

운전장(雲田場)[8]은 함흥부와 거리가 30리인 신풍리 (新豐里)에서 매달 1·6이 든 날에 선다.

퇴조장(退潮場)[9]은 함흥부와 거리가 50리인 신풍 리(新豐里)에서 매달 4·9가 든 날에 선다.

보청장(甫靑場)[10]은 함흥부와 거리가 90리인 집삼 리(執三里)에서 매달 3·8이 든 날에 선다.

雲田場, 距府三十里新豐 里, 每月一、六日設.

退潮場, 距府五十里新豐 里, 每月四、九日設.

甫靑場, 距府九十里執三 里, 每月三、八日設.

---

8 운전장(雲田場) : 함경남도 함주군 함주읍에서 열렸던 5일장.
9 퇴조장(退潮場) : 함경남도 낙원군 신풍리에서 열렸던 5일장.
10 보청장(甫靑場) : 함경남도 낙원군에서 열렸던 5일장.

원평장(元平場)[11]은 함흥부와 거리가 60리인 중리 (中里)에서 매달 4·9가 든 날에 선다.

원천장(元川場)[12]은 함흥부와 거리가 100리인 초흥 리(初興里)에서 매달 5·10이 든 날에 선다.

길주(吉州)

[금화경독기] 주내장(州內場)[13]은 남문 안쪽 동리(東里) 에서 매달 1·6이 든 날에 선다. 맥류·조·면포·면 화·삼베·어물(魚物)·유기(鍮器)·목기·솥·담배·소· 말이 풍부하다.

元平場, 距府六十里中里, 每月四、九日設.

元川場, 距府一百里初興 里, 每月五、十日設.

吉州

[又] 州內場, 在南門內東 里, 每月一、六日設. 饒麰 麥、稷粟、綿布、綿花、麻 布、魚物、鍮器、木器、釜 鼎、煙草、牛馬.

길주의 장시(《여지도》)

---

11 원평장(元平場) : 함경남도 신흥군에서 열렸던 5일장.
12 원천장(元川場) : 함경남도 낙원군 낙원읍에서 열렸던 5일장.
13 주내장(州內場) : 함경북도 길주군 길주읍에서 열렸던 5일장.

장동장(場洞場)14은 길주 남쪽 50리 탑상리(塔上里)에서 매달 3·8이 든 날에 선다.

장내장(場內場)15은 길주 남쪽 60리 장내리(場內里)에서 매달 2·7이 든 날에 선다.

북청(北青)

[금화경독기] 부내장(府內場)16은 매달 3·8이 든 날에 선다. 맥류·콩·조·면포·삼베·명주·어물·대추·감·꿀·목기·대자리·담배가 풍부하다.

場洞場, 在州南五十里塔上里, 每月三、八日設.

場內場, 在州南六十里場內里, 每月二、七日設.

北青

[又] 府內場, 每月三、八日設. 饒麰荳、稷粟、綿布、麻布、明紬、魚物、棗栭、蜂蜜、木器、簟席、煙草.

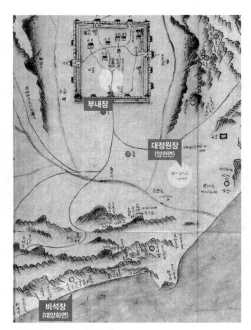

북청의 장시(《1872년 지방지도》)

---

14 장동장(場洞場): 함경북도 길주군 탑양리에서 열렸던 5일장.
15 장내장(場內場): 함경북도 길주군 탑양리에서 열렸던 5일장.
16 부내장(府內場): 함경남도 북청군에서 열렸던 5일장.

비석장(碑石場)[17]은 북청부 남쪽 40리 대양화면(大陽化面)에서 매달 2·7이 든 날에 선다.

대정원장(大亭院場)[18]은 북청부 동쪽 30리 양천면(梁川面)에서 매달 4·9가 든 날에 선다.

영흥(永興)

[금화경독기] 부내장(府內場)[19]은 남산리(南山里)에서 매달 5·10이 든 날에 선다. 맥류·면포·삼베·어물·유기(鍮器)·철물·대자리·담배·소·돼지가 풍부하다.

마산장(馬山場)[20]은 영흥부 동쪽 20리 신풍리(新豊

碑石場, 在府南四十里大陽化面, 每月二、七日設.

大亭院場, 在府東三十里梁川面, 每月四、九日設.

永興

[又] 府內場, 在南山里, 每月五、十日設. 饒麰麥、綿布、麻布、魚物、鍮器、鐵物、簟席、煙草、牛猪.

馬山場, 在府東二十里新豊

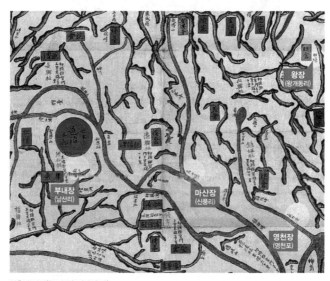

영흥의 장시(《1872년 지방지도》)

---

17 비석장(碑石場) : 함경남도 신포시에서 열렸던 5일장.
18 대정원장(大亭院場) : 함경남도 북청군 양천동리에서 열렸던 5일장.
19 부내장(府內場) : 함경남도 금야군 금야읍에서 열렸던 5일장.
20 마산장(馬山場) : 함경남도 금야군에서 열렸던 5일장.

里)에서 매달 4·9가 든 날에 선다.

왕장(旺場)[21]은 영흥부 동북쪽 50리 왕개동리(旺介
洞里)에서 매달 1·6이 든 날에 선다.

영천장(永川場)[22]은 영흥부 동남쪽 50리 덕동리(德
洞里)에서 매달 2·7이 든 날에 선다.

里, 每月四、九日設.

旺場, 在府東北五十里旺介
洞里, 每月一、六日設.

永川場, 在府東南五十里德
洞里, 每月二、七日設.

안변(安邊)

[금화경독기] 부내장(府內場)[23]은 관문 밖에서 매달
3·8이 든 날에 선다. 쌀·콩·맥류·면포·삼베·어
물·철기·솥·담배·닭이 풍부하다.

安邊

[又] 府內場, 在官門外, 每
月三、八日設. 饒米荳、麰
麥、綿布、麻布、魚物、鐵
器、釜鼎、煙草、生鷄.

안변의 장시(《여지도》)

---

21 왕장(旺場) : 함경남도 금야군에서 열렸던 5일장.
22 영천장(永川場) : 함경남도 금야군 풍남리에서 열렸던 5일장.
23 부내장(府內場) : 강원도(북한) 안변군 안변읍에서 열렸던 5일장.

문산사장(文山社場)[24]은 안변부 남쪽 50리 용지원동(龍池院洞)에서 매달 2·7이 든 날에 선다.

학포장(鶴浦場)[25]은 안변부 동쪽 70리 현평동(縣坪洞)에서 매달 2·7이 든 날에 선다.

정평(定平)

[금화경독기] 부내장(府內場)[26]은 매달 1·6이 든 날에 선다. 쌀·콩·맥류·면포·삼베·어물·과일·목물·피물·옹기·대자리·담배·소가 풍부하다.

파춘장(播春場)[27]은 정평부 남쪽 40리 파춘사(播春社)에서 매달 1·6이 든 날에 선다.

文山社場, 在府南五十里龍池院洞, 每月二、七日設.

鶴浦場, 在府東七十里縣坪洞, 每月二、七日設.

定平

[又] 府內場, 每月一、六日設. 饒米荳、麰麥、綿布、麻布、魚物、果物、木物、皮物、甕器、簟席、煙草、牛犢.

播春場, 在府南四十里播春社, 每月一、六日設.

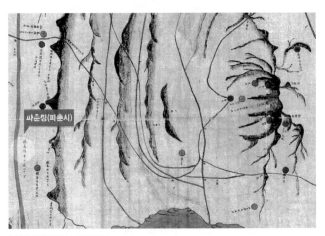

정평의 장시(《1872년 지방지도》)

---

24 문산사장(文山社場) : 강원도(북한) 고산군 용지원리에서 열렸던 5일장.
25 학포장(鶴浦場) : 강원도(북한) 통천군 흡곡면에서 열렸던 5일장.
26 부내장(府內場) : 함경남도 정평군 정평읍에서 열렸던 5일장.
27 파춘장(播春場) : 함경남도 정평군 신상노동자구에서 열렸던 5일장.

덕원(德源)

[금화경독기] 원산장(元山場)[28]은 덕원부 남쪽 15리에서 매달 5·10이 든 날에 선다. 쌀·콩·맥류·면포·삼베·어물·철물·목물·옹기·사기·담배·소가 풍부하다.

야태장(野汰場)[29]은 덕원부 북쪽 30리에서 매달 1·6이 든 날에 선다.

德源

[又] 元山場, 在府南十五里, 每月五、十日設. 饒米荳、麰麥、綿布、麻布、魚物、鐵物、木物、甕器、沙器、煙草、牛犢.

野汰場, 在府北三十里, 每月一、六日設.

덕원의 장시(《여지도》)

경성(鏡城)

[금화경독기] 부내장(府內場)[30]은 남문 안에서 매달

鏡城

[又] 府內場, 在南門內, 每

---

28 원산장(元山場): 강원도(북한) 문천군에서 열렸던 5일장.
29 야태장(野汰場): 미상.
30 부내장(府內場): 함경북도 경성군에서 열렸던 5일장.

경성의 장시(《1872년 지방지도》)

1·6이 든 날에 선다. 조·면포·삼베·생선·소금·유기(鍮器)·대자리·담배·소가 풍부하다.

　강덕장(康德場)[31]은 경성부 북쪽 25리 용창면(龍倉面)에서 매달 5·10이 든 날에 선다.

　줄온장(茁溫場)[32]은 경성부 남쪽 40리 영창면(永倉面)에서 매달 2·7이 든 날에 선다.

　주촌장(朱村場)[33]은 경성부 남쪽 85리 주창면(朱倉面)에서 매달 4·9가 든 날에 선다.

　명간장(明澗場)[34]은 경성부 남쪽 135리 동창면(東倉面)에서 매달 3·8이 든 날에 선다.

月一、六日設. 饒稷粟、綿布、麻布、魚鹽、鍮器、簟席、煙草、牛犢.

康德場, 在府北二十五里龍倉面, 每月五、十日設.

茁溫場, 在府南四十里永倉面, 每月二、七日設.

朱村場, 在府南八十五里朱倉面, 每月四、九日設.

明澗場, 在府南一百三十五里東倉面, 每月三、八日設.

31　강덕상(康德場) : 함경북도 청진시에서 열렸던 5일장.
32　줄온장(茁溫場) : 함경북도 경성군 상온포리에서 열렸던 5일장.
33　주촌장(朱村場) : 함경북도 어랑군에서 열렸던 5일장.
34　명간장(明澗場) : 함경북도 명천군에서 열렸던 5일장.

명천(明川)

[금화경독기] 상궁장(上弓場)[35]은 명천부와 거리가 서남쪽으로 15리에서 매달 5·10이 든 날에 선다. 조·면포·면화·삼베·어물·대자리·담배·소·말이 풍부하다.

하가장(下加場)[36]은 명천부와 거리가 남쪽으로 100리에서 매달 4·9가 든 날에 선다.

明川

[又] 上弓場, 距府西南十五里, 每月五、十日設. 饒稷粟、綿布、綿花、麻布、魚物、簟席、煙草、牛馬.

下加場, 距府南一百里, 每月四、九日設.

명천의 장시(《1872년 지방지도》)

단천(端川)

[금화경독기] 부내장(府內場)[37]은 매달 1·6이 든 날에

端川

[又] 府內場, 每月一、六日

---

35 상궁장(上弓場) : 함경북도 명천군에서 열렸던 5일장.
36 하가장(下加場) : 함경북도 명천군에서 열렸던 5일장.
37 부내장(府內場) : 함경남도 단천시에서 열렸던 5일장.

선다. 맥류·조·면포·삼베·생선·소금·대자리·담
배·소가 풍부하다.

마곡장(磨谷場)38은 단천부와 거리가 북쪽으로 45
리에서 매달 2·7이 든 날에 선다.

고원(高原)

[금화경독기] 덕지장(德池場)39은 고원군과 거리가 북
쪽으로 5리에서 매달 3·8이 든 날에 선다. 맥류·
조·면포·삼베·생선·소금·철물·목물·소가 풍부
하다.

設. 饒麰麥, 稷粟, 綿布, 麻
布, 魚鹽, 簟席, 煙草, 牛犢.
磨谷場, 距府北四十五里,
每月二、七日設.

高原

[又] 德池場, 距郡北五里,
每月三、八日設. 饒麰麥、
稷粟、綿布、麻布、魚鹽、鐵
物、木物、牛犢.

단천의 장시(《여지도》)

고원의 장시(《1872년 지방지도》)

---

38 마곡장(磨谷場) : 함경남도 단천시에서 열렸던 5일장.
39 덕지장(德池場) : 함경남도 고원군에서 열렸던 5일장.

문천(文川)

[금화경독기] 군내장(郡內場)⁴⁰은 관문 밖 5리쯤에서 매달 4·9가 든 날에 선다. 조·면포·어물·목물·옹기·삿자리·대자리·담배·소가 풍부하다.

전탄장(箭灘場)⁴¹은 문천군 북쪽 30리쯤인 도적낭사(都赤郎社)에서 매달 2·7이 든 날에 선다.

풍전장(豊田場)⁴²은 문천군 동쪽 40리쯤인 구산사(龜山社)에서 매달 1·6이 든 날에 선다.

文川

[又] 郡內場, 在官門外五里許, 每月四、九日設. 饒稷粟、綿布、魚物、木物、甕器、蘆簟、煙草、牛犢.

箭灘場, 在郡北三十里許都赤郎社, 每月二、七日設.

豊田場, 在郡東四十里許龜山社, 每月一、六日設.

문천의 장시(《1872년 지방지도》)

---

40 군내장(郡內場) : 강원도(북한) 문천시에서 열렸던 5일장.
41 전탄장(箭灘場) : 강원도(북한) 문천시에서 열렸던 5일장.
42 풍전장(豊田場) : 강원도(북한) 천내군에서 열렸던 5일장.

홍원(洪原)

[금화경독기] 현내장(縣內場)[43]은 매달 5·10이 든 날에 선다. 맥류·조·면포·삼베·어물·삿자리·대자리·담배·소가 풍부하다.

영공대장(靈公臺場)[44]은 홍원현 동쪽 40리 용원사(龍源社)에서 매달 1·6이 든 날에 선다.

洪原

[又] 縣內場, 每月五、十日設. 饒麰麥、稷粟、綿布、麻布、魚物、蘆簟、煙草、牛犢.

靈公臺場, 在縣東四十里龍源社, 每月一、六日設.

홍원의 장시(《1872년 지방지도》)

---

43 현내장(縣內場) : 함경남도 홍원군 홍원읍에서 열렸던 5일장.
44 영공대장(靈公臺場) : 함경남도 신포시에서 열렸던 5일장.

이원(利原)

[금화경독기] 현내장(縣內場)45은 남문 밖 5리 현남면(縣南面)에서 매달 1·6이 든 날에 선다. 맥류·면포·삼베·생선·소금·대자리·담배·소가 풍부하다.

곡구장(谷口場)46은 이원현 동쪽 30리 관동(館洞)에서 매달 5·10이 든 날에 선다.

利原

[又] 縣內場, 在南門外五里縣南面, 每月一、六日設. 饒麰麥、綿布、麻布、魚鹽、簟席、煙草、牛犢.

谷口場, 在縣東三十里館洞, 每月五、十日設.

이원의 장시(《1872년 지방지도》)

예규지 권제4 끝

倪圭志 卷第四

---

45 현내장(縣內場) : 함경남도 이원군 이원읍에서 열렸던 5일장.
46 곡구장(谷口場) : 함경남도 이원군 곡구리에서 열렸던 5일장.

5

예규지 권제5
倪圭志 卷第五

임원십육지 113

林園十六志 百十三

전국 거리표

…상략… 뒤의 표 7개는 도내의 각 읍 사이의 거리를 기록하기 위해 머리행과 머리열에 읍 이름을 같은 순서로 나열한 직사각형 표이다. 이 거리표만 있다면 팔도어느 곳에 있든(육지에서 멀리 떨어진 도서 지역을 제외하고) 전국의 장시까지 걸리는 시간을 예측할 수 있도록 짜임새 있게 만들어졌다. "재물을 증식하려는 자들이 기일에 맞춰 상품을 거래하고 여정을 계산하여 상품이 유통되기를 바라기 때문이다."라는 〈예규지 서문〉의 기대가 결코 무색하지 않다.

- I -

전국 거리표

八域程里表

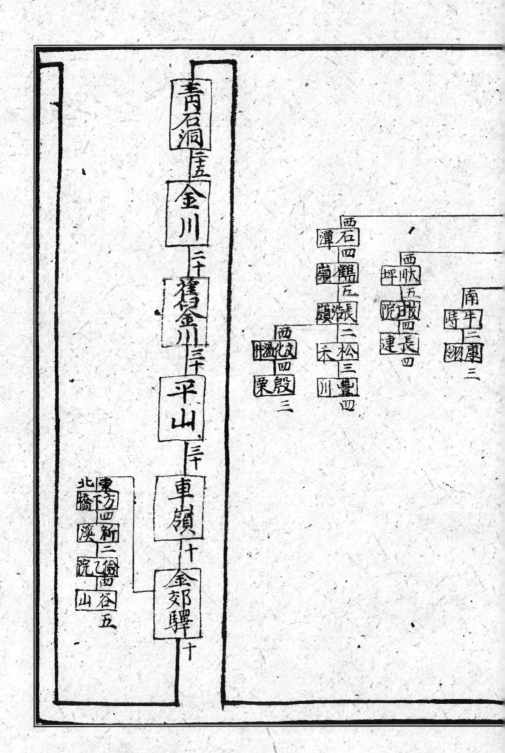

青石洞 三五　金川 二十　瓮金川 三十　平山 三十　車嶺 十　金郊驛 十

西坪院連

西距四長四

牛三　時三

石四潭嶺

鶴頸五　浪二　松本川　三豐四

西化四　汎四栗　殷三

東方四　新三　俗谷五

北橋　下溪　溪院山

八域程里表

西北抵義州第一

洌上　徐有榘準平　纂

男　宇輔　校

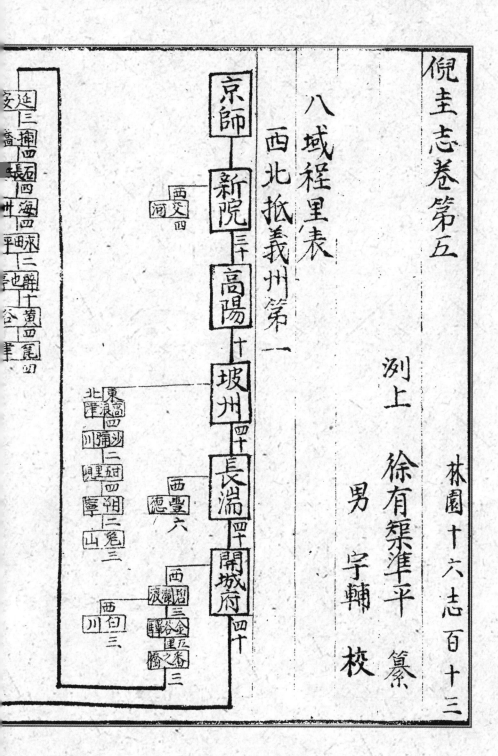

京師

新院 三十〔西交 河 四〕

高陽 十

坡州 四十〔東浪 高 四、北澤 川、沙彌 二甘四、朔二 里三、寧 山〕

長湍 四十〔西豐 德 六〕

開城府 四十〔西 澗三谷 金五里之番 驛橋 三、西 川 白三〕

延三 掘四 張州 四海四 峽 二 薜 十 黃四 罷 池 谷 筆

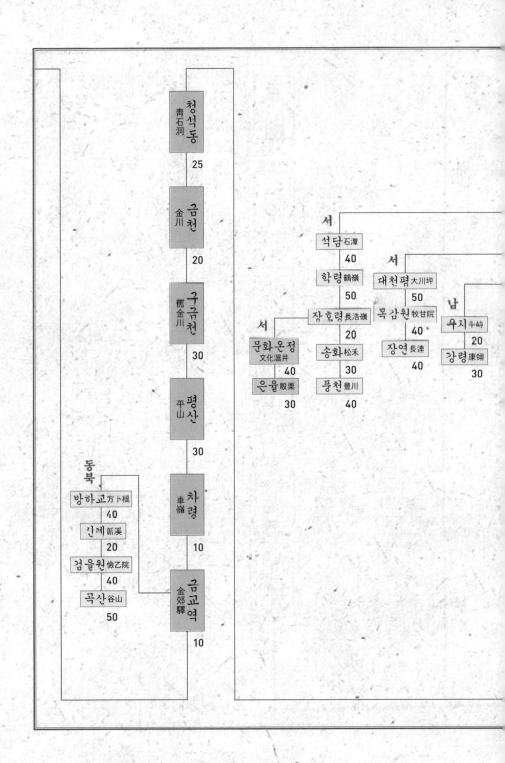

청석동
青石洞

25

금천
金川

20

구금천
舊金川

30

평산
平山

30

차령
車嶺

10

금교역
金郊驛

10

서
석담石潭
40
학령鶴嶺
50
장호령長浩嶺
20
송화松禾
30
풍천豐川
40

서
문화온정
文化溫井
40
은율殷栗
30

서
대천평大川坪
50
목삼원牧甘院
40
장연長連
40

남
우치牛峙
20
강령康翎
30

동북
방하교方下橋
40
신계新溪
20
검을원儉乙院
40
곡산谷山
50

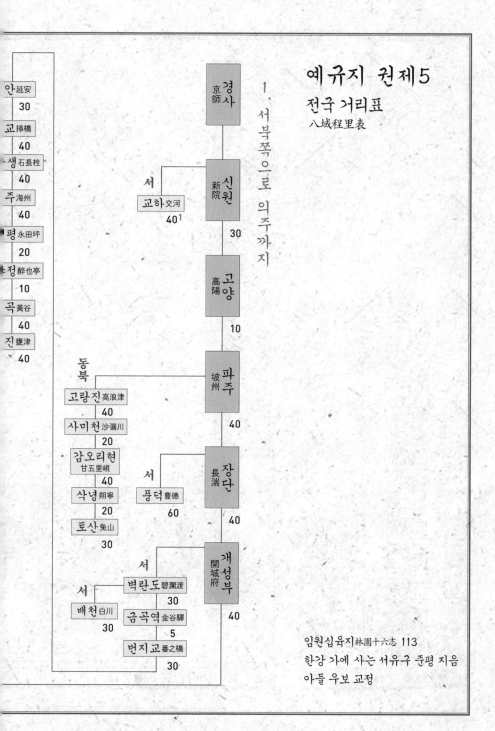

1. 서북쪽으로 의주까지

경사 京師

신원 新院 ─ 서 ─ 교하 交河
40[1]

30

고양 高陽

10

파주 坡州

동북

40

고랑진 高浪津

40

사미천 沙彌川

20

감오리현 甘五里峴

40

삭녕 朔寧

20

토산 兔山

30

장단 長湍 ─ 서 ─ 풍덕 豊德
60

40

개성부 開城府

서

벽란도 碧瀾渡 ─ 서 ─ 배천 白川
30   30

금곡역 金谷驛

5

번지교 番之橋

30

40

안 延安

30

교 揷橋

40

생 石長柱

40

주 海州

40

평 永田坪

20

정 醉也亭

10

곡 黃谷

40

진 甕津

40

임원십육지 林園十六志 113
한강 가에 사는 서유구 준평 지음
아들 우보 교정

---

1 원문에서 지선의 거리표시는 10의 단위만 표시했기 때문에 주의를 요한다.
10미만의 경우에는 숫자 뒤에 里를 표기했다. 표기된 '리'는 일괄 삭제했다.

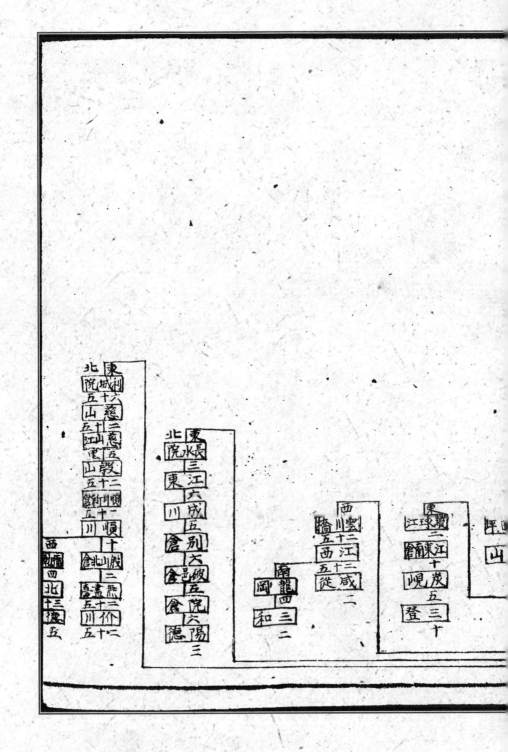

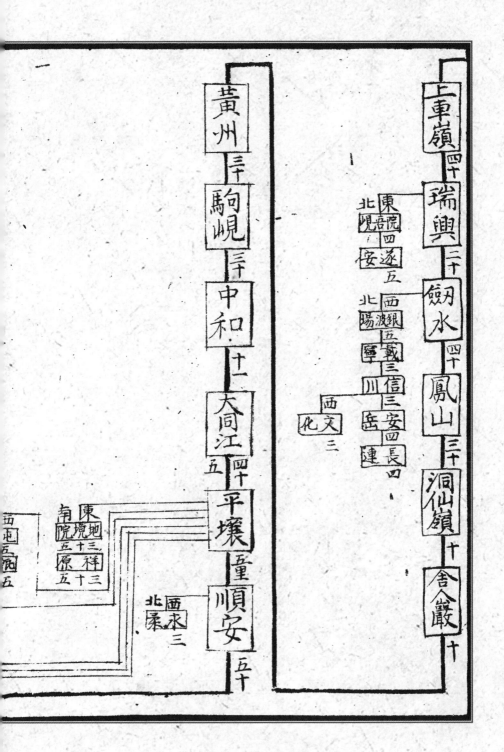

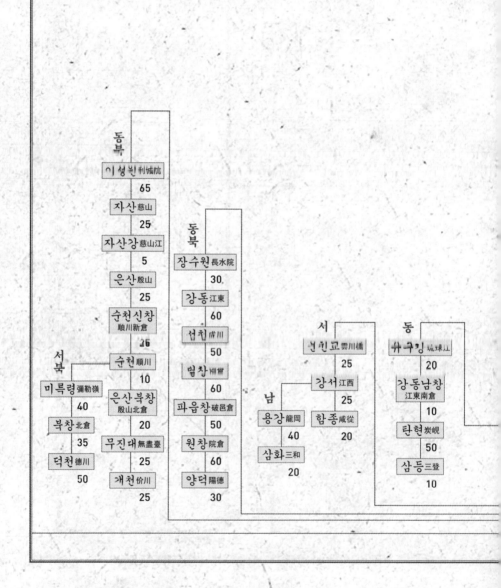

동북
이성빈 利城院
65
자산 慈山
25
자산강 慈山江
5
은산 殷山
25
순천신창 順川新倉
26
순천 順川
10
은산북창 殷山北倉
20
무진대 無盡臺
25
개천 价川
25

서북
미륵령 彌勒嶺
40
북창 北倉
35
덕천 德川
50

동북
장수원 長水院
30
강동 江東
60
성천 成川
50
범창 벬쁳
60
파읍창 破邑倉
60
원창 院倉
60
양덕 陽德
30

서
운천교 雲川橋
25
강서 江西
25
함종 咸從
20

남
용강 龍岡
40
삼화 三和
20

동
류구깅 琉球江
20
강동남창 江東南倉
10
탄현 炭峴
50
삼등 三登
10

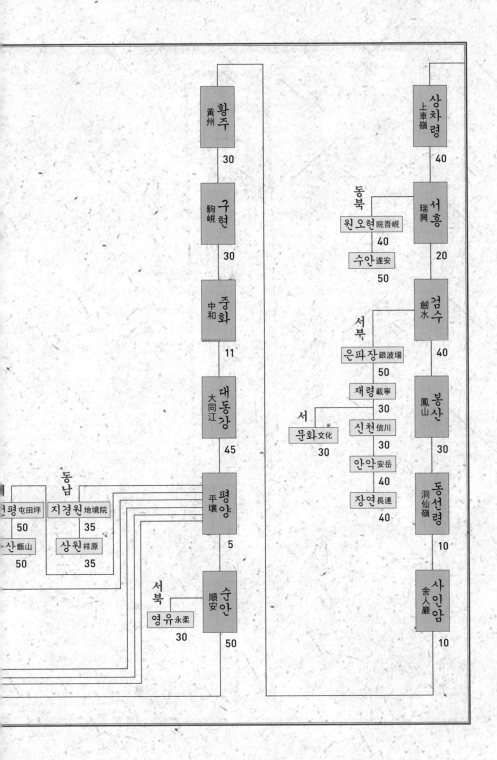

황주 黃州
30

구현 駒峴
30

중화 中和
11

대동강 大同江
45

평양 平壤
5

순안 順安
50

상차령 上車嶺
40

동북
원오현 院吾峴
40
수안 遂安
50

서흥 瑞興
20

검수 劍水
40

서북
은파장 銀波場
50
재령 載寧
30
신천 信川
30
안악 安岳
40
장연 長連
40

서
문화 文化
30

봉산 鳳山
30

동선령 洞仙嶺
10

사인암 舍人巖
10

동남
지경원 地境院
35
상원 祥原
35

둔전평 屯田坪
50
·산 甑山
50

서북
영유 永柔
30

東北抵慶興西水羅第二

京師—樓院 三十—攔馬基 六十—萬歲橋 三十—梁文驛 十—豐田驛 四十

嘉山 二十—曉星嶺 五十—定州 五十—當峨嶺 十五—郭山 十五—宣川 四十

東林城 五十—鐵山 二十—西林城 五—龍川 十五—串津江 四十—義州

西
石蕃 五十—牛峴鎮倉 十五—牛場倉 五—板山 楚山 五—渝坡倉 三—渭原 六—蕃 三—渭 十—邑原

北
幕嶺 三—板倉 三—古倉 六—東倉 六—楚 三—山

北
板 中 古 東 山

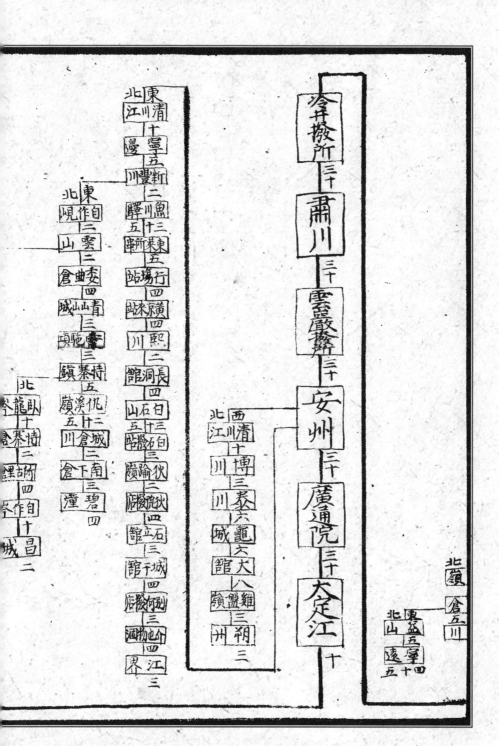

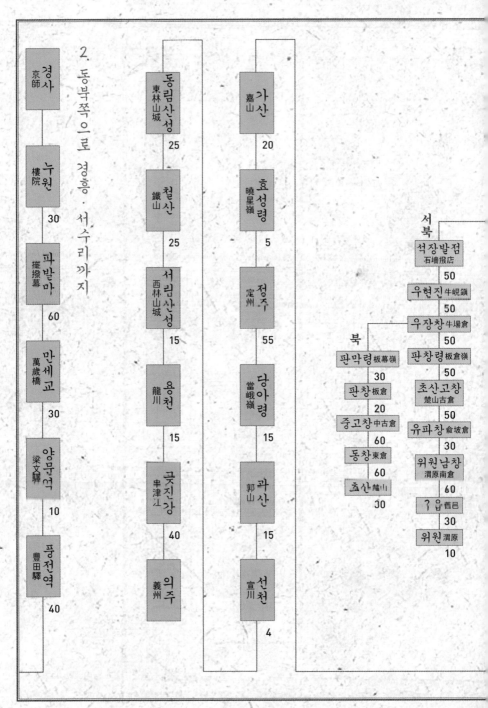

2. 동북쪽으로 경흥·서수라까지

---

1 박천(博川) : 규장각본에는 "보천(溥川)".　　2 대관(大館) : 규장각본에는 "화관(火館)".

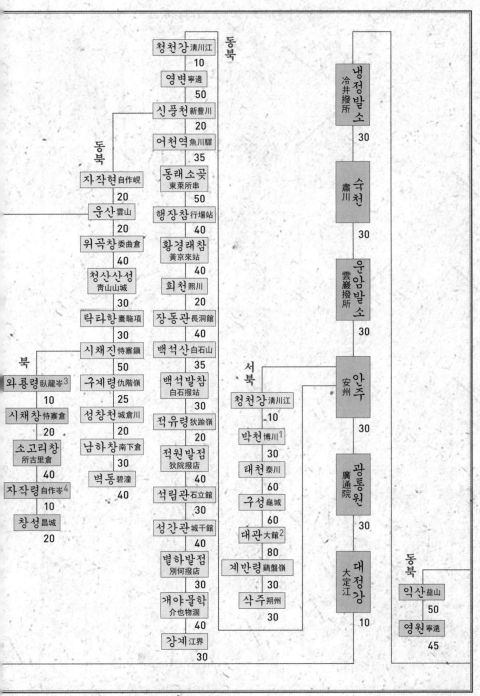

북

와룡령 臥龍岺[3]
10
시채창 恃寨倉
20
소고리창 所古里倉
40
자작령 自作岺[4]
10
창성 昌城
20

동북

자작현 自作峴
20
운산 雲山
20
위곡창 委曲倉
40
청산산성 青山山城
30
락타항 橐馳項
30
시채진 恃寨鎭
50
구계령 仇階嶺
25
성창천 城倉川
20
남하창 南下倉
30
벽동 碧潼
40

동북

청천강 清川江
10
영변 寧邊
50
신풍천 新豊川
20
어천역 魚川驛
35
동래소곶 東萊所串
50
행장참 行場站
40
황경래참 黃京來站
40
희천 熙川
20
장동관 長洞館
40
백석산 白石山
35
백석발참 白石撥站
30
적유령 狄踰嶺
20
적원발점 狄院撥店
40
석립관 石立館
30
성간관 城干館
40
별하발점 別何撥店
40
개야물학 介也物涸
30
강계 江界
30

서북

청천강 清川江
10
박천 博川[1]
30
태천 泰川
60
구성 龜城
60
대관 大館[2]
80
계반령 鷄盤嶺
30
삭주 朔州
30

냉정발소 冷井撥所
30
숙천 肅川
30
운암발소 雲巖撥所
30
안주 安州
30
광통원 廣通院
30
대정강 大定江
10

동북

익산 益山
50
영원 寧遠
45

---

3 와룡령(臥龍岺) : 저본에는 "와룡잠(臥龍岑)".
    규장각본에 근거하여 수정.
4 자작령(自作岺) : 저본에는 "자작잠(自作岑)".
    규장각본에 근거하여 수정.

高驛 十五 龍池院 二十 南驛 二十 安邊 二十 元山倉 五 三十 德源 十五

文川 五 三十 高原 五十 永興 四十 金坡院 三十 草原驛 十五 高城峴 十

定平 三十 烽臺驛 五十 重 咸興 四十 德山驛 三十 林東院 五 二十 咸關嶺 十

咸原驛 十 洪原 二十 五 平浦 四十 五 霜加嶺 二十 五 北青 二十 眞毛老 三十

北 四十九 施浦 五 十三 黃 關 五 院 水三 龍浦 熊四 十 驛 五

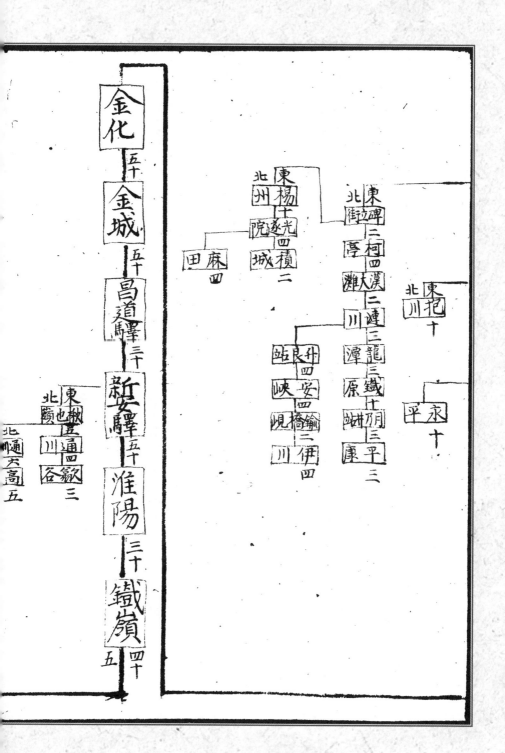

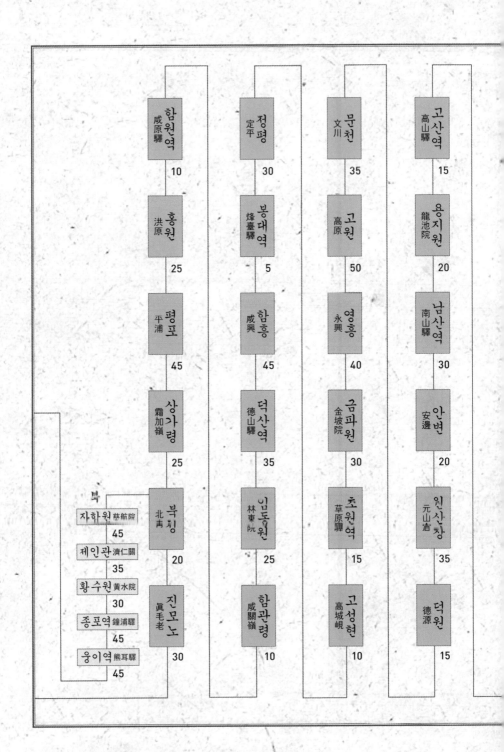

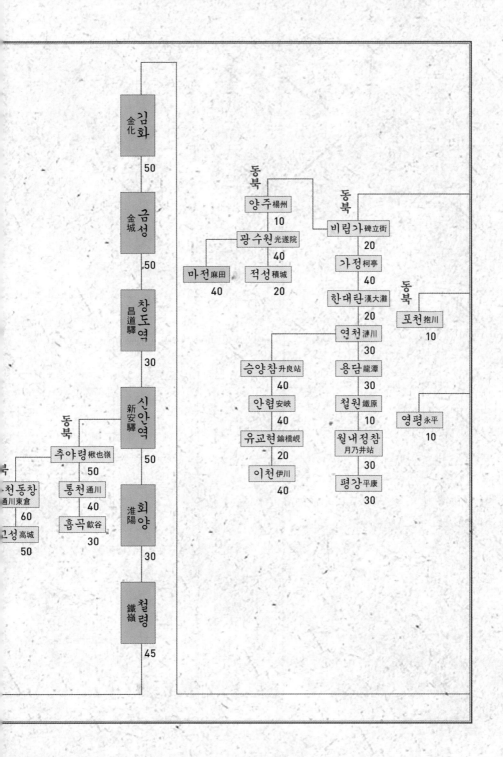

金化 김화 — 50
金城 금성 — 50
昌道驛 창도역 — 30
新安驛 신안역 — 50
淮陽 회양 — 30
鐵嶺 철령 — 45

동북
楸也嶺 추야령 — 50
通川 통천 — 40
歙谷 흡곡 — 30

通川東倉 천동창 — 60
高城 고성 — 50

동북
楊州 양주 — 10
光遂院 광수원 — 40
麻田 마전 — 40
積城 적성 — 20

升良站 승양참 — 40
安峽 안협 — 40
鍮橋峴 유교현 — 20
伊川 이천 — 40

동북
碑立街 비립가 — 20
柯亭 가정 — 40
漢大灘 한대란 — 20
漣川 연천 — 30
龍潭 용담 — 30
鐵原 철원 — 10
月乃井站 월내정참 — 30
平康 평강

동북
抱川 포천 — 10
永平 영평 — 10

營站

行臆七訶一慶四
四明池二興

鍾城三十 潼關十五 永達二十五 穩城三十 黃拓堡三十 美錢廿七

訓戎三十 慶源三十 安原三十 乾原三十 牙山堡二十 撫夷堡五四

慶興三十 造山堡三十 西水羅三十

東抵平海第三

京師 忘憂里二十 玉山灘十三 平丘驛七里 奉安驛二十五 高浪驛七里

居山驛 二十五
多寶洞站 二十
檜亭站 十五
利原 十
谷口驛 三十
東洞站 五

摩雲嶺 十五
端川 二十
磨令驛 四十
摩天嶺 二十
城津鎮 二十
臨溟驛 馬

吉州 五十
古站 三十
明川 五十
鬼門關 三十
朱村驛 二十
永康驛 馬

鏡城 四十
輸城驛 四十
富寧 五十
廢茂山 四十
麻田院 四十
茂山 五

漆水萬洞 二十
豐山鎮 三十
南下鎮 二十
會寧 三十
古豐鎮 二十
防垣 九

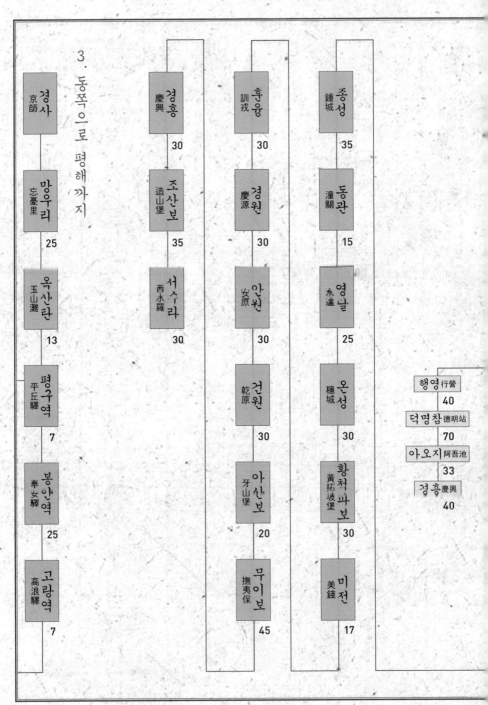

3. 동쪽으로 평해까지

양영만동 梁永萬洞	경성 鏡城	길주 吉州	마운령 摩雲嶺	거산역 居山驛	
27	45	55	15	25	
풍산진 豊山鎭	수성역 輸城驛	고참 古站	단천 端川	다보동참 多寶洞站	
23	40	35	20	25	
불하진 惠下鎭	부령 富寧	명천 明川	마곡역[2] 摩谷驛	송정참 松亭站	
25	60	35[3]	40	15	
회령 會寧	폐무산 廢茂山	귀문관 鬼門關	마천령 摩天嶺	이원 利原	호린원 呼麟院
20	45	30	25	10	27
고영진 古寧鎭	마전원 麻田院	주촌역 朱村驛	성진진 城津鎭	곡구역 谷口驛	갑산 甲山
23	45	20	20	30	48
방원 防垣	무산 茂山	영강역 永康驛	임명역 臨溟驛	소동참 巢洞站	노린역 蘆麟驛
39	55	40	40	25	45
					삼수 三水
					45
					자작보 自作堡
					30
					구갈파지 舊乫坡知
					45
					후주 厚州[1]
					90

3 35 : 저본에는 없음. 규장각본에 근거하여 보충.

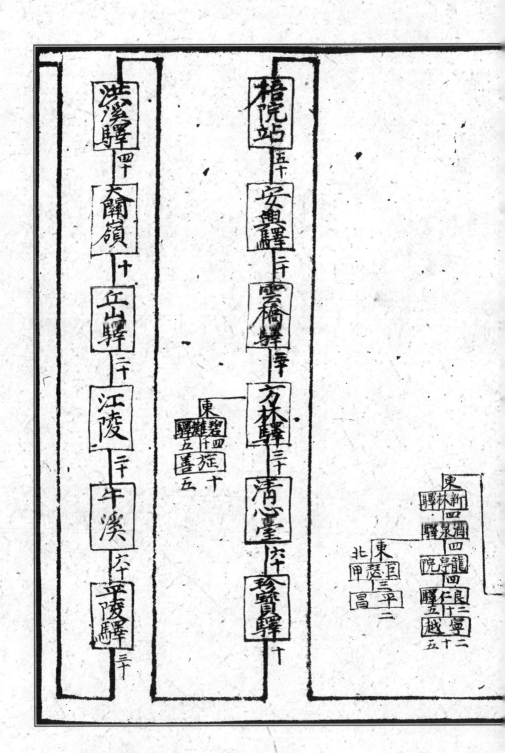

梧院站 五十 安奇驛 二十 雲橋驛 三十 方林驛 三十 清心臺 六十 珍原驛 十

洪溪驛 四十 大關嶺 十 丘山驛 二十 江陵 二十 牛溪 六十 平陵驛 三十

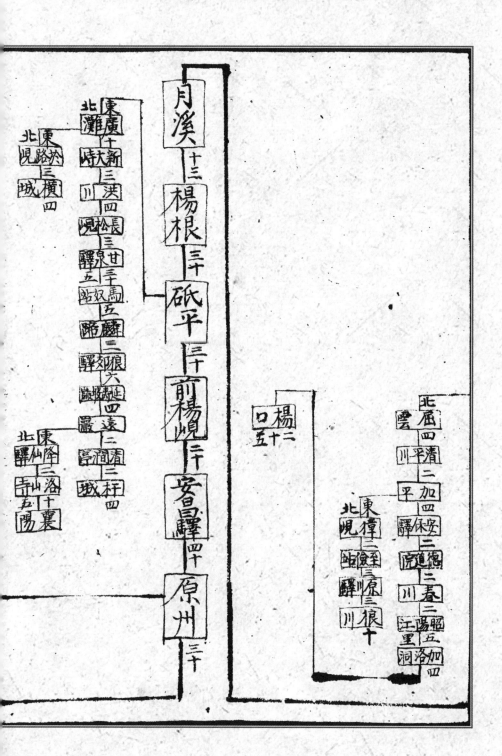

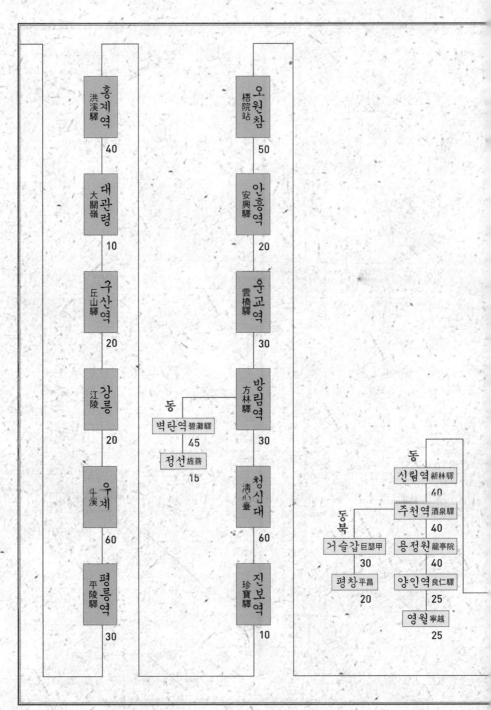

홍계역
洪溪驛
40

대관령
大關嶺
10

구산역
丘山驛
20

강릉
江陵
20

우계
牛溪
60

평릉역
平陵驛
30

우원참
梧院站
50

안흥역
安興驛
20

운교역
雲橋驛
30

방림역
方林驛
30

청심대
淸心臺
60

진보역
珍寶驛
10

동
벽탄역 碧灘驛
45
정선 旌善
15

동
신림역 新林驛
40
주천역 酒泉驛
40

동북
거슬갑 巨瑟甲
30
평창 平昌
20

용정원 龍亭院
40
양인역 良仁驛
25
영월 寧越
25

1   15 : 저본에는 없음. 규장각본에 근거하여 수정.

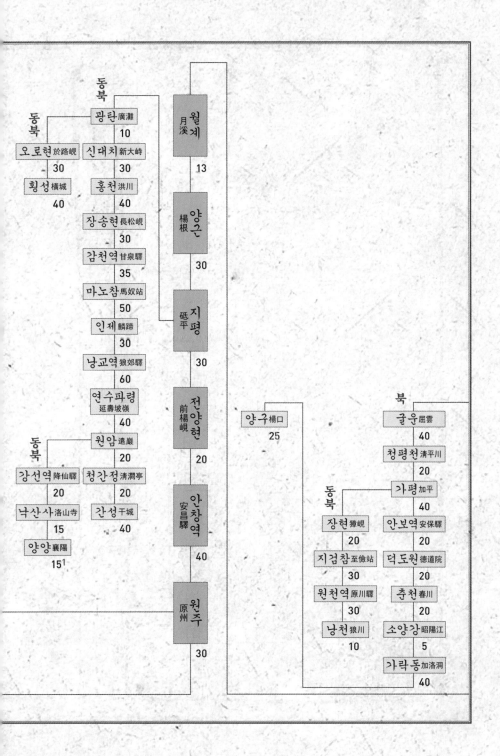

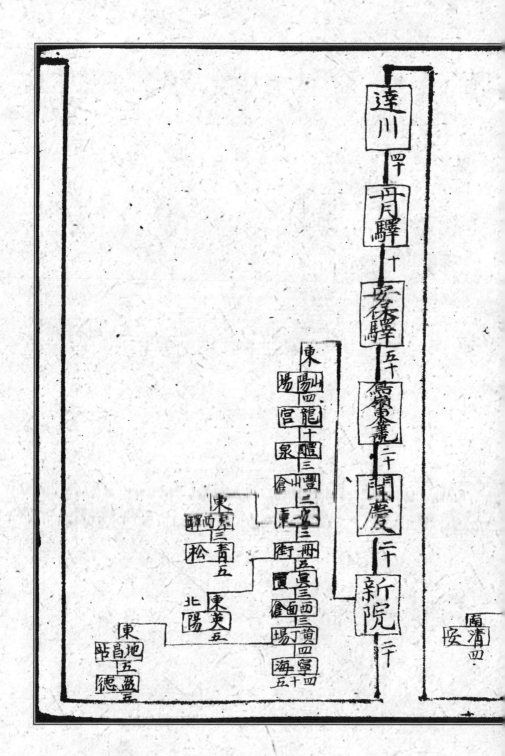

三陟	
三十	
交歙驛	
二十	
龍化驛	
三十	
梧院驛	
四十	
蔚珍	
六	
守山驛	
十	

德新驛
二十
望洋亭
十
越松鎮
三十
達水驛
五里
平海
五里

京師
漢江
十
板橋
卅
險川
十
龍仁
二十
直谷
二十

南泉三陽三安二
溪城城

陽智
二十
佐贊
十
陣村
三十
廣巖
二十
石院
二十
崇善
四十

竹山院
慶陽 長 二
鎮 三
清 六
南 陰
城 五
十 四

午 梅 延
村 山 豐 四 四

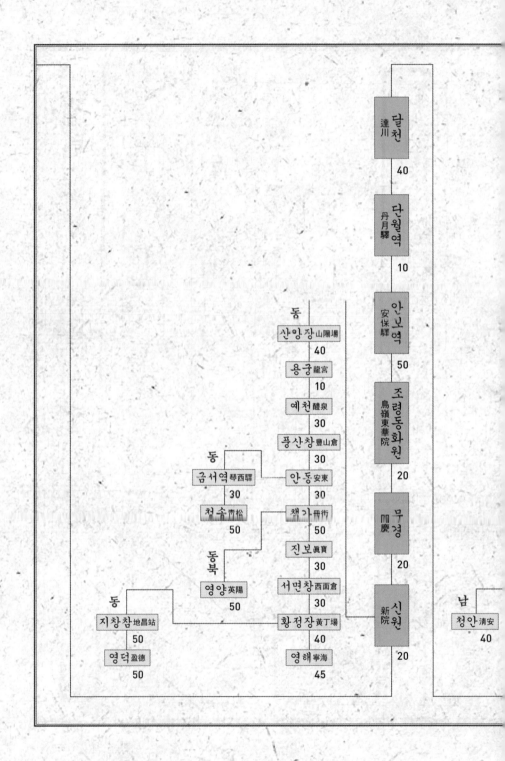

달천達川

40

단월역丹月驛

10

안보역安保驛

50

조령동화원鳥嶺東華院

20

무경聞慶

20

신원新院

20

동

산양장山陽場

40

용궁龍宮

10

예천醴泉

30

풍산창豊山倉

30

안동安東

30

책가冊街

50

진보眞寶

30

서면창西面倉

30

황정장黃丁場

40

영해寧海

45

동

금서역琴西驛

30

청송靑松

50

동북

영양英陽

50

동

지창참地昌站

50

영덕盈德

50

남

청안淸安

40

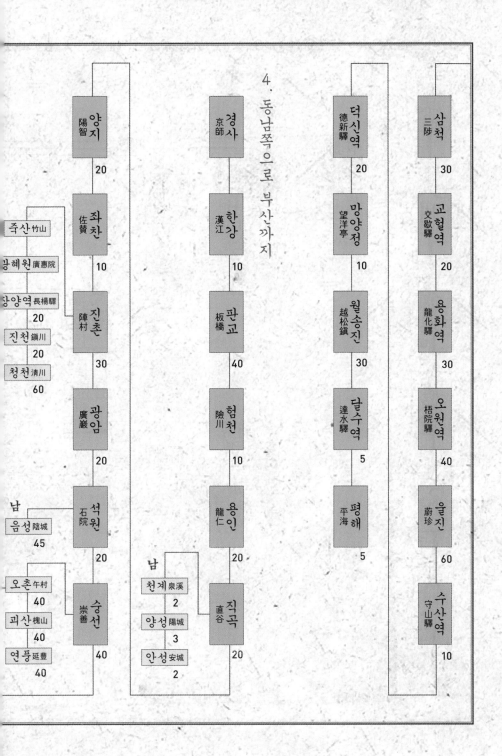

4. 동남쪽으로 부산까지

경사 京師 — 한강 漢江 (10) — 판교 板橋 (40) — 험천 險川 (10) — 용인 龍仁 (20) — 직곡 直谷 (20)

남: 천계 泉溪 (2) — 양성 陽城 (3) — 안성 安城 (2)

양지 陽智 (20) — 좌찬 佐贊 (10) — 진촌 陣村 (30) — 광암 廣巖 (20) — 석원 石院 (20) — 숭선 崇善 (40)

죽산 竹山 — 광혜원 廣惠院 — 장양역 長楊驛 (20) — 진천 鎭川 (20) — 청천 淸川 (60)

남: 음성 陰城 (45)

오촌 午村 (40) — 괴산 槐山 (40) — 연풍 延豊 (40)

덕신역 德新驛 (20) — 망양정 望洋亭 (10) — 월송진 越松鎭 (30) — 달수역 達水驛 (5) — 평해 平海 (5)

삼척 三陟 (30) — 교헐역 交歇驛 (20) — 용화역 龍化驛 (30) — 오원역 梧院驛 (40) — 울진 蔚珍 (60) — 수산역 守山驛 (10)

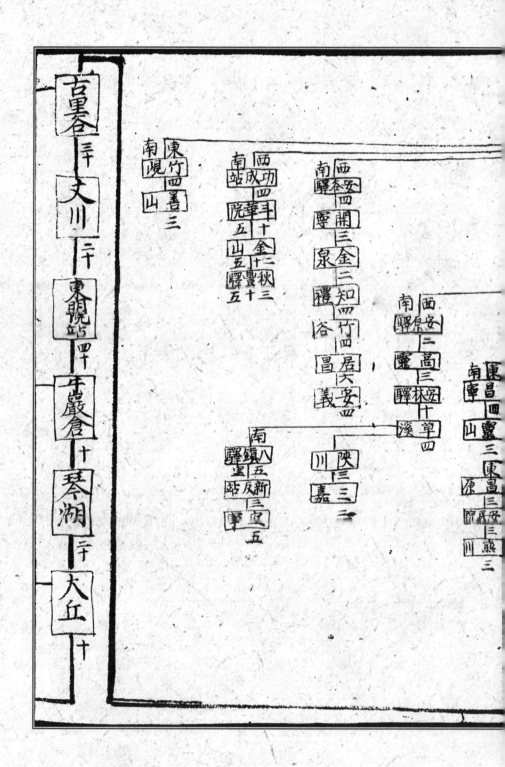

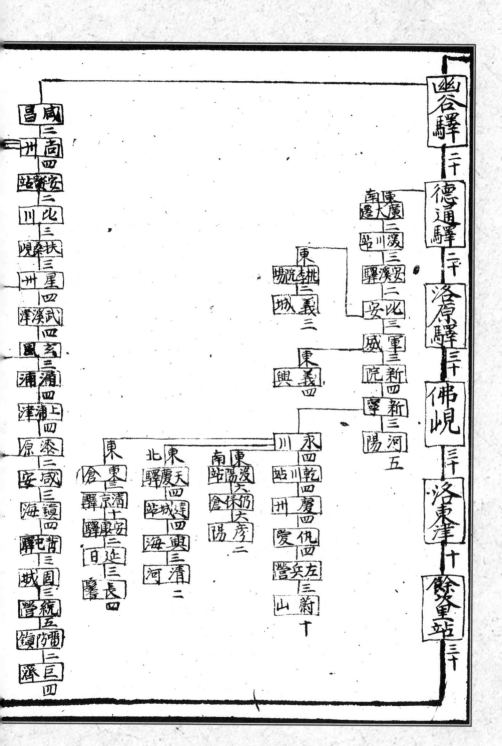

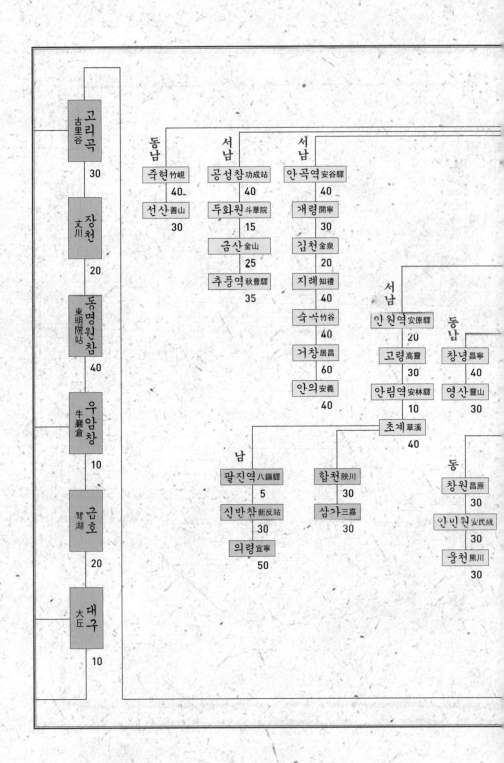

고리곡 古里谷
30

장천 丈川
20

동명원참 東明院站
40

우암창 牛巖倉
10

금호 琴湖
20

대구 大丘
10

동남
죽현 竹峴
40
선산 善山
30

서남
공성참 功成站
40
두화원 斗華院
15
금산 金山
25
추풍역 秋豊驛
35

서남
안곡역 安谷驛
40
개령 開寧
30
김천 金泉
20
지례 知禮
40
죽곡 竹谷
40
거창 居昌
60
안의 安義
40

서남
안원역 安原驛
20
고령 高靈
30
안림역 安林驛
10
초계 草溪
40

동남
창녕 昌寧
40
영산 靈山
30

남
팔진역 八鎭驛
5
신반참 新反站
30
의령 宜寧
50

합천 陜川
30
삼가 三嘉
30

동
창원 昌原
30
안민원 安民阮
30
웅천 熊川
30

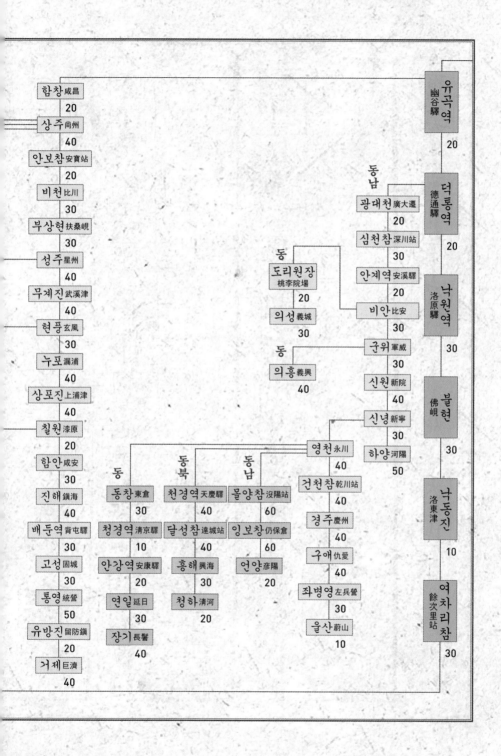

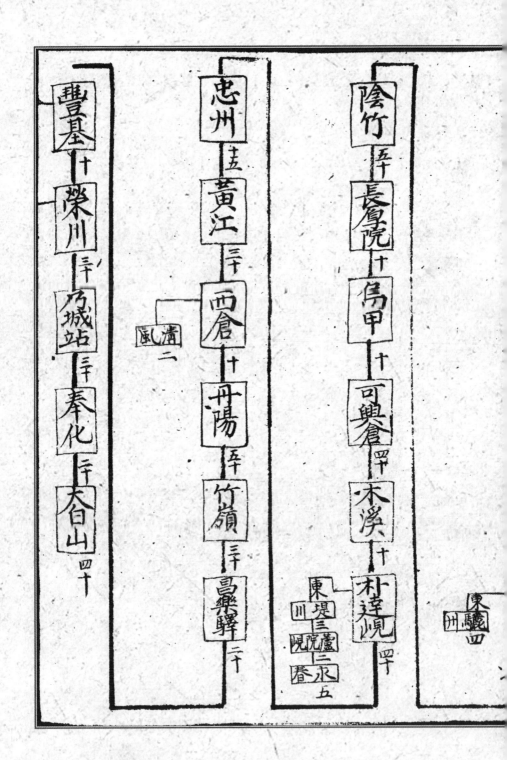

陰竹 五十 長富院 十 烏甲 十 可興倉 四十 木溪 十 朴達峴 四十
東堤院二 堤川三院二 盧院二春 永五

東州驪州 四

忠州 十五 黃江 三十 四倉 十 丹陽 五十 竹嶺 三十 昌樂驛 二十
風潴 二

豐基 十 榮川 三十 乃城站 三十 奉化 二十 太白山 四十

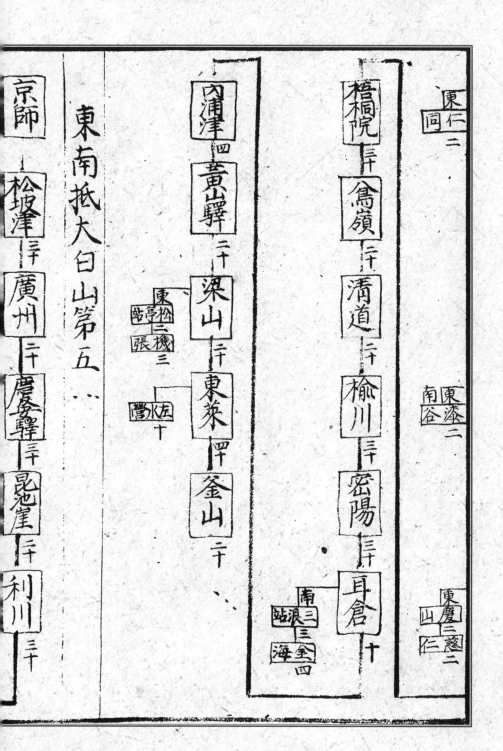

東仁
回
三

東溱
南二
東谷

東慶
山仁
三慈
二

檉桐院
三十
鳶嶺
二十
清道
二十
榆川
三十
密陽
三十
耳倉
十

南站
浪
三三
金
海
四

內浦津
四十
黃山驛
二十
梁山
二十
東萊
四十
釜山
二十

東松
亭
二機
三
張

營左
水
十

東南抵大白山第五

京師
松坡津
三十
廣州
二十
慶安驛
三十
昆池崖
三十
利川
三十

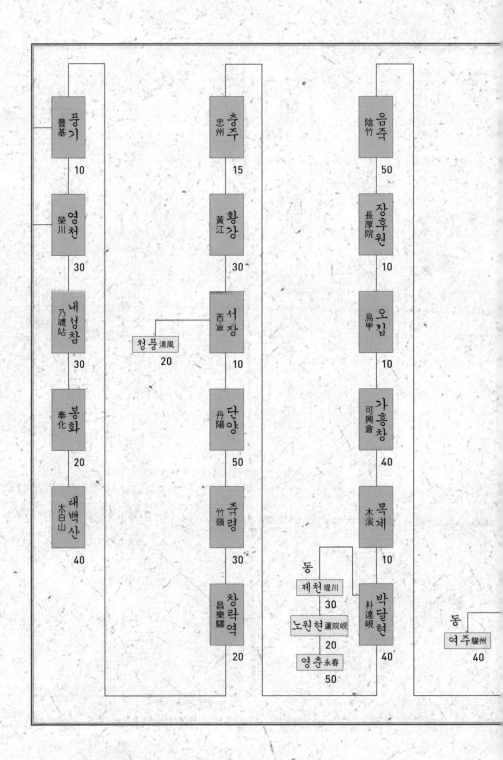

풍기豊基
10
영천榮川
30
내성참乃城站
30
봉화奉化
20
태백산太白山
40

충주忠州
15
황강黃江
30
서창西倉
10
청풍淸風
20
단양丹陽
50
죽령竹嶺
30
창락역昌樂驛
20

음죽陰竹
50
장후원長厚院
10
오갑烏甲
10
가흥창可興倉
40
목계木溪
10
박달현朴達峴
40

동
제천堤川
30
노원현蘆院峴
20
영춘永春
50

동
여주驪州
40

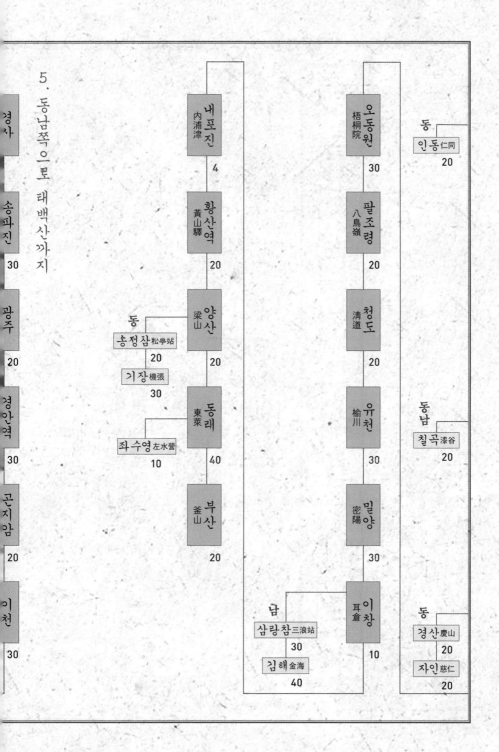

5. 동남쪽으로 태백산까지

경사

송파진
30

광주
20

경안역
30

곤지암
20

이천
30

내포진 內浦津
4

황산역 黃山驛
20

양산 梁山
20

동
송정참 松亭站
20

기장 機張
30

동래 東萊
40

좌수영 左水營
10

부산 釜山
20

오동원 梧桐院
30

팔조령 八鳥嶺
20

청도 淸道
20

유천 楡川
30

밀양 密陽
30

이창 耳倉
10

남
삼랑참 三浪站
30

김해 金海
40

동
인동 仁同
20

동남
칠곡 漆谷
20

동
경산 慶山
20

자인 慈仁
20

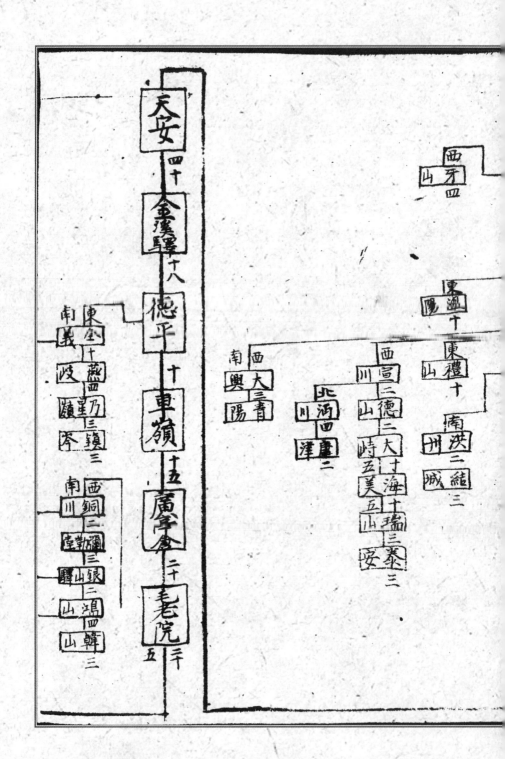

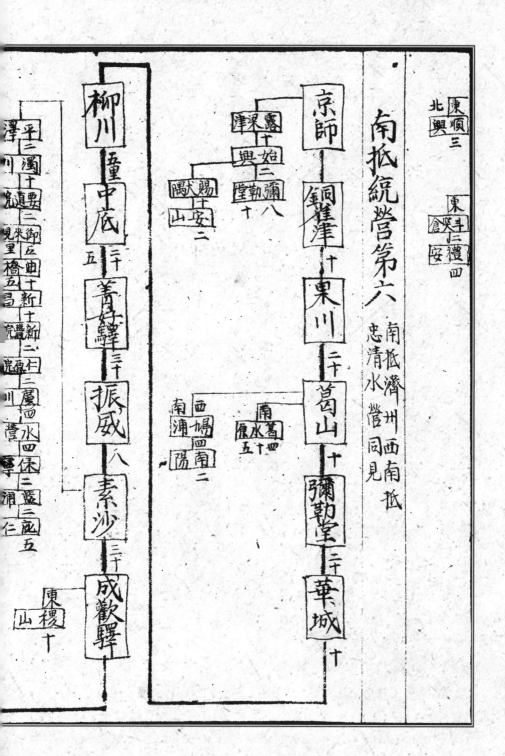

南抵統營第六

南抵濟州西南抵
忠清水營同見

京師
銅雀津 十
東川 二十
葛山 十
彌勒堂 二十
華城 十

靈姑彌 八
津梁興堂 十
賜安 十二
隅狀山

西鳩四南 二
南浦陽

南水菴 五十四
南原 四

柳川 五里
中底 二十 五
菁好驛 三十
振威 八
素沙 三十
成歡驛

東櫻山 十

澤川 三十
平三濁十要
御丘曲
新十新二
屬四水四
營寧浦仁

I. 전국 거리표　385

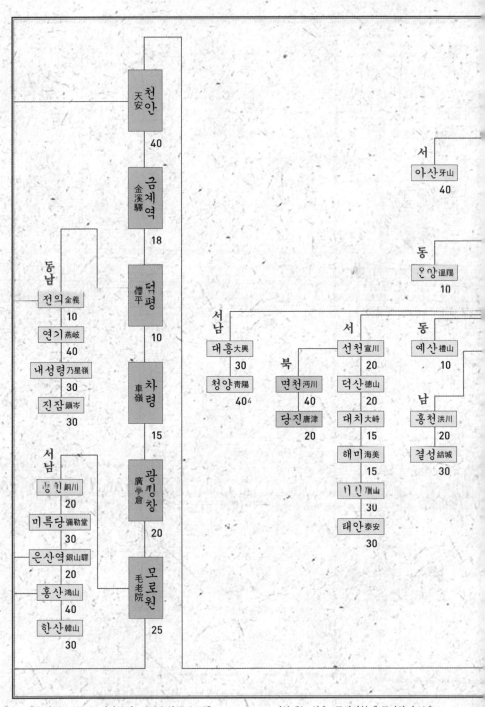

천안天安 40

금계역金溪驛 18

덕평德平 10

차령車嶺 15

광시창廣市倉 20

모로원毛老院 25

동남

전의全義 10

연기燕岐 40

내성령乃星嶺 30

진잠鎭岑 30

서남

홍천峒川 20

미륵당彌勒堂 30

은산역銀山驛 20

홍산鴻山 40

한산韓山 30

서남

대흥大興 30

청양靑陽 40[4]

북

면천沔川 40

당진唐津 20

서

선천宣川 20

덕산德山 20

대치大峙 15

해미海美 15

개산岾山 30

태안泰安 30

동

예산禮山 10

남

홍천洪川 20

결성結城 30

서

아산牙山 40

동

온양溫陽 10

1 갈수원(葛水原) : 규장각본에는 "구수원(舊水原)".   2 20 : 저본에는 없음. 규장각본에 근거하여 보충.

386 예규지·권제5

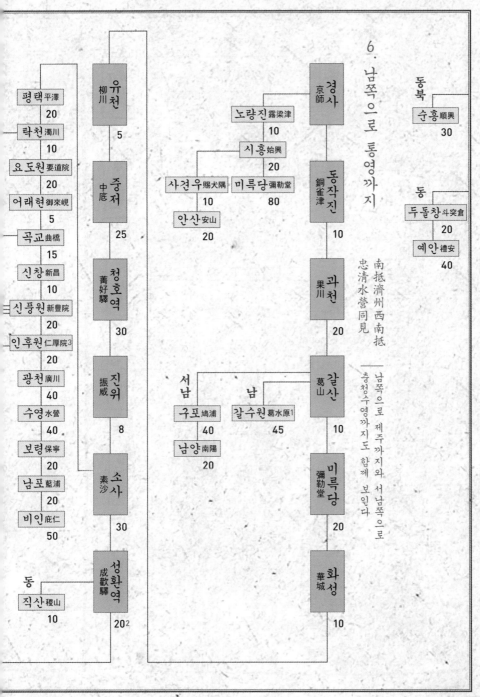

6.
남쪽으로 통영까지

南抵濟州 西南抵
忠淸水營同見

一 남쪽으로 제주까지와 서남쪽으로
충청수영까지도 함께 보인다

평택平澤
20
탁천濁川
10
요도원要道院
20
어래현御來峴
5
곡교曲橋
15
신창新昌
신풍원新豊院
20
인후원仁厚院3
20
광천廣川
40
수영水營
40
보령保寧
20
남포藍浦
20
비인庇仁
50

동
직산稷山
10

유천柳川
5
중저中底
25
청호역菁好驛
30
진위振威
8
소사素沙
30
성환역成歡驛
202

노량진露梁津
10
시흥始興
20
사견우賜犬隅
10
미륵당彌勒堂
80
안산安山
20

경사京師
동작진銅雀津
10
과천果川
20
갈산葛山
10
미륵당彌勒堂
20
화성華城
10

서남
구포鳩浦
40
남양南陽
20

남
갈수원葛水原1
45

동북
순흥順興
30

동
두돌창斗突倉
20
예안禮安
40

---

3 인후원(仁厚院): 규장각본에는 "인박원(仁薄院)".   4 40: 저본에는 없음. 규장각본에 근거하여 보충.

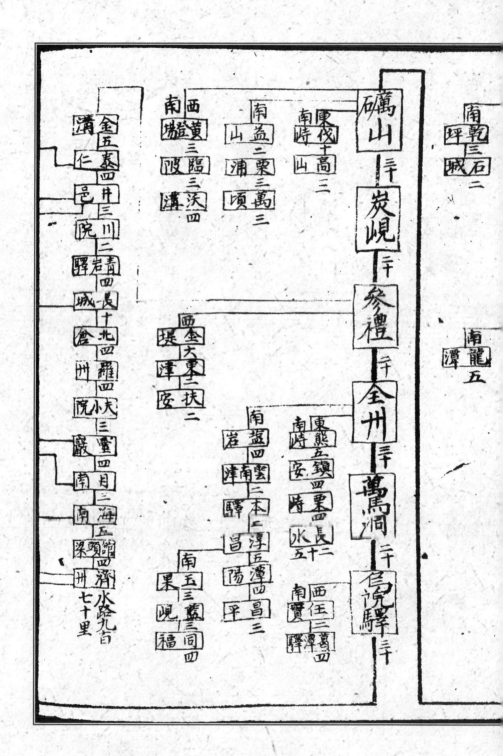

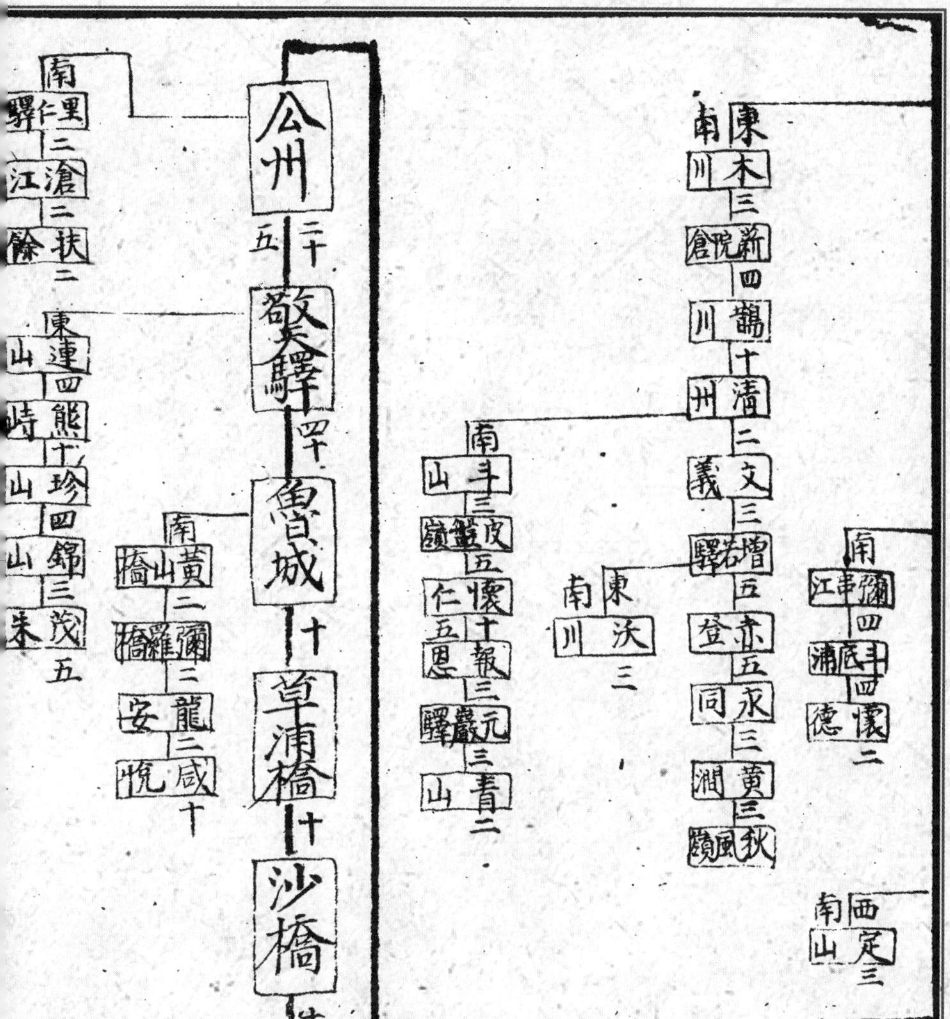

公州
二十五
敬天驛
四十
魯城
十
草浦橋
十
沙橋
十
恩津
十
南
里仁驛
二
滄江
二
扶餘
二
東
連山
四
熊峙
十
珍山
四
錦山
三
茂朱
五
南
黃山橋
二
彌羅橋
二
龍安
二
咸悅
十
東南
木川
三
新院倉
四
鵲川
十
清州
二
文義
三
增若驛
五
赤登
五
永同
三
黃澗
三
秋風嶺
南
斗山
三
皮盤嶺
五
懷仁
十五
報恩
三
元巖驛
三
青山
二
東南
沃川
三
南
彌串江
四
斗底浦
四
懷德
二
西南
定山
三
南
林川
三
南
豬峴
十
舒川
四

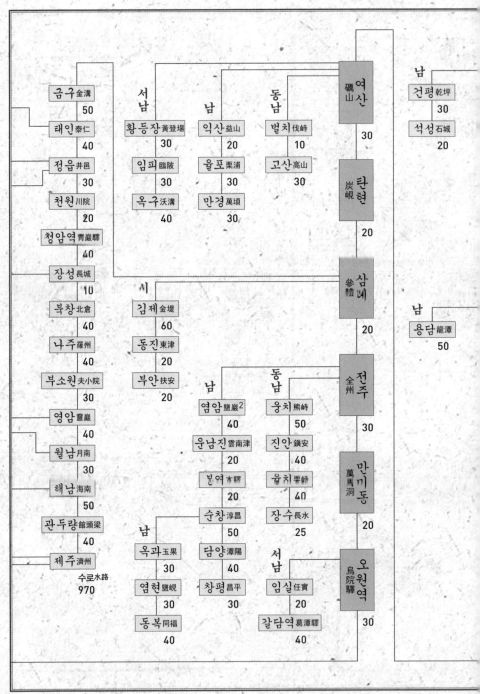

---

1 20 : 저본에는 없음. 규장각본에 근거하여 보충.　　2 염암(鹽巖) : 규장각본에는 "견암(甄巖)".

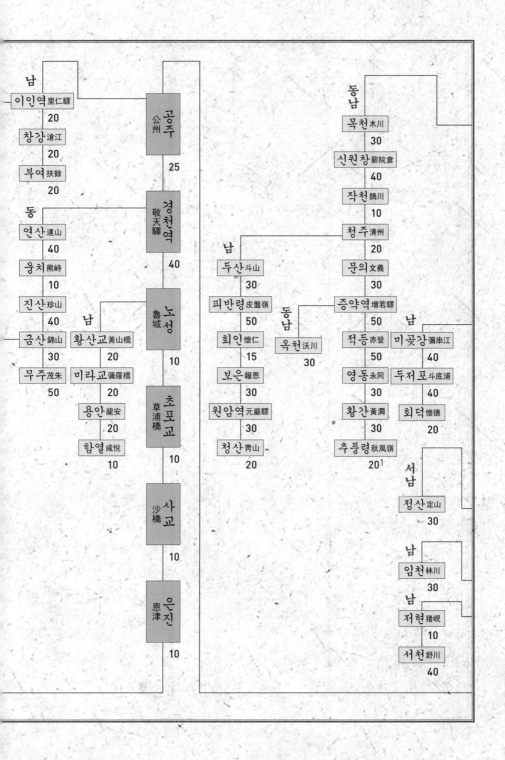

남
이인역 里仁驛
20
창강 滄江
20
부여 扶餘
20

동
연산 連山
40
웅치 熊峙
10
진산 珍山
40
금산 錦山
30
무주 茂朱
50

공주 公州
25

경천역 敬天驛
40

노성 魯城
10

남
황산교 黃山橋
20
미라교 彌羅橋
20
용안 龍安
20
함열 咸悅
10

초포교 草浦橋
10

사교 沙橋
10

은진 恩津
10

남
두산 斗山
30
피반령 皮盤嶺
50
회인 懷仁
15
보은 報恩
30
원암역 元巖驛
30
청산 靑山
20

동남
옥천 沃川
30

동남
목천 木川
30
신원창 薪院倉
40
작천 鵲川
10
청주 淸州
20
문의 文義
30
증약역 增若驛
50

적등 赤登
영동 永同
30
황간 黃澗
30
추풍령 秋風嶺
20[1]

남
미곶강 彌串江
40
두저포 斗底浦
40
회덕 懷德
20

서남
정산 定山
30

남
임천 林川
30

남
저현 猪峴
10
서천 舒川
40

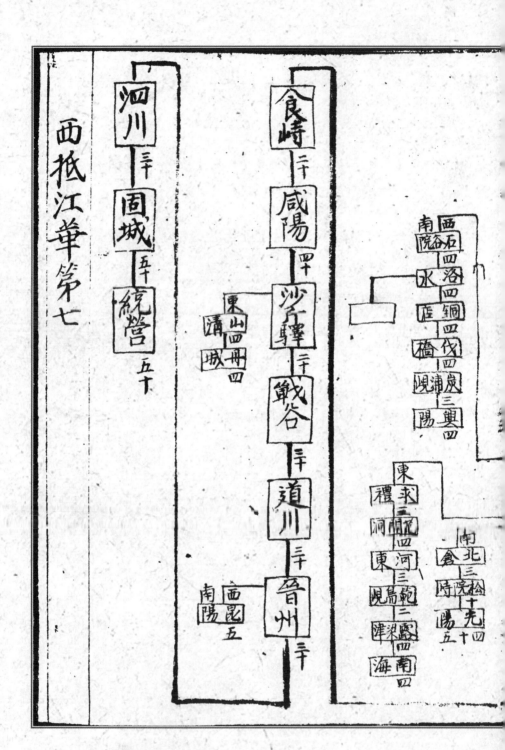

西抵江華第七

食峴 二十 咸陽 四十 沙乙驛 三十 戰谷 三十 道川 三十 晉州 三十

泗川 三十 固城 五十 統營 五十

東山 四冊四 清城

西昆 五 南陽

西谷 四 洛 四 銅 四 伐 四 炭 三 興 四

南院 四 水 庄 橋 峴 陽

東求 三 禮洞 東峴 渾海

河 乾 鳥 梁 南 四

南食院 時陽

北松十 先

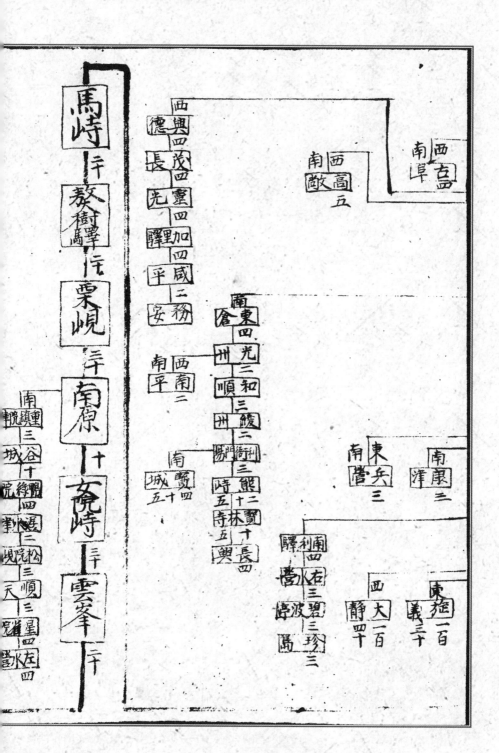

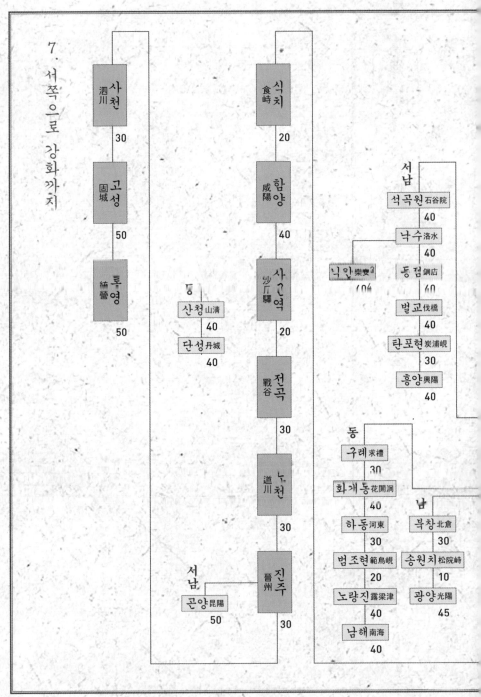

7. 서쪽으로 강화까지

사천泗川
30
고성固城
50
통영統營
50

식치食峙
20
함양咸陽
40
사근역沙斤驛
20
전곡戰谷
30
노천道川
30
진주晉州
30

동
산청山淸
40
단성丹城
40

서남
곤양昆陽
50

서남
석곡원石谷院
40
낙수洛水
40
동점銅店
40
벌교伐橋
40
탄포현炭浦峴
30
흥양興陽
40

낙안樂安
(04

동
구례求禮
30
화개동花開洞
40
하동河東
30
범조현範鳥峴
20
노량진露梁津
40
남해南海
40

남
북창北倉
30
송원치松院峙
10
광양光陽
45

1 서남(西南) : 저본에는 없음.   2 20 : 저본과 규장각본에 거리표시 없음. 《대동여지도》에 근거하여 보충.

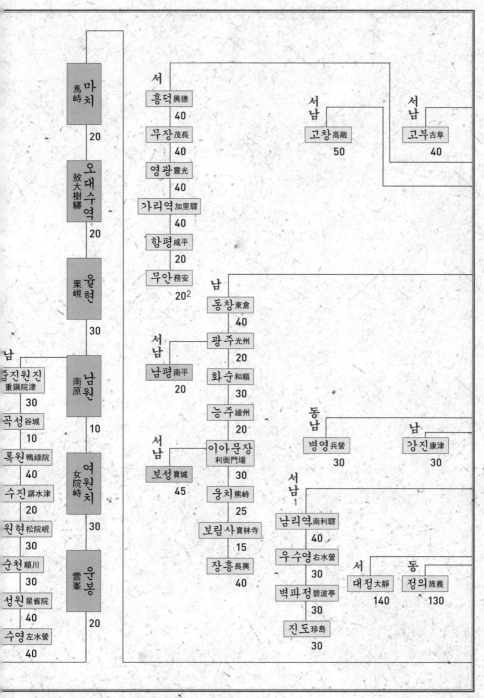

마치 馬峙

20

오대수역 敖大樹驛

20

율현 栗峴

30

서 흥덕 興德

40

무장 茂長

40

영광 靈光

40

가리역 加里驛

40

함평 咸平

20

무안 務安

20[2]

서남 고창 高敞

50

서남 고부 古阜

40

남원 南原

10

남 중진원진 重鎭院津

30

곡성 谷城

10

록원 鴨綠院

40

수진 潡水津

20

원현 松院峴

30

순천 順川

30

성원 星省院

40

수영 左水營

40

여원치 女院峙

30

운봉 雲峯

20

남 동창 東倉

40

서남 남평 南平

20

광주 光州

20

화순 和順

30

능주 綾州

20

서남 보성 寶城

45

이아문장 利衙門場

30

웅치 熊峙

25

보림사 寶林寺

15

장흥 長興

40

동남 병영 兵營

30

남 강진 康津

30

서남[1] 남리역 南利驛

40

우수영 右水營

30

벽파정 碧波亭

30

진도 珍島

30

서 대정 大靜

140

동 정의 旌義

130

3 낙안(樂安) : 저본에는 없음.
  규장각본에 근거하여 보충.

4 40 : 저본에는 없음. 규장각본에 근거하여 보충.

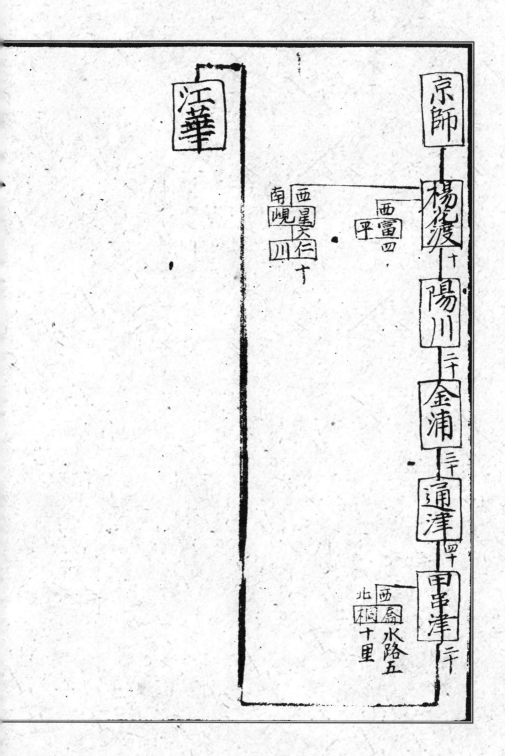

京師
楊花渡 十
陽川 二十
金浦 三十
通津 四十
甲串津 二十

江華

西富平 四
西暘仁川 十
南峴 川
西扇水路五
北椒十里

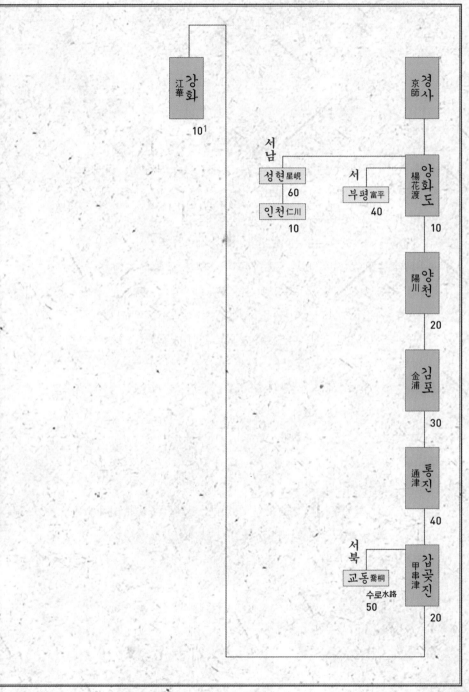

강화
江華

10[1]

경사
京師

서남

성현星峴

60

인천仁川

10

서

부평富平

40

양화도
楊花渡

10

양천
陽川

20

김포
金浦

30

통진
通津

40

서북

교동喬桐

수로水路
50

갑곶진
甲串津

20

《예규지》 참고문헌 서목

참고문헌 개요

《예규지》의 원문과 인용문헌을 대조하고 교감하는 과정에는 일차적으로 《증보산림경제》(아세아문화사, 1981)·여지도서(국사편찬위원회 영인본, 1973)·한국고전종합DB·바이두(baidu)·구글(Google) 사이트 등을 활용하였다. 먼저 해당 문구를 검색한 뒤, 전거문헌의 편명과 세목을 확인하고 가 문헌의 교주본과 통행본을 대조하였다. 교주본이나 통행본을 구하기 어려운 중국 문헌의 경우에는 전자판 원문으로 교감하였다.

경서류는 《십삼경주소 정리본》을, 조선의 농서는 아세아문화사의 《농서》시리즈를 1차적인 전거로 삼았다. 그 외로 위의 자료에서 검색이 안 되는 서적은 서울대규장각한국학연구원과 국립중앙도서관 자료를 주로 활용했다. 여기에 명기한 서적 이외로도 참조한 문헌들이 상당수 있으나 주석에 밝힌 문헌 위주로 실었다.

일차 공구서적으로는 《교학대한한사전》·《대한화사전》·《한어대사전》을 주로 참고하였다.

중국의 인물과 지고를 확인하는 데는 《중국대인명대사전》·《중국지명 대사전》·《사고전서총목제요》를 활용하였다. 한국의 인물들과 서적에 대한 정보는 《한국민족문화대백과사전》을 주로 활용하였다.

이상이 이 책의 번역과 교열, 교감, 각주에 등에 참조한 각종 참고서적이다.

이 지면에서나마 참고문헌 저자 및 편집자들에게 감사를 표한다.

일러두기

– 《예규지》에 수록된 책의 명칭을 기준으로 하고, 이칭은 병기하였다.

– 해당서가 일부만 전하거나, 단행본이 없는 경우 실제 참고서적을 병기
  하였다.

– 총서에 속하는 책은 총서시리즈명을 출판사 앞에 표기하였다.

– 일실된 책이나 해당 판본 확보가 불가능한 경우 그 현황을 표기하였다.

– 《四庫全書》는 文淵閣 四庫全書 電子版 (迪志文化出版有限公司, 1999)을
  활용하였다.

예규지 필사본 소장현황

《임원경제지》 고려대학교 중앙도서관본

《임원경제지》 서울대학교 규장각한국학연구원본

《임원경제지》 오사카 나카노시마 부립도서관본 (※오사카 나카노시마 부립도
  서관본에는 권5가 없음).

경서류

《論語》, 《論語注疏》何晏 注, 邢昺 疏 (十三經注疏 整理本 23, 北京大學出版社,
  2000)

        , 《論語集註》朱熹 撰 (經書, 丁酉內閣本, 대동문화연구원, 1996)

《詩經》, 《毛詩注疏》十三經注疏整理委員會 (十三經注疏 整理本 5-7, 北京大
  學出版社, 2000)

《禮記正義》(十三經注疏 整理本 12-15, 北京大學出版社, 2000)

농서 및 기술서

《北學議》, 朴齊家 著 (《農書》6, 아세아문화사, 1981)

《增補山林經濟》, 柳重臨 (農書3, 아세아문화사, 1981)

지도 및 지리서

《輿地圖書》, (국사편찬위원회 영인본, 1973)

《廣輿圖》, (서울대규장각한국학연구원, 〈고지도〉 원문자료)

《海東地圖》, (서울대규장각한국학연구원, 〈고지도〉 원문자료)

《1872 지방지도》, (서울대규장각한국학연구원, 〈고지도〉 원문자료)

《擇里志》, 李重煥 著 (국립중앙도서관 古041-1-27)

자전과 운서류

《康熙字典》, 張玉書 等撰 (國學基本叢書, 臺灣商務印書館, 1968)

　　　,《康熙字典 節本》, 張玉書 等 編纂, 張元濟 節選 (商務印書館, 2001)

《廣韻》, 陳彭年 等撰 (文淵閣 四庫全書 電了版)

《說文解字》, 許慎 撰 (文淵閣 四庫全書 電子版)

　　　,《說文解字注》段玉裁 注 (上海古籍出版社, 1981)

　　　,《說文解字今注》宋易麟 編著 (江西敎育出版社, 2004)

《方言》, 揚雄 撰 (文淵閣 四庫全書 電子版)

《釋名》, 劉熙 撰 (文淵閣 四庫全書 電子版)

《玉篇》,《重修玉篇》(文淵閣 四庫全書 電子版)

《爾雅注疏》, (十三經注疏24, 北京大學出版部, 2000)

《韻會》,《古今韻會擧要》黃公紹(元) 原編 (文淵閣 四庫全書 電子版)

《正字通》, 張自烈 撰, 廖文英 續 (續修四庫全書 經部 小學類234-235, 上海古籍 出版社, 1995)

《集韻》, 丁度 等 修定 (文淵閣 四庫全書 電子版)

《通雅》, 方以智 (文淵閣 四庫全書 電子版)

문집류

《昨非庵日纂》, 鄭瑄 (續修四庫全書 1193)

《東坡全集》, 蘇軾 (文淵閣 四庫全書 電子版)

《熱河日記》, 朴趾源 著 (한국고전번역원 고전번역DB)

《星湖僿說》, 李瀷 著 (한국고전번역원 고전번역DB)

《櫟泉集》, 宋明欽 著 (韓國文集叢刊221, 민족문화추진회)

《文端集》, 張英 著 (文淵閣 四庫全書 電子版)

《陸氏家制》, 陸九韶 撰 (文淵閣 四庫全書 電子版)

《說郛》, 陶宗儀 編纂 (文淵閣 四庫全書 電子版)

《黃帝宅經》, 作者 未詳 (文淵閣 四庫全書 電子版)

《太平御覽》, 李昉 著 (文淵閣 四庫全書 電子版)

《魏叔子文集外篇》, 魏禧 著 (文淵閣 四庫全書 電子版)

사전과 유서·도감류

《荒政叢書》, 林希元 著 (文淵閣 四庫全書 電子版)

《한국민족문화대백과사전》, 한국정신문화연구원편찬부 (한국정신문화
　　　연구원)

《고지도를 통해 본 서울지명연구》, 이기봉 (국립중앙도서관, 2010)

《고지도를 통해 본 경기지명연구》, 이기봉 (국립중앙도서관, 2011)

《고지도를 통해 본 충청지명연구1·2》, 이기봉 (국립중앙도서관, 2012~2014)

《고지도를 통해 본 전라지명연구1·2》, 이기봉 (국립중앙도서관, 2015~2016)

《고지도를 통해 본 경상지명연구1·2》, 이기봉 (국립중앙도서관, 2017~2018)

그외 원전

《傳家寶》, 石成金 編撰 喻岳衡 校訂 (岳麓書社, 2002)

《袁氏世範》, 袁采 (文淵閣 四庫全書 電子版)

번역서

중국 사대부의 생활문화와 처세술, 袁采 著, 배숙희 譯註, (지식산업사,

2001)

《완역정본 북학의》, 朴齊家 著, 안대회 譯註, (돌베개, 2013)

《열하일기》, 朴趾源 著, 김혈조 飜譯, (돌베개, 2009)

《국역 열하일기》, 박지원 원저, 민족문화추진위원회 (민족문화추진위원회, 1968)

《북학의》, 박제가 저, 박정주 옮김 (서해문집, 2003)

《택리지》, 이중환 지음, 허경진 옮김 (서해문집, 2007)

《택리지》, 이중환 지음, 이익성 옮김 (을유문화사, 2006)

전주대학교 고전국역총서 《여지도서 경기도》, 문용식 譯註, (디자인 흐름, 2009)

전주대학교 고전국역총서 《여지도서 충청도》, 김우철 譯註, (디자인 흐름, 2009)

전주대학교 고전국역총서 《여지도서 경상도》, 김우철 譯註, (디자인 흐름, 2009)

전주대학교 고전국역총서 《여지도서 전라도》, 변주승 譯註, (디자인 흐름, 2009)

전주대학교 고전국역총서 《여지도서 강원도》, 김우철 譯註, (디자인 흐름, 2009)

전주대학교 고전국역총서 《여지도서 평안도》, 이철성 譯註, (디자인 흐름, 2009)

전주대학교 고전국역총서 《여지도서 황해도》, 서종태 이상식 譯註, (디자인 흐름, 2009)

전주대학교 고전국역총서 《여지도서 함경도》, 김우철 譯註, (디자인 흐름, 2009)

전주대학교 고전국역총서 《여지도서 송도 보유》, 김우철 譯註, (디자인 흐름, 2009)

전주대학교 고전국역총서 《여지도서 강도부》, 문용식 譯註, (디자인 흐름,

2009)

전주대학교 고전국역총서 《여지도서 경조 보유》, 김우철 譯註, (디자인
흐름, 2009)

연구논저

이헌창, 〈『林園經濟志』의 경제학〉, 《진단학보》 108, 진단학회, 2009.

김대중, 〈「倪圭志」의 가정 경제학〉, 《韓國漢文學研究》 第51輯, 한국한
문학회, 2013.

이봉규, 〈林園經濟志를 통해 본 楓石의 禮學과 經濟觀:「鄕禮志」와 「倪
圭志」를 중심으로〉, 실시학사 편, 《풍석 서유구 연구 下》, 사람
의 무늬, 2015.

서종태, 〈徐有榘의 『林園經濟志』에 실려 있는 「팔도 물산」에 대한 연구〉,
《서강인문논총》 53, 서강대학교 인문과학연구소, 2018.

이헌창, 《《임원경제지》와 《예규지》의 학술사적 의의〉, 《2018~2019 풍석
학술대회 자료집》, 풍석문화재단·임원경제연구소, 2019.

기타 및 인터넷 한적 및 관련자료 검색사이트

NAVER(네이버) http://www.nave.com

네이버 지식백과

〈국내시장백과〉https://terms.naver.com/list.nhn?cid=51381&categoryId
=51381

한국향토문화전자대전 http://www.grandculture.net/

중앙도서관 http://library.korea.ac.kr/

국립중앙도서관 http://www.nl.go.kr/

국사편찬위원회 조선왕조실록 sillok.history.go.kr

규장각 한국학연구원 (서울대학교) http://kyujanggak.snu.ac.kr/

박물관 포털 e뮤지엄 http://www.emuseum.go.kr/main

百度(바이두) http://www.baidu.com

서울대학교 중앙도서관 http://library.snu.ac.kr/

역사정보통합시스템 http://www.koreanhistory.or.kr/

異體字字典 (中華民國教育部) http://dict.variants.moe.edu.tw/

한국고전번역원 http://www.itkc.or.kr

한국학중앙연구원 장서각 http://www.aks.ac.kr

색인

인명

서명

황제택경(黃帝宅經) 1권 103

물명

ㄱ

장시

저자 및 교정자 소개

저자 풍석(楓石) 서유구(徐有榘, 1764~1845)

본관은 달성(대구), 경기도 파주 장단이 고향이다. 조선 성리학의 대가로서 규장각 제학, 전라 관찰사, 수원 유수, 이조 판서, 호조 판서 등 고위 관직을 두루 역임했다. 그럼에도 서명응(조부)·서호수(부)·서형수(숙부)의 가학에 깊은 영향을 받아, 경학이나 경세학보다는 천문·수학·농학 등 실용학문에 심취했다. 그 결과 조선 시대 최고의 실용백과사전이자 전통문화콘텐츠의 보고인 《임원경제지》113권을 저술했다.

벼슬에서 물러나 있는 동안에는 고향인 임진강변 장단에서 술 빚고 부엌을 드나들며, 손수 농사짓고 물고기를 잡으면서 임원(林園)에서 사는 선비로서 가족을 건사하고 덕을 함양하는 데 필요한 전반적인 실용 지식을 집대성했다. 이를 위해 조선과 중국, 일본의 온갖 서적을 두루 섭렵하여 실생활에 필요한 각종 지식을 체계적으로 수집하는 한편, 몸소 체험하고 듣고 관찰한 내용을 16분야로 분류하여 엄밀하게 편찬 저술하기 시작했다.

서유구는 실현 가능한 개혁을 추구하는 조정의 최고위 관료였고, 농부이자 어부, 집 짓는 목수이자 원예가, 술의 장인이자 요리사, 악보를 채록하고 거문고를 타는 풍류 선비이자 전적과 골동품의 대가, 전국 시장과 물목을 꿰고 있는 가문 경영자이자 한의학과 농학의 대가였다.

전라 관찰사 재직 때에 호남 지방에 기근이 들자 굶주린 백성들을 위해 《종저보(種藷譜)》를 지어 고구마 보급에 힘쓰기도 했던 서유구는, 당시 재야나 한직에 머물렀던 여느 학자들과는 달랐다. 그의 학문은 풍석학(楓石學), 임원경제학(林園經濟學)이라 규정할 만한 독창적인 세계를 제시했던 것이다.

늘어 벼슬에서 물러나 그동안 모으고 다듬고 덧붙인 엄청난 분량의《임원경제지》를 완결한 그는 경기도 남양주 조안면에서 82세의 일기를 다했다. 시봉하던 시사(侍史)가 연주하는 거문고 소리를 들으며 운명했다고 한다.

교정자 추담(秋潭) 서우보(徐宇輔, 1795~1827)

서유구의 아들로, 모친은 여산 송씨(宋氏, 1769~1799)이다. 자는 노경(魯卿), 호는 추담(秋潭)·옥란관(玉蘭觀)이다. 서유구가 벼슬에서 물러난 1806년부터 1823년에 회양부사로 관직에 복귀하기 전까지, 약 18년 동안 부친과 임원에서 함께 생활하며 농사짓고 물고기를 잡는 한편,《임원경제지》의 원고 정리 및 교정을 맡았다. 요절했기 때문에《임원경제지》전 권을 교정할 수 없었지만, 서유구는《임원경제지》113권의 권두마다 "남(男) 우보(宇輔) 교(校)"라고 적어두어 그의 기여를 공식화했다. 시문집으로《추담소고(秋潭小藁)》가 있다.

🌸 임원경제연구소

임원경제연구소는 고전 연구와 번역, 출판을 주요 목적으로 하는 사단법인이다. 문사철수(文史哲數)와 의농공상(醫農工商) 등 다양한 전공 분야의 소장학자 40여 명이 회원 및 번역자로 참여하여, 풍석 서유구의《임원경제지》를 완역하고 있다. 또한 번역 사업을 진행하면서 축적한 노하우와 번역 결과물을 대중과 공유하기 위해 관련 전문가 및 단체들과 교류하고 있다. 연구소에서는 번역 과정과 결과를 통하여 '임원경제학'을 정립하고 우리 문명의 수준을 제고하여 우리 학문과 우리의 삶을 소통시키고자 노력한다. 임원경제학은 시골살림의 규모와 운영에 관한 모든 것의 학문이며, 경국제세(經國濟世)의 실천적 방책이다.

번역, 교열, 교감, 표점, 감수자 소개

번역

이동인

청주대 역사교육과에서 꿈을 키웠다. 한림대 태동고전연구소에서 한학을 연수했고, 서울대 국사학과에서 석사학위를 받았으며, 한국학중앙연구원 한국사학과 박사과정을 수료했다.

정명현

고려대 유전공학과를 졸업하고, 도올서원과 한림대 태동고전연구소에서 한학을 공부했다. 서울대 대학원 '과학사 및 과학철학 협동과정'에서 전통 과학기술사를 전공하여 석사와 박사를 마쳤다. 석사와 박사 논문은 각각 〈정약전의《자산어보》에 담긴 해양박물학의 성격〉과《서유구의 선진농법 제도화를 통한 국부창출론》이다. 《임원경제지》중 《본리지》·《섬용지》·《유예지》·《상택지》를 공역했다. 또 다른 역주서로《자산어보:우리나라 최초의 해양생물 백과사전》이 있고, 《임원경제지:조선 최대의 실용백과사전》을 민철기 등과 옮기고 썼다. 현재 임원경제연구소 소장으로《인제지》번역 사업에 참여하고 있다.

정정기

서울대 가정대학 소비자아동학과에서 공부했고, 도올서원과 한림대태동고전연구소에서 한학을 익혔다. 서울대 대학원에서 성리학적 부부관에 대한 연구로 석사를,《조선시대 가족의 식색교육 연구》로 박사를 마쳤다. 음식백과인《정조지》의 역자로서 강의와 원고 작업을 통해 그에 수록된 음식에 대한 소개에 힘쓰며, 부의주를 빚고 가르쳐 집집마다 항아리마다 술이 익어가는 꿈을 실천하고 있다. 현재 임원경제연구소 번역팀장으로《임원경제지》번역 사업에 참여하여《섬용지》·《유예지》·《상택지》를 공역했다.

김현진

공주대 한문교육과를 졸업하고 한림대 태동고전연구소와 한국고전번역원에서 한학을 공부하고 성균관대학교 대학원 한문학과에서 석사과정을 수료했다. 현재 임원경제연구소 연구원으로 근무하며《섬용지》·《유예지》·《상택지》를 공역했다.

민철기

연세대 철학과를 졸업하고 도올서원에서 한학을 공부했다. 연세대 대학원 철학과에서 학위논문으로《세친(世親)의 훈습개념 연구》를 써서 석사과정을 마쳤다. 임원경제연구소 번역팀장과 공동 소장을 역임했고, 현재는 선임연구원으로 재직하며《섬용지》·《유예지》·《상택지》를 공역했다.

김수연

한국전통문화대학교 전통조경학과를 졸업하고 한림대 태동고전연구소에서 한학을 공부했다. 현재 임원경제연구소 연구원으로 근무하며 《섬용지》·《유예지》·《상택지》를 공역했다.

강민우

한남대 사학과를 졸업하고 한림대 태동고전연구소에서 한학을 공부했다. 성균관대학교 대학원 사학과에서 석사과정을 수료했다. 현재 임원경제연구소 연구원으로 근무하며 《섬용지》·《유예지》·《상택지》를 공역했다.

김광명

전주대 한문교육과를 졸업하고 한국고전번역원에서 한학을 공부했으며, 성균관대학교 대학원 고전번역협동과정에서 석박사통합과정을 수료했다. 현재 임원경제연구소 연구원으로 근무하며 《유예지》·《상택지》를 공역했다

최시남

성균관대학교 유학과 학사 및 석사를 마쳤으며 동 대학원 박사과정을 수료했다. 성균관한림원과 도올서원에서 한학을 공부했다. 석사논문은 〈유가정치사상연구:《예기》의 예론을 중심으로〉이며 호서대학교에서 강의를 했다. IT 회사에서 조선 시대 왕실 자료와 문집, 지리지 등의 고전적 디지털화 작업을 했으며 《섬용지》를 이동인 등과 번역했다. 현재 임원경제연구소 연구원으로 근무하며 《유예지》·《상택지》를 공역했다.

자료정리

고윤주(숙명여자대학교 경제학과)

🌐 풍석문화재단

(재)풍석문화재단은 《임원경제지》 등 풍석 서유구 선생의 저술을 번역 출판하는 것을 토대로 전통문화 콘텐츠의 복원 및 창조적 현대화를 통해 한국의 학술 및 문화 발전에 기여함을 목적으로 설립되었다.

재단은 ① 《임원경제지》의 완역 지원 및 간행, ② 《풍석고협집》, 《금화지비집》, 《금화경독기》, 《번계시고》, 《완영일록》, 《화영일록》 등 선생의 기타 저술의 번역 및 간행, ③ 풍석학술대회 개최, ④ 《임원경제지》 기반 대중문화 콘텐츠 공모전, ⑤ 풍석디지털자료관 운영, ⑥ 《임원경제지》 등 고조리서 기반 전통음식문화의 복원 및 현대화 사업 등을 진행 중에 있다.

재단은 향후 풍석 서유구 선생이 생애와 사상을 널리 알리기 위한 출판·드라마·웹툰·영화 등 다양한 문화 콘텐츠 개발 사업, 《임원경제지》 기반 전통문화 콘텐츠의 전시 및 체험교육 등을 목적으로 하는 서유구 기념관 건립 등을 추진 중에 있다.

풍석문화재단 웹사이트 및 주요 연락처

웹사이트

풍석문화재단 홈페이지 : www.pungseok.net

출판브랜드 자연경실 블로그 : https://blog.naver.com/pungseok

풍석디지털자료관 : www.pungseok.com

풍석문화재단 음식연구소 홈페이지 : www.chosunchef.com

주요 연락처

풍석문화재단 사무국

주　소 : 서울 서초구 방배로19길 18, 남강빌딩 301호

연락처 : 전화 02)6959-9921 팩스 070-7500-2050 이메일 pungseok@naver.com

풍석문화재단 전북지부

연락처 : 전화 063)290-1807 팩스 063)290-1808 이메일 pungseokjb@naver.com

풍석문화재단 음식연구소

주　소 : 전북 전주시 완산구 교동 138

연락처 : 전화 010-8983-0658 이메일 zunpung@naver.com

조선셰프 서유구(음식연구소 부설 쿠킹클래스)

주　소 : 전북 전주시 완산구 교동 41-1(향교길)

연락처 : 전화 010-8983-0658 이메일 zunpung@naver.com

서유구의 서재 자연경실(풍석 서유구 홍보관)

주　소 : 전북 전주시 완산구 교동 141-1(향교길)

연락처 : 전화 010-3010-2057 이메일 pungseok@naver.com

풍석학술진흥연구조성위원회

(재)풍석문화재단은 《임원경제지》의 완역완간 사업 등의 추진을 총괄하고
예산 집행의 투명성을 기하기 위해 풍석학술진흥연구조성위원회를 두고 있습
니다.

풍석학술진흥연구조성위원회는 사업 및 예산계획의 수립 및 연도별 관리,
지출 관리, 사업 수익 관리 등을 담당하며 위원은 아래와 같습니다.

위원장 : 신정수(풍석문화재단 이사장)

위　원 : 서정문(한국고전번역원 고전번역연구소장), 진병춘(풍석문화재단 사무총장)
　　　　안대회(성균관대학교 한문학과 교수), 유대기(활기찬인생 2막 이사장)
　　　　정명현(임원경제연구소장)

풍석문화재단 사람들

《임원경제지·예규지》완역 출판을 후원해 주신 분들

㈜DYB교육 ㈜벽제외식산업개발 ㈜우리문화 (사)인문학문화포럼 ㈜청운산업
대구서씨대종회 강흥모 고관순 고경숙 고유돈 곽미경 곽의종 곽중섭 곽희경
구자민 권정순 권희재 김경용 김동범 김동섭 김문자 김병돈 김상철 김석기
김성규 김순석 김영환 김용도 김유혁 김익래 김일웅 김정기 김정연 김종보
김종호 김지연 김창욱 김춘수 김태빈 김현수 김홍희 김후경 김 훈 김흥룡
나윤호 류충수 민승현 박낙규 박동식 박미현 박보영 박상준 박용희 박재정
박종규 박종수 박찬교 박춘일 박현출 배경옥 백노현 변홍섭 서국모 서봉석
서영석 서정표 서창석 서청원 송은정 송형록 신동규 신영수 신응수 신종출
신태복 안순철 안영준 안철환 양덕기 양성용 양태건 양휘웅 오미환 오성열
오영록 오영복 오인섭 용남곤 유종숙 유지원 윤남철 윤석진 윤정호 이건호
이경근 이근영 이기웅 이기희 이동규 이동호 이득수 이범주 이봉규 이상근
이세훈 이순례 이순영 이승무 이영진 이우성 이재용 이정언 이진영 이 철
이태영 이태인 이태희 이현식 이효지 임각수 임승윤 임종훈 장상무 장우석
전종욱 정갑환 정 극 정금자 정명섭 정상현 정소성 정여울 정용수 정우일
정연순 정지섭 정진성 정창섭 정태윤 조규식 조문경 조재현 조창록 주석원
진병춘 진선미 진성환 차영익 차흥복 최경수 최경식 최광현 최승복 최연우
최정원 최진욱 최필수 태의경 하영휘 한승문 허영일 허 탁 홍미숙 홍수표
황재운 황재호 황정주 황창연